江苏师范大学小学教育国家级一流本科专业建设点资助

U0854432

小学生认知与学习

XIAOXUESHENG RENZHI YU XUEXI

小 学 教 育 一 流 专 业 建 设 教 材

贾林祥 / 主编

北京师范大学出版集团
BEIJING NORMAL UNIVERSITY PUBLISHING GROUP
北京师范大学出版社

图书在版编目(CIP)数据

小学生认知与学习 / 贾林祥主编. —北京：北京师范大学出版社，2022.5(2023.2 重印)

小学教育一流专业建设教材

ISBN 978-7-303-27800-8

Ⅰ. ①小… Ⅱ. ①贾… Ⅲ. ①小学教育—教学研究—高等师范院校—教材 Ⅳ. ①G622.0

中国版本图书馆 CIP 数据核字(2022)第 021088 号

教材意见反馈 **gaozhifk@bnupg.com 010-58805079**
营销中心电话 010-58802755 010-58800035
北师大出版社教师教育分社微信公众号 京师教师教育

出版发行：北京师范大学出版社 www.bnupg.com
北京市西城区新街口外大街 12-3 号
邮政编码：100088

印　　刷：天津中印联印务有限公司
经　　销：全国新华书店
开　　本：787 mm×1092 mm 1/16
印　　张：16.25
字　　数：334 千字
版　　次：2022 年 5 月第 1 版
印　　次：2023 年 2 月第 2 次印刷
定　　价：45.00 元

策划编辑：张筱彤　　责任编辑：马力敏 梁民华
美术编辑：焦 丽　　装帧设计：焦 丽
责任校对：康 悦　　责任印制：马 洁

总　序

本套教材由江苏师范大学教育科学学院(教师教育学院)小学教育国家级一流本科专业建设点资助出版，共有《教师的实践哲学》《儿童哲学》《教师专业发展概论》《小学生认知与学习》《小学生学习指导》《小学数学教学设计》《小学语文文体教学分析与学习活动设计》《小学道德与法治教学设计及案例研究》《小学科学教学技能设计与技能训练》《小学综合实践活动》《小学劳动教育导论》《儿童艺术教育与活动指导》《学校心理健康教育课程设计与实施》13本，基本涵盖了小学教育专业的学科专业课程、教育实践课程以及教师教育课程。

本套教材自酝酿到遴选、初审再到申报选题、审读、出版，经历了一个较为漫长的过程。江苏师范大学教育科学学院(教师教育学院)小学教育专业于2000年开始招收本科生，2012年获批江苏省高等学校重点专业，2015年获批江苏省卓越小学教师培养计划改革项目，正是依托这一项目，我们曾出版过一套小学教育教材，也是13本。很快我们在教学过程中就发现，有的教材已经跟不上时代发展和科技进步，不仅知识上变得陈旧，而且观念上日趋滞后，随着人才培养方案的不断修订，更主要的是考虑到知识的更新与教材本身的系统性，遂决定重新出版一套具有更高质量、更高水平的教材。2019年小学教育专业先后获批江苏省高校一流本科专业和国家级一流本科专业建设点，国家级一流本科专业建设点本身对教材建设有要求，这样一来，教材出版就不仅可能，而且必要了。从那时起，我们就有了编写一套小学教育专业教材的基本规划。2019年年初，我们在学院发布了教材招标书，明确了申报条件、教材范围以及申报程序。教师教育学院同人的申报热情非常高涨，所申报项目远远超出了我们的预期。我们也不得不调整与北京师范大学出版社的战略合作协议，分两批出版13本教材。在提交给出版社教材目录之前，我们对所申报的教材采用院内评价、同行评价、专家评价的方式进行了三轮严格的遴选。我们把“三个原则、三个标准”作为教材遴选的基本条件。

三个原则，即思想性原则、实用性原则和时代性原则。这三个原则也是教材出版的基本依据和根本遵循。一是思想性原则。所谓思想性就是有意识地将习近平新时代中国特色社会主义思想、社会主义核心价值观有机融入教材内容，体现马克思主义中国化要求，体现中国和中华民族风格，体现党和国家对教育的基本要求，体现国家和民族基本价值观，围绕育人目标，深度挖掘提炼小学教育专业知识体系中所蕴含的思想价值和精神内涵，注重加强师德师风教育，引导学生树立学为人师、行为世范的职业理想，争作“四有”好老师，充分体现课程的思想逻辑、价值逻辑和实践逻辑。二是实用性原则。小学教育专业教材编写的指向很明确，就是要培养能够胜任小学教育教学的高素质、专业化、创新型教师，这就要求这套教材要实用、能用、好用。这就要求教材遵循小学教育专业教育教学规律、小学教师人才成长规律，贴近小学教育专业学生的思想、学习和生活实际，以便教师好教、学生好学、学有所得、学以致用。我们要求教材在呈现专业知识时，要以实际问题为出发点和归宿，体现知识的形成和应用过程，突出理论与实践的统一，培养学生用教育学的思想和眼光观察世界、在教学实践中提升问题解决的能力。所申报的教材一定要注重师范生能力培养，以创新精神和实践能力为核心，以培养学生发现问题、提出问题、分析问题、解决问题的能力为目标，完善以能力培养为核心的教学设计，这就要求编者不仅要精心设计教材内容，还应在编写体例上下足功夫，以夯实学生能力发展的知识基础，把知识学习与能力形成有效地结合起来。三是时代性原则。时代发展和科技进步是教材改革最有效的催化剂。要想更新教材内容、创造性转化传统教育观念，就必须立足时代前沿，及时反映经济社会发展新变化、科学技术进步新成果，既要相对稳定，准确阐述本学科专业基本概念、基本知识和基本方法，保持小学教育专业教材的科学性，又要与时俱进，吸纳最新研究成果，保障人才培养的先进性。

三个标准，即专业标准、经历标准和验证标准。一是专业标准。凡申报教材出版的教师，我们要求必须有高级职称，必须在其专业领域表现出较高的专业水准。这是出版社对编者的要求，也是我们自觉的要求。我们不是唯职称论者，之所以提出这个要求是要提高申报的门槛，我们所看重的并不是职称，而是职称背后的学术训练、实践历练和经验老练。二是经历标准。我们要求教材编者必须有三个经历，也就是要有和中小学长期合作的经历、经常性地去中小学体验的经历以及指导中小学教科研的经历。这三个经历缺一不可。之所以要特别强调经历标准，是因为教材是要“用”的，如果编者对基础教育的情况不熟悉、不了解，对中小学课程标准摸不透、吃不准，对中小学到底需要什么样的教师这一需求把握得不清楚、不准确，那么他既不能准确地理解我们对人才培养目标的设计，也不能保证课程、教学对于培养目标、毕业要求的达成，当然也就写不出一本具有学科特色、专业特色的教材了。三是验证标准。所谓验证标准也就是所申报的教材内容，必须在教学实践中至少经过两轮到三轮的试用，也就是说在出版之前，必须已经验证了教材的适用性。事实上，有的教材是编者十几年乃至几十年专业教学工作的结晶。从这一意义上讲，我们所出版的13本教材，既是我们教学实践的总结，也是对我们教学实践的反思与提炼。

我们按照“三个原则、三个标准”所遴选的教材又经过了出版社的严格审核、层层遴选、多重把关，应该说充分保障了教材本身的质量。目前，普通高等学校专业教材的编写已大成风气，各类小学教育专业教材也不知凡几，再出版一套教材，须避免叠床架屋之病。我们非常希望能尽全力与小学教育专业诸位同人分享我们的经验。在专业建设过程中，我们充分地认识到，专业是人才培养的基本单元，而一流专业建设，则需要以面向未来、适应需求、引领发展、理念先进、保障有力为基本目标。专业建设的基础是课程建设，专业建设的目标需要通过课程达成，而无论是课程设置、课程结构、课程内容、课程实施与课程评价，都离不开教材建设，这些目标都需要在教材建设中得以体现。在认证思维的指导下，我院小学教育专业持续改进培养目标和毕业要求，深度思考课程体系的建构与实施，保证课程对于培养目标和毕业要求的达成度，而课程建设的重中之重，当在教材建设。换句话讲，没有一流的教材，就没有一流的课程，也不会有一流的专业。对于出版一套高水平、高质量的小学教育专业教材，我们是认真的。

本套教材出版之际，还是要表达由衷的感谢之情。感谢江苏师范大学教育科学学院(教师教育学院)小学教育专业团队，我自 2017 年入职江苏师范大学以来，与这个团队所有成员同呼吸、共命运，同甘共苦、同心同德，矢志创业，结下了深厚的友谊，他们每个人都给予了我本人无私的支持和帮助，本套教材的出版，在某种意义上也是友谊的见证；感谢北京师范大学出版社郭兴举老师、李铁楠老师、张筱彤老师，没有他们的扶持，本套教材的顺利出版是不可想象的，他们的帮助对江苏师范大学小学教育专业建设而言是雪中送炭；感谢北京师范大学出版社的编辑同志，他们的精心编辑、审读，使得本套教材锦上添花。最后，也要感谢江苏师范大学教育科学学院(教师教育学院)小学教育专业的所有学生，他们的成长与发展，是我们不断追求进步的不竭动力。他们以及所有使用本教材的教师，是我们工作的终极裁定者；如果他们能够满意、喜欢，当是我们最大的荣幸了。当然，由于编者水平所限，教材中不免会有不妥之处，同时随着教育实践和研究的不断发展，教材的内容也应该不断升级换代，敬请广大读者、同行专家给予批评指正，欢迎提出富有建设性的意见，以便今后进一步修订完善。

高伟

2022 年 2 月

前　言

2011年，教育部颁布了《教师教育课程标准》，该标准体现了国家对教师教育机构设置教师教育课程的基本要求，是制订教师教育课程方案、开发教材与课程资源、开展教学与评价，以及认定教师资格的重要依据；2012年，教育部颁布了《小学教师专业标准》，该标准是国家对合格小学教师的基本专业要求，是小学教师开展教育教学活动的基本规范，是引领小学教师专业发展的基本准则，是小学教师培养、准入、培训、考核等工作的重要依据；2017年，教育部颁布的《高校思想政治工作质量提升工程实施纲要》，将心理育人纳入“十大育人”体系，强调坚持育心与育德相结合，加强人文关怀和心理疏导，深入构建“五位一体”的心理健康教育工作格局，促进师生心理健康素质与思想道德素质、科学文化素质协调发展；2019年，国家启动了一流本科专业建设工作。为了促进教师专业化、提高教师教育专业化水平、保证教师教育的质量、强化“心理育人”实效，我们在认真学习《教师教育课程标准》《小学教师专业标准》《高校思想政治工作质量提升工程实施纲要》和《国家一流本科专业建设标准》的基础上，组织编写了高等师范院校小学教育专业《小学生认知与学习》教材。

本教材紧密围绕小学生认知与学习的基本要求来组织编写，坚持以马克思主义的辩证分析方法为指导，以课程思政要求为根本遵循，辩证分析小学生认知和学习的基本特点、基本规律以及相关技能技巧的养成策略，有助于学生深刻理解教材中蕴含的育人元素，掌握本课程的知识点，形成相应的能力素养，做到立德树人。编写本教材时，我们参考和借鉴了国内外学者的许多研究成果和材料，从中收益良多。在此，我们表示衷心的感谢。

本教材的编写团队和任务分工如下。贾林祥：第一章绪论。焦小燕：第二章心理发展的主要理论、第九章学习策略。陈武英：第三章学习的基本理论、第十二章小学生常见学习障碍与矫治。王娟：第四章小学生的基本认知过程。尹月阳：第五章小学生的社会认知与行为、第八章技能的学习。于晓琳：第六章学习动机、第七章知识的学习。李广政：第十章学习迁移、第十一章智力与非智力因素。贾林祥进行了统稿工作。

本教材的顺利完成和出版，得到了江苏师范大学教务处、教科院的大力支持，也得到了北京师范大学出版社领导与编辑的热情指导和帮助。在此，我们一并表示衷心的感谢。

由于我们的水平有限，加上编写的时间紧促，难免有疏漏之处，敬请读者不吝指正，提出宝贵意见。

编者

2021 年 5 月 18 日

目　录

第一章

绪论

- 绪论
  - 小学生的身心发展特点
    - 小学生生理发展的特点
    - 小学生心理发展的特点
    - 小学生身心发展的关系
    - 小学生心理发展的主要矛盾
  - 小学生的认知发展与教育
    - 小学生认知发展的规律与特点
    - 教育与小学生的认知发展
  - 小学生的人格发展与培养
    - 人格的含义与特征
    - 小学生的人格发展
    - 小学生的人格培养

章前导语

作为绪论，本章首先介绍了小学生生理和心理发展的特点、小学生身心发展的关系以及小学生心理发展的主要矛盾；其次主要以皮亚杰和维果茨基有关儿童认知发展的研究为依据，介绍了小学生认知发展的规律与特点以及教育与小学生认知发展的关系；最后主要以行为主义和精神分析有关人格的研究为依据，介绍了小学生人格的发展与培养。

为什么国际社会普遍将6～7岁作为儿童进入小学接受学校教育的年龄？这个阶段的儿童身心发展具有什么特点？他们是否为进入学校接受系统的教育做好了生理和心理上的准备？进入学校后，他们的认知和人格经历了什么样的发展变化？教育在促进小学生认知和人格发展方面起什么作用？这些问题都是我们学习这门课程之前应该思考的。相信通过本章的学习，同学们可以自己来回答这些问题。

第一节 小学生的身心发展特点

6～7岁到11～12岁是儿童在小学以学习为主导活动、接受系统学校教育的时期，是儿童心理发展上的一个重大转折时期。这个阶段的儿童身心发展已经渐趋成熟，为他们进入学校接受系统的教育奠定了基础。

一、小学生生理发展的特点

6～7岁时，儿童的生理发展已经趋于成熟，这为他们进入学校接受系统的教育做好了生理准备。

(一)小学生神经系统的发展

小学生神经系统的发展首先表现为大脑结构的不断发展。小学生的脑重量持续增加，7岁时已达1280克，接近成人平均脑重量(1400克)。小学生脑重量的增加是与其脑神经细胞的增大和脑细胞纤维的增长密切相关的。从脑形态学上来说，小学生大脑结构的发展突出表现在大脑额叶的增大上，额叶的增大是现代人与类人猿的重大区别之一。小学生大脑额叶的显著增大，对其高级神经活动的发展意义重大，因为额叶是与有意运动相联系的。

小学生神经系统的发展还表现在其大脑机能的持续发展上。小学生高级神经活动的基本过程——兴奋和抑制的机能都有了进一步增强。小学生大脑兴奋机能的增强主要表现为其觉醒时间的延长。在皮质抑制机能方面，小学生的内抑制机能逐渐发展，能更细致地分析、综合外界事物，善于通过语言调节、控制自己的行为。由于内抑制机能加强，因此小学生的兴奋性条件反射比学前儿童更容易形成，潜伏期更短，更不易被分化，且兴奋更为集中，条件反射也更加准确。小学生一旦形成条件反射，这种条件反射就比较牢固，很少发生改变。小学生的主导活动是学习。进入学校后，他们要学习更多新的知识，掌握更多新的技能和行为方式，还要建立很多暂时神经联系。兴奋性条件反射的形成和发展，可从生理上保证小学生与外界事物建立更多暂时神经联系。

神经系统结构的发展和第二信号系统的发展，加上学校要求的约束，小学生能很快地形成各种牢固的抑制性条件反射，这为他们更好地对刺激物进行精细分析、更好地支配自己的行动提供了保障。小学生内抑制机制的形成和发展，进一步加强了皮质对皮下的控制，使其心理更具稳定性。

然而，必须指出的是，虽然相对于学前儿童，小学生大脑的兴奋和抑制过程有一定发展，但与成人相比还有一定差距。因此，对小学生提出过分的兴奋或抑制要求都是不利于其发展的，过分的兴奋容易造成小学生疲劳，过分的抑制往往使其无法忍受。

(二)小学生其他方面的生理发育

小学低段(1～2 年级)儿童的神经系统调节心脏活动的功能已发育成熟，血液循环比较快，心跳较快，身高为 110～120 厘米，体重为 18～20 千克。骨骼肌肉茁壮成长，下肢骨骼的增长比身体增长还要快。但肌肉发育尚不完全，水分含量较多，肌肉纤维较细，肌腱宽而短，关节的软骨较厚，关节囊韧带薄且松弛，关节周围肌肉较细长，关节的伸展性活动范围较大，牢固性较差，容易发生脱臼。

小学中段(3～4 年级)儿童的身体发育处于相对平稳阶段，其身高、坐高、体重、胸围、肩宽、骨盆宽等指标均有发展，男生自 9～10 岁开始突增，女生自 8～9 岁开始突增。在安静时，这一阶段儿童的脉搏均值较上一阶段有所减少，其中女生的血压指标在 10 岁时增长迅速。在肺活量方面，无论男生还是女生，其均值均有递增且男生稍快于女生，但差异不大。此时，儿童身体素质各方面的指标均有提高。在 50 米跑、立定跳远等项目上，男生优于女生，且差异显著。在这一阶段，儿童的肌肉含水率较高，肌肉细长且柔嫩。骨骼中胶质较多，钙质较少，可塑性较强，富有弹性，坚固性较差，不易骨折，容易弯曲变形、脱臼、受到损伤。此阶段是儿童速度、腰腹力量、柔韧性、速度耐力等发展的关键期。

小学高段(5～6年级)儿童开始进入身体发育的高峰阶段，即一生之中生长发育的第二高峰。男生的身高、坐高、体重、胸围、肩宽、骨盆宽等指标均自10岁开始突增，12岁达到高峰；女生的身高、坐高、体重、胸围、肩宽、骨盆宽等指标均自8～9岁开始突增，12岁达到高峰。这一阶段是整个小学阶段儿童身体发育的高峰时期。在此阶段，儿童心脏发育十分显著，尽管在安静状态下，其脉搏的均值比小学中段儿童有所减少，但是与成人相比，其脉搏频率仍然较快。在肺活量的均值上，无论男生还是女生，均有递增但差异不大。相对于小学中段儿童，这一阶段的儿童在50米跑、立定跳远等项目上，仍然呈现出男生优于女生的现象，且差异非常显著。部分女生此时到了月经初潮的年龄，这恰好是女生素质发展波动起伏或下降的阶段。月经初潮的到来，会引起她们生理、心理上的一系列变化，给女生的发展带来一些困难。这个阶段也是儿童敏感素质发展的交替阶段，速度、灵敏性、柔韧性等素质的最佳发展阶段即将过去，力量、耐力等素质的敏感期即将到来，特别是大肌肉群的发展将向大小肌肉群同时发展的时期过渡。此时，儿童的脑重量已接近成人脑重量的平均水平，大脑活动的机能也有显著提高，大脑的兴奋机能得到进一步增强。

二、小学生心理发展的特点

(一)小学低段儿童心理发展的特点

小学低段儿童的心理发展水平还停留在不随意性和具体形象阶段。虽然他们心理活动的随意性和目的性都有所增强，但是仍以不随意性为主，在观察事物时，没有明确目的，缺乏系统性，常注意一些自己感兴趣的、新鲜的、表面的东西，忽略关键之处；虽然有意注意有了一定发展，但是无意注意仍起主要作用，注意力特别容易被分散；虽然语义逻辑记忆正在发展，但是仍以直观形象记忆为主要形式；虽然在思维的逻辑性方面有了一定发展，但是仍依赖于具体的对象和情境，只能孤立地认识事物的个别特征和表面现象，思维的自觉性、灵活性还比较差。在社会性发展方面，小学低段儿童参加集体活动时的集体意识比较模糊，还不能清楚地意识到自己和集体的关系，意识不到班级是一个集体，更意识不到班级的荣誉。他们的道德感比较模糊，经常要依靠老师的评价来衡量事物的好坏。他们的理智感尽管有所增强，但是大多情况下都是和具体事物相联系的。在自我意识的发展上，小学低段儿童还不具备自我评价能力，对活动的成功与失败不会放到心上，但喜欢听表扬的话，对批评的话语不放在心上，一会儿就会恢复到原始状态，独立评价自己的能力相对比较差。

（二）小学中段儿童心理发展的特点

小学中段儿童感知觉的无意性和情绪性比较明显，他们容易被新颖的内容吸引，经常忘记主要目的。他们的兴趣十分广泛，但感知事物细节的能力还比较差，经常混淆相近的事物，且时空感较差。虽然他们的有意注意在不断发展，但注意力水平仍然有限，注意的目的性、稳定性和持久性还较差，集中注意的时间比较短，最长 20 分钟。受学习和训练的影响，小学中段儿童的有意记忆明显发展，有意记忆的主导地位逐渐显现，且渐有超过无意记忆成为主要记忆方式的趋势，但无意记忆仍占有一定的地位。随着年龄的增长和学习活动的深入，小学中段儿童逐渐能够了解事物之间的联系，并逐渐能够根据事物的种属关系对其进行简单的分类、分析和概括，甚至可以掌握一些比较简单的抽象概念等。这个阶段的儿童正处于具体形象思维向抽象逻辑思维过渡的转折期。在社会性发展方面，小学中段儿童的情感容易外露，自制力还比较差，但在学校教育的影响下，他们情感的倾向性、稳定性、深度及效能等各方面都在发生变化。对于一些较高级的社会性情感，他们愿意在老师的引导下去认识、理解和体验，因而他们的道德感、理智感等逐渐清晰起来。此时，他们的性别意识还未完全形成，男女生在一起活动不受性别的限制，特别愿意选择合得来的同学组成活动小组共同活动。在共同活动的过程中，他们逐渐形成了集体意识和自我意识，并逐渐学会进行自我评价。他们的兴趣也逐渐由个人活动转向集体有组织的活动，并且特别担心在集体活动中因自己表现不佳而影响集体的荣誉。

（三）小学高段儿童心理发展的特点

小学高段儿童的感受性已发展到一定水平，感知事物的目的性比小学中段儿童更明确，感知事物细节的精确性有所增强。他们的集中注意能力有所发展，集中注意力、专心致志的时间可达 25 分钟。注意分配能力有所提高，如在注意腿部动作的同时还能注意到手或脚的动作，注意上下肢动作的同时还能注意到重心的变换。他们的有意记忆在不断发展，开始由对教师布置的任务的记忆过渡到自觉的记忆。他们的思维已从具体形象思维过渡到抽象逻辑思维，但仍同具体事物与感性经验相联系，具有一定的具体形象性，习惯于模仿实际动作。在社会性发展方面，小学高段儿童在情感的深度、稳定性及效能等方面都有显著发展，社会性高级情感，如道德感、理智感和美感均有一定程度的发展，形成了自爱、自尊、责任感和义务感等品质。小学高段儿童的性别意识已经发展起来，性别特点明显地表露出来，出现相互反感的倾向。男女生在一起活动时，很注意性别界限。他们的集体意识和与其他小组或集体对抗的意识越来越强烈，集体荣誉感进一步增强。在自我意识的发展上，小学高段儿童的自我评价意识逐步增强，他们愿意通过摆事实、讲道理等方式进行自我评价或对他人进行评价。他们非常尊重强者，愿意同水平相当者竞争，自尊心、自信心、好胜心强，但往往对自己的能力估计过高。由于自我意识的发展，他们敢于对老师的不当言行提出批评意见，会对老师不公正的对待方式表现出不满。

三、小学生身心发展的关系

小学生的身体发展和心理发展是辩证统一的，二者相辅相成、密不可分。小学阶段是儿童生理发展的重要时期，生理发展是心理发展的基础。小学生生理系统的发育，尤其是神经系统的发育，为其心理发展奠定了物质基础；心理的正常发展能保证和促进身体的正常发育。当然，小学生某些生理方面的缺陷可能会影响其心理的正常发展。例如，患有斜视的小学生，如果不及时进行矫治，就会因同学的嘲笑而产生自卑感。小学生的情绪状态也会影响其生理和精神面貌。情绪正常的小学生常常挺胸抬头，坐姿端正，精神振奋，动作敏捷，参与集体活动的积极性高；情绪低落的小学生往往弯腰驼背，行动迟缓，萎靡不振，注意力不集中。在不健全的家庭中长大的小学生，因营养不良或遭受虐待、歧视而使正常生长发育受到影响，可能出现身材瘦小、骨龄落后、性发育迟缓等生理发育迟缓现象。这种生理发育上的迟缓现象反过来又会延缓他们心理的正常发展。可见，为小学生提供良好的心理成长环境和足够的营养，是保证其身心健康发展的基础。

随着社会的发展，人们的物质生活水平有了极大的提高，医疗卫生条件得到了极大改善，文化娱乐生活和体育运动也在不断丰富，因而小学生生长发育出现了加速发展的趋势。女孩月经初潮和男孩初次遗精的年龄均较以往有了明显提前，身高、头围、胸围、臀围、手长、足长等指标均有明显提升，在外形上俨然是一个大人，但心理上的发展明显与生理上的加速发展“格格不入”，这就导致小学生身心发展不协调，出现一系列身心发展的矛盾。

四、小学生心理发展的主要矛盾

小学生心理发展的主要矛盾是指小学生新的发展需要，如家庭、学校、社会等提出的各种要求和期望与其原有的心理发展水平，如已有的知识、能力、情感、行为习惯、个性品质等之间的矛盾。这一矛盾推动着小学生的心理不断向更高水平发展。

(一)小学低段儿童心理发展的主要矛盾

入学是儿童成长中的一大转折。入学后儿童的主导性活动由游戏转变为学习，这是小学低段儿童面临的最大“适应”问题。义务教育的强制性使小学生不得不克服随意性、非规范性，不得不把自己的好奇、兴趣及热情迁移到具有强制性的学习过程中，在各种规则和规范的约束下尽快适应入学后的新要求，学习那些自己可能并不感兴趣但又必须学习的内容，适应由此带来的各种情绪情感等，这是小学低段儿童最大的发展性需要。在这一阶段，他们必须学会适应新环境、遵守新规范、尊敬新老师、团结新同伴、融入新集体，养成良好的学习、生活和行为习惯。可以说，小学低段是儿童形成各种良好习惯的关键阶段。在这一阶段，他们面临新挑战和发展的新契机。他们必须适应自己的新角色，在与老师和同学的交往中适应并遵守学校的规则。正是在这种不断适应又不断遇到新问题并解决新问题的过程中，小学低段儿童的心理才能不断发展。

(二)小学中段儿童心理发展的主要矛盾

小学中段儿童已经基本适应了小学生活，他们的适应性发展需要已经基本得到满足。相对于小学低段儿童，小学中段儿童的智力发展进入一个新的发展阶段，具体表现在他们的思维发展处于由以具体形象思维为主要形式向以抽象逻辑思维为主要形式过渡的阶段。此外，相对于小学低段儿童，小学中段儿童的学业难度也在提升。尽管从一般趋势上讲，小学中段儿童的智力发展处于由具体形象思维向抽象逻辑思维加速过渡的阶段，但不可否认，有相当一部分儿童在此加速过渡阶段过渡得并不尽如人意，这就导致这一阶段的一些儿童产生挫败感甚至出现厌学情绪。这些问题如果得不到及时有效的解决，还可能造成小学生人格发展障碍。因此，小学中段儿童面临的心理发展需要主要是学业问题，只有在不断解决学习动机与学习效果、学习效果与学习态度、学业成就与人格发展等矛盾的过程中，他们的心理才能不断发展。小学中段儿童思维能力的发展有快有慢，学习态度各有不同，因此他们的学习成绩有所分化。可以说，小学中段是儿童学习成绩出现分化的起始阶段，若解决不好这一阶段儿童遇到的各种矛盾性问题，就会使他们的心理发展潜伏着种种危机，不利于他们健康成长。

(三)小学高段儿童心理发展的主要矛盾

小学高段儿童进入青春发育前期，自我意识发展进入第二个上升期，个性发展进入骤变期。他们意识的独立性、情感的丰富性、行为的自觉性、志趣的稳定性等都达到了新的发展水平。但由于生理发育特别是性发育提前，因此他们出现了一些新困惑，如异性同学交往过密、厌学和逃学、出现逆反心理等。这说明小学高段儿童在心理发展方面的突出需要主要是形成良好的个性品质和自我调整能力。

总之，小学阶段儿童的身心发育基本成熟，这为他们进入学校接受系统的学校教育奠定了基础。儿童进入学校后，学习成为他们的主导性活动。在学习过程中，儿童的各种心理过程的有意性和抽象概括性、言语能力特别是书面语言能力以及人格、社会性等都会获得发展。在掌握基本学习技能和书面语言、丰富知识储备的基础上，儿童逐渐具备运用概念进行推理判断的逻辑思维能力，这为儿童以后掌握系统的科学知识奠定了基础。学校生活也使儿童开始意识到自己和集体、同学以及老师的关系，逐渐明了自己的义务和权利，社会性会逐渐发展，这为他们以后成为一个有理想信念、热爱集体的新时代中国特色社会主义建设者和接班人奠定了基础。

第二节 小学生的认知发展与教育

个体出生后，不断经历着生理上的发育和成熟。到了小学阶段，随着生理的成熟以及学习经验的积累，儿童的认知水平和认知能力不断提升。因此，如何根据小学生的认知发展规律，对其进行有针对性的教育是教育工作者必须考虑的问题。

一、小学生认知发展的规律与特点

小学生的认知发展既有连续性又有阶段性，是一个从量变到质变的过程。

(一)皮亚杰有关儿童认知发展规律与特点的观点

皮亚杰(Piaget)是20世纪较有影响力的认知发展理论家，有关儿童认知发展的研究是他研究的核心内容。

1. 皮亚杰有关儿童认知发展规律的观点

在皮亚杰看来，认知的本质就是适应，是儿童在其已有图式的基础上，经过同化、顺应和平衡化等机制，不断从低级向高级发展的过程。

图式是儿童对一个事件的基本要素及其相互关系的抽象表征，是儿童用以适应环境的认知结构。同化是儿童把外界的新元素整合进自己已有图式的认知过程，是儿童的图式发生量变的过程。同化虽然不会引起儿童认知结构的质变，但会影响其发展。顺应是儿童通过改变已有图式或形成新图式来适应新刺激的过程，也是儿童图式发生质变的过程，意味着儿童的认知结构发生了质变，说明儿童的认知能力达到了一个新水平。

如果儿童认知发展过程中只有同化而无顺应，那么儿童就永远处于适应外部环境的状态；如果只有顺应而无同化，那么儿童的认知就永远处于发展当中而不会相对稳定以适应环境。可见，儿童认知发展必然包括同化与顺应两个方面。只不过当同化占优势时，儿童会出现自我中心主义；当顺应占优势时，儿童才会根据事物的外部特征来调整自己的行为。因此，同化和顺应对于儿童认知能力的发展非常重要。当同化和顺应处于平衡状态时，儿童才能有效地适应世界。同化和顺应有时处于不平衡状态，但到一定时间总能平衡，这是因为儿童具有自我调节的能力。在与环境相互作用的过程中，儿童不断进行自我调节，以使认知能力顺利发展。

总之，认知的发展规律就是同化与顺应不断从低级平衡达到高级平衡的过程。平衡既是一种状态，又是一种过程。当儿童与外部世界相互作用时，同化与顺应取得平衡，儿童形成了一定的认知结构和能力，这种平衡就是一种状态。如果一种平衡的建立意味着新的不平衡的开始，那么这种平衡就是一个过程。儿童的认知就是不断地从一种平衡向高一级平衡发展的过程，平衡—不平衡—平衡既是儿童不断增强适应能力的过程，也是儿童认知结构形成和认知能力发展的过程。

2. 皮亚杰有关儿童认知发展阶段的观点

皮亚杰认为，儿童的认知发展是在内因和外因相互作用的过程中不断产生量变与质变的过程。他进一步将儿童的认知发展划分为几个具有质的差异的连续阶段，认为每个儿童的认知发展都是一种平衡—不平衡—再平衡的连续发展，而且发展阶段的先后顺序是恒定不变的，所有儿童均遵循这一发展顺序，既不能超越也不能倒退。每一阶段都是前一阶段的延伸，又为后一阶段的发展奠定基础，且前一阶段形成的认知结构均被整合到下一阶段形成的认知结构中，因此认知结构的发展是一个连续构造的过程。每个阶段都有准备期和完成期。在准备期，认知发展的特点同前一阶段密切联系。在完成期形成的认知结构才达到平衡，并为进入下一阶段做好准备。因此，认知发展的阶段不是阶梯式的，而是有一定的交叉重叠的。根据儿童认知发展的阶段性特点，皮亚杰将儿童的认知划分为感知运动阶段、前运算阶段、具体运算阶段和形式运算阶段四个阶段。由于小学生的认知发展处于皮亚杰所说的具体运算阶段，因此这里仅就这一阶段儿童的认知发展做一简单介绍。

3. 皮亚杰有关小学儿童认知发展特点的观点

与处于前运算阶段的幼儿的直觉逻辑和动作逻辑相比，处于具体运算阶段的小学儿童的认知发展进入真正的“运算”阶段，这是儿童认知发展新阶段的开端。皮亚杰认为，处于具体运算阶段的小学儿童的认知发展具有以下特点。

(1)认知具有具体性

小学儿童的认知还离不开具体事物的支持。有些问题在具体事物的帮助下可以得到顺利解决，但在只有语言叙述的情况下进行推理会感到困难。他们只能对当时情境中出现的具体事物的性质和事物之间的关系进行思考，认知的对象还只存在于现实所提供的范围内。

(2)认知具有可逆性

小学儿童不仅能够进行正运算，而且能够进行逆反运算，这说明其认知运算已经具有可逆性。可逆性是认知运算的本质特征。因此，小学儿童能够运用逻辑运算，思维不再受直觉支配。这个阶段的儿童不仅知道自己有个哥哥，而且知道自己就是哥哥的弟弟或妹妹；不仅知道 1＋1＝2，而且知道 2－1＝1。可逆性可分为两类：一类是反演可逆性，另一类是互反可逆性。皮亚杰认为，反演可逆性支配着分类的系统，是一切类概念产生的基础；互反可逆性支配着关系的系统，是理解一切事物的对称关系和不对称关系的基础。

(3)认知具有守恒性

认知运算具有可逆性。儿童在认识事物的变化时可以严格地回到原来的出发点，这意味着儿童开始认识到虽然事物的个别方面有变化，但不仅其性质未发生改变，而且其数量也没有改变，形成了守恒概念。同一性是一个质量概念，守恒性是一个数量概念。认知运算的守恒性和可逆性是相互联系的。守恒性是通过可逆性获得的，没有某种内容的守恒，可逆性就会失去依据，因此认知运算的守恒性和可逆性是不可分割的。获得守恒性，是小学儿童推理技能的重大进步。

(4)认知具有集合性

一个单独的内化动作只能被称为直觉表象，而不能被称为认知运算。认知运算从来都不是孤立进行的，总是随着同类运算总体的变化而完成的。比如，“类”这个逻辑概念就不是孤立存在的，而是在组合的归类中作为这个组合中的一分子存在的。数字也不是单独出现的，而是作为一个有秩序的系列中的一些因素被人们掌握的，如 1、2、3、4 等。即使是一种不对称关系，如 B 小于 C，人们只有把它和一套可能的系统联系在一起才能理解。而且，这些集合系统只有与认知运算的可逆性联系在一起才可能在儿童思维中形成，如此，它才能有一个明确又完整的结构。

(5)认知具有去自我中心性

去自我中心性是小学儿童的重要认知特点。此时，他们能采纳别人的观点，不再以自我为中心，交流时能够采用具有社会性和交际性的语言，能够与他人建立合作关系，能够理解物体之间的客观关系。当然，对于一个具体的人来讲，去自我中心并不是必然的。在一些心理发展水平较低的人身上，自我中心状态可能会伴随其一生。

总之，小学儿童的认知发展处于具体运算阶段，这时儿童的认知还不能脱离具体的、可触及的物体。如果要求他们对成人口头上提出的一些简单假设进行推论，那么他们的思维就会因失去依据而又恢复到学前儿童所具有的那种直观思维上去了。到了 11～12 岁，逻辑运算开始从具体操纵客体阶段转变到观念阶段，儿童不再需要依靠感知、经验等具体的事物来辅助和支持了，此时形式运算才可能实现。

(二)维果茨基关于儿童认知发展规律与特点的观点

维果茨基(Vygotsky)是心理学家、社会文化历史学派的创始人之一。由于维果茨基强调社会文化在认知发展中的作用，因此其理论又被称为社会文化历史发展理论。

1. 维果茨基关于儿童认知发展规律的观点

维果茨基认为，发展是指心理的发展，是心理机能由低级向高级的发展。发展的起因在于外部，起源于社会。儿童在与成人交往的过程中，借助于语言、符号等高级心理机能的工具，在低级心理机能的基础上形成全新的高级心理机能，这就是儿童心理发展的规律。

2. 维果茨基关于两种心理机能的观点

维果茨基认为，心理机能可以分为两类：一类是低级心理机能，另一类是高级心理机能。低级心理机能是指感知觉、不随意注意、冲动性意志、直观动作思维等，是消极适应自然的心理形式；高级心理机能是指观察、随意注意、抽象思维、预见性意志等，是人不同于其他动物的根本所在。

心理机能的起源是一切发展理论的核心问题。针对高级心理机能的发生问题，维果茨基第一次明确提出了社会起源学说，认为人的一切高级心理机能都是通过人与人的交往形成的。高级心理机能不能从生物学中寻找根源，只能从客观的社会环境中寻找。从发生学的角度看，一切高级心理机能及其关系都是以人们的社会关系、现实关系为背景的。这就是维果茨基揭示的高级心理机能的社会起源。

3. 维果茨基的中介理论

维果茨基把行为划分为两类：一类是动物具有的自然行为，另一类是人特有的工具行为。行为的工具也分为两类：一类是物质工具，即人的物质生产用品；另一类是心理工具，这是人进行心理活动和精神生产的用品，即各种符号、记号、语词、语言等。如果说物质工具的使用使人逐渐脱离了动物界，那么心理工具的使用使心理机能从低级阶段上升到高级阶段。心理工具越复杂，心理机能和精神生产也就越复杂。从人类发展史看，心理工具是随着物质工具的使用而产生和发展的，物质工具又因心理工具的使用而得到发展。

维果茨基认为，动物的心理机能从其结构上看是直接的，人的高级心理机能比低级心理机能多一个中介环节，因而具有间接性。所谓中介环节，就是在心理活动中运用心理工具。心理工具的使用使人的心理机能发生了质的变化。具体来说，一切高级心理机能都是将符号使用作为导向和掌握心理过程的主要手段而包括在自己的结构里的，而且是将符号作为全过程的中心和主要部分的。

4. 维果茨基关于儿童心理发展特点的观点

维果茨基认为，心理发展是指一个人在环境与教育的影响下，在低级心理机能的基础上，逐渐向高级心理机能转化的过程。按照维果茨基的观点，儿童心理机能由低级向高级转化的标志主要表现为以下五个方面。

(1)心理活动的随意性增强

心理活动的随意性表现为人凭自己的愿望和意志保障心理活动的正常进行。心理活动的随意性越强，心理活动的水平就越高，自我控制的能力也就越强。

(2)心理活动的抽象概括机能增强

儿童的抽象概括机能是以语词等符号系统为中介来实现的。儿童越能广泛地、准确地使用语词概念，心理机能的水平越高。

(3)各种心理机能之间的关系发生变化，重新组合性增强

在不同年龄阶段，儿童心理发展中的优势过程是不同的。例如，学龄期的儿童由于形象思维占据主导地位，因此其知觉和记忆发生了质的变化。儿童如何思维，便如何感知和记忆。各种心理机能之间重新组合，引起儿童心理的质变，使儿童形成新的意识系统。

(4)心理活动受社会文化历史制约

心理活动是社会文化历史发展的产物，受社会历史发展规律的制约。随着年龄的增长，儿童不断社会化，心理发展日趋成熟，从而真正成为一个社会人。

(5)心理活动表现出个别化的特征

随着儿童活动与交往形式的不断内化，儿童的意识系统越来越具有自己独特的性质，使心理活动表现出个别化的特征。

二、教育与小学生的认知发展

很多心理学家结合自己的研究，探讨了教育与儿童认知发展的问题。这里仅就其中具有代表性的两种观点做一简单介绍。

(一)皮亚杰有关教育与儿童认知发展的观点

皮亚杰认为，关于学习能否加速儿童认知发展的问题，关键在于学习活动是在成人教导下儿童被动地学习，还是儿童在生活情境中主动地学习。在皮亚杰看来，教育的真正目的不是增加儿童的知识，而是设置充满智慧刺激的环境，让儿童自行探索，主动学习知识。如果在发展尚未达到适当水平之前提前教给儿童知识，那么会对儿童产生不利影响。在教育与认知发展的关系这一问题上，皮亚杰的观点如下。

1. 学习从属于个体的发展水平

皮亚杰坚决反对传统的学习理论把知识归结为对外部现实的被动复写的观点，认为学习从属于儿童的发展水平。小学儿童的认知发展处于具体运算阶段。为了丰富儿

童的活动经验，教师应为儿童提供丰富的、能够在真实环境中开展的活动，让儿童自发地与环境相互作用，自主地发现知识。这种活动既包括物理活动，又包括心理活动。教师还应该为儿童提供从现实事物和事件中学习的机会。

2. 知识是主客体相互作用的结果

在认知发展与教育的关系上，皮亚杰既反对把发展理解为一系列外因造成的习得的一元论，也反对把教育和发展当作认知的两种独立来源的二元论。他认为，知识在本源上既不是从客体发生的，也不是从主体发生的，而是从主体与客体之间的相互作用中发生的。在他看来，儿童认知发展的每一阶段都经历了内化和外化的双向建构过程，且个体建立每一认知关系的关键时刻也体现着内化与外化的统一。在教育教学过程中，教师要经常制造一些使儿童产生认知不平衡的问题，并提供相关学习材料，促使儿童认知发展。

3. 教育要着眼于儿童的主动活动

皮亚杰认为，教育包含两个因素：第一个是成长中的个人，第二个是传递社会的、理智的和道德的价值。传统教育仅把注意力集中在第二个因素上，即把教育单纯看作社会价值的传递，而忽视了儿童自身发展的规律。在皮亚杰看来，过早教给儿童一些他自己以后能够发现的东西，会限制儿童的创造性，不能使他们真正理解这些东西。如果儿童不能获得充分的主动操作的机会，那么他们的创造性就会被扼杀。因此，教师要让儿童多参与社会活动，让他们在主动参与活动的过程中获得发展。儿童认知的发展有其必经之路，教师既不能任意压低，也不能肆意抬高，否则就会使儿童认知发展之路变得漫长而艰难。

(二)维果茨基有关教育与儿童认知发展的观点

维果茨基对教育与儿童认知发展的探讨主要表现在以下几个方面。

1. 维果茨基的教学观

维果茨基从强调人的心理发展受社会历史发展规律的制约这一基本观点出发，认为可以将教学定义为人为的发展，学校教学是发展的源泉。在维果茨基看来，任何广义的教学，包括言语教学，都是与年龄相关联的。通常人们在谈论这个问题时，往往只关注下限。当儿童的认知未达到一定程度时，他就不可能学习某一门学科。对学校教学来说，还有一个最佳上限期的问题。如果教学迟于这一上限，那么教学效果也会大打折扣。

2. 最佳学习期限

维果茨基基于习性学对动物发展敏感期的研究，引申提出了最佳学习期限的概念。他认为，任何教学都存在最佳的、最有利的时期。从发展的观点看，这个时期任何向上或向下的偏离，即过早或过迟实施教学，都会对儿童的智力发展产生不良影响。抓住最佳学习期限进行教学，可对儿童的智力发展起到助推作用。

确定最佳学习期限的关键不仅在于确定儿童能够接受教学的程度，而且在于关注儿童尚未成熟和正在成熟的阶段。因此对于一切教育教学过程，最富有实质意义的，是那些正处于成熟期而在实施教学时尚未完全成熟的过程。这种建立在正在开始但尚未形成的心理机能基础上的教学，就是“走在发展前面的教学”。只有对发展过程及时加以组织，对不良倾向及时加以调整，才能达到以教学促进发展的目标。

3. 最近发展区

维果茨基认为，教学应与儿童的发展水平相一致。但是，在确定发展过程与教学可能性的实际关系时，无论何时都不能仅限于确定一种发展水平，至少应当确定儿童的两种发展水平。第一种发展水平叫作儿童现有发展水平，第二种发展水平叫作儿童可能达到的发展水平。现有发展水平是指儿童现有的独立解决问题的水平，可能达到的发展水平是指在成人或更有经验的同伴的帮助下能达到的潜在的发展水平。最近发展区就是这两种水平之间的区域，代表着儿童当前的发展潜能。最近发展区是一个动态的概念，因为处于某一年龄阶段的最近发展区能在一定条件下转变为下一个阶段的现有发展水平，下一个阶段又有自己的最近发展区。因此，维果茨基指出：“学校中教学和发展的相互关系好比是最近发展区和现实发展水平的关系一样。”①教学只有走在发展的前面，对发展加以引导，才是好的教学。正确的、有效的教育既要确定教育的最低阈限，又要确定教育的最高阈限。只有在这两个阈限之间，教育才能取得成效。教育不应以儿童发展的昨天，而应以儿童发展的明天为方向。

维果茨基的最近发展区理论是其有关高级心理机能学说的发展结果。按照维果茨基的观点，任何一种高级心理机能在儿童的发展中都是两次登台：第一次是作为心理之间的机能登台，其性质是社会的、活动的；第二次是作为内部心理机能登台，其性质是个人的。这一规律也完全适用于教育教学过程。教学最重要的特征之一是教学创造着最近发展区，也就是引导并推动儿童一系列内部的发展过程。儿童只有在与周围人的相互作用中以及与同伴的共同活动中才可能完成这些内部的发展过程。

4. 认知发展有其自身的内部逻辑

维果茨基认为，一切活动只有经过内化的发展进程，才能内化为儿童的高级心理机能。从这一观点来看，教学并不只是发展。但是，如果离开教学，就根本不可能引导儿童的智力发展。因此，“教学乃是在发展儿童的非自然的特点，即在发展人的历史特点的过程中内在必要的与普遍的因素”②。是否可以据此证明发展与教学之间的单向关系呢？维果茨基认为，不能把发展与教学等量齐观，发展的速度与教学的速度是不一样的。个体发展的曲线与学校教学的曲线也是不相重合的，教学是走在发展前面的。

---

① 《维果茨基教育论著选》，余震球选译，257～258页，北京，人民教育出版社，1994。

② 《维果茨基全集》第6卷，龚浩然、许高渝、刘华山等译，405页，合肥，安徽教育出版社，2016。

发展具有其自身的内部逻辑，学校各学科的教学对儿童心理过程的引导主要表现在以下三个方面：第一，各学科教学的心理基础具有相当大的共同性；第二，教学对高级心理机能的形成具有促进作用；第三，学科教学可加强各项心理功能的相互依从和联系，高级心理机能的发展是学龄期的一个主要发展成果。但是，这一系列高级心理机能，尤其是儿童抽象思维能力的发展，并不会随着学校各学科的分设而分解为各自单独的渠道。

总之，维果茨基关于认知发展与教育教学关系的主要结论是教学应当走在发展前面，教学是儿童发展的源泉，这集中体现了他的社会文化历史的发展观。由此引申的一系列观点，如最近发展区、最佳学习期限、教学与发展之间复杂的动力制约关系等，不仅指导教师尽可能科学地发挥教学功能，推动儿童发展，而且为教师发挥较大的能动性提供了舞台。维果茨基关于教学应当走在发展前面的观点，在教学实践中极富指导意义，为推动教育教学改革和促进儿童认知发展做出了积极贡献。

第三节

小学生的人格发展与教育

小学阶段是人格形成、发展与培养的关键期。了解小学阶段儿童人格发展的特性，有助于教师有针对性地对其进行指导与帮助。

一、人格的含义与特征

(一)人格的含义

人格是心理学中最为复杂、最有歧义的概念之一，不同心理学家对人格有不同的界定。我国学者王登峰等认为，人格的内涵有四个层次，即个体的外显行为、个体的内心情感和体验、稳定的动机、生理生化反应模式和神经系统活动的变化。[①] 由此看来，人格与个体稳定、持久的特质有关，具有跨时间和跨情境的特点。人格的本质在于个体感知自我、世界和他人的方式的一致性，体验和处理个人情绪、行为的方式的一致性等。

---

① 王登峰、崔红：《行为的跨情境一致性及人格与行为的关系——对人格内涵及其中西方差异的理论与实证分析》，载《心理学报》，2006(4)。

综合众多学者的观点，我们认为人格是个体在先天遗传的基础上，受后天社会环境的影响，逐渐形成的多种心理特征的有机整合，是构成一个人的思想、情感和行为的特有统合模式，包括一个人区别于他人的稳定且统一的心理特点和行为方式。

(二)人格的特征

人格的内涵十分丰富，具有以下特征。

1. 人格的独特性

一个人的人格是在遗传、环境、教育等因素的交互作用下形成的。不同的遗传素质、生存环境及教育条件，使人形成了各自独特的人格特点。“人心不同，各有其面”，这就是人格的独特性。

但是，人格的独特性并不意味着人与人之间的人格毫无相同之处。人格的形成与发展，既受生物因素的制约，也受社会因素的影响。人格作为人的整体特质，既包括个人与他人不同的心理特点，也包括个人与他人在心理、面貌上相同的方面，如每个民族和集团的人都有其共同的心理特点。因此，人格是共同性与独特性的统一。

2. 人格的稳定性

人格是相对稳定的，个体在行为中偶然表现出来的心理倾向和心理特征并不能表征他的人格。“江山易改，本性难移”里的“本性”就是指人格。

当然，强调人格的稳定性并不意味着它在人的一生中是一成不变的。随着生理的成熟和环境的变化，人格也有可能产生或多或少的变化，这是人格可塑性的一面。人格因为具有可塑性，所以才能得以培养。

3. 人格的整体性

人格不是单一的特质，也不是多个特质或特征的简单堆砌，而是多个身心特质之间相互联系的有机组织。各特质之间协调和整合是自身发展的前提，能够保证个体与外界和谐相处，保证个体健康。一旦这些特质之间出现了断裂，不仅特质之间无法实现统整，而且个人也无法将外界经验统整到自身的人格结构之中。

4. 人格的社会性

人在出生时只是一个生物学意义上的个体。但出生也就意味着人从一个简单的生理环境进入了一个复杂的社会环境，要掌握所处社会的行为道德规范、价值观念、信念体系、社会风俗等。这种社会化过程在已有的生理基础上赋予了人格更充分的内涵。人格的社会性是指通过社会化把自然人变成社会的成员。人格是社会人所特有的。

人格是由多种成分构成的一个有机整体，具有内在的统一性和一致性，受自我意识的调控。人格也是衡量心理健康与否的重要指标。当一个人的人格结构在各方面彼此和谐统一时，他的心理就是健康的。

二、小学生人格的发展

小学阶段是人格形成、发展与培养的关键时期。了解人格发展阶段理论对于培养小学生的人格具有重要作用。

(一)行为主义的人格发展观

1. 华生的人格发展观

行为主义心理学的创始人华生(Waston)认为，人格由占支配地位的习惯构成，通过对能够获得可靠信息的长时行为的观察而发现的活动的总和就是人格。换言之，人格是我们习惯系统的最终产物。

一个人在从出生到成熟的发展过程中，形成了许多习惯系统，每一个习惯系统又分别包含着很多各自独立的习惯。这些习惯系统均有相似的发展路线，遵循从婴儿期、幼年期、童年期到青年期的发展路径。在人格的习惯系统中，有一些占支配地位，人们很容易据此观察并做出判断和分类。至于人格中究竟哪个系统支配人的行为，则是由环境决定的。

华生十分重视早期行为习惯对人格的影响。他认为人之所以有人格弱点，是因为人们保留了很多婴儿时期和青年早期已经形成的习惯系统。早期形成的不良行为习惯在适当的情境中会重新表现出来，影响着人格的发展。既然人格系统是由环境中的行为习惯形成的，那么可通过改变环境来改变人格。改变人格的途径就是通过改变个体所处的环境来重塑个体，使个体形成新的习惯。环境改变得越彻底，人格也就改变得越多。华生还十分注意人格的发展过程、人格结构的复杂性等问题。

2. 斯金纳的人格发展观

新行为主义的代表人物斯金纳(Skinner)认为，人格是个体独特的行为方式或这种方式的组合。研究人格就是研究个体特殊的学习经历和遗传背景，就是去发现个体行为和行为强化之间的独特联系。斯金纳利用个人所处环境的强化程序来考察人格的发展，从而达到预测和控制人格发展的目的。

斯金纳还从学习的角度研究人格，了解人们如何在环境中学习各种行为，即在环境中学习的哪些行为能得到强化，哪些行为不能得到强化，从而形成适应复杂环境的生存技能。在学习过程中，人不仅接受强化，而且为了达到目的，积极选择和改变环境，对环境进行自我控制。由于每个人受到的强化不同，因此形成的行为特点也不同。人格的差异，正是行为特点的差异。一个人的人格形成后也是可以改变的，这种改变是终生不断的。之所以人格能够不断改变，是因为环境在不断改变。

(二)弗洛伊德的人格发展理论

弗洛伊德(Freud)的人格发展理论又称心理性欲发展理论。他根据不同年龄阶段性感带在身体不同部位的分布，将儿童人格的发展划分为口唇期、肛门期、前生殖器期、潜伏期与青春期五个阶段。根据弗洛伊德对儿童人格发展阶段的划分，我们可以看出：第一，心理发展是有阶段性的；第二，心理发展是有其生理基础的，性欲发展是心理发展的内部机制；第三，儿童早期的性经验与家长有十分密切的关系，家长的教养态度和方法对儿童心理发展至关重要。

弗洛伊德所说的人格发展的潜伏期恰好对应小学阶段，因此这里主要阐述此阶段儿童人格的发展。

弗洛伊德认为，儿童进入潜伏期，其性欲发展呈现出停滞或退化的现象。此时，儿童知道他们在婴幼儿时期形成的很多嗜好是不被社会认可的，因此他们只好放弃这种嗜好，并学会兼顾快乐原则和现实原则，儿童逐渐形成了道德观念，出现了羞耻感。与此同时，压抑作用开始启动，一些与道德、习俗、宗教、文化等不相容的性欲望被压抑到潜意识之中。因此，6岁以后至青春期来临之前，儿童很少再有性欲的表现。儿童由于排除了性欲的冲动和幻想，因此可以集中精力进行学习、游戏和运动等活动。

(三)埃里克森的人格发展理论

埃里克森(Erikson)把个体从出生到临终的一生称为生命周期，认为个体同一性的形成是一个终身的过程。他把人格发展划分为八个阶段(具体内容详见第二章第一节)，我们在此仅就与小学阶段相对应的学龄期儿童的人格发展做一阐述。

埃里克森认为，小学阶段儿童的主要任务是获得勤奋感，克服自卑感，体验能力的实现。由于生理和心理逐渐成熟，因此此阶段的儿童能够掌握许多工具的使用方法，如能够运用铅笔进行书写。大脑皮层的发展使认知机能不断得到完善，情绪和社会交往的技能更为丰富，社会关系更加广泛，儿童开始不完全依赖家庭而活动。男女儿童各守自己的界限，本我与超我相对安分。儿童尽最大的努力改善自我，努力完成社会所要求的任务。儿童进入学校，实质上就是进入了真正意义上的社会。他一方面要努力学习，力求在学业上取得优异成绩，在同伴中有一席之地；另一方面又在努力的过程中掺杂着害怕失败的情绪。因此，勤奋感和自卑感构成了这一阶段人格发展的主要冲突。

小学阶段的儿童之所以能适应学校生活，是因为他们在学前期形成了一种普遍化自居能力，这是学龄期儿童体验与同伴及教师之间和谐一致、感情深入的必要条件，也影响着儿童超我的建立，形成了儿童的道德目标等内部指导系统，使儿童产生积极参与和妥善处理学校生活的欲望与能力。儿童进入学校后，面临着具有明确要求的系统学习，因此他们的兴趣逐渐发生变化，注重投入社会性更强的游戏，埃里克森把这种感觉称为勤奋感。正是这种勤奋感推动着儿童在成熟之前力求使自己成为一个初具“模型”的成人，许多人对学习和工作的态度与习惯都源于他们在此阶段形成的勤奋感。

与勤奋感相对立，自卑感表现为疏远自己和自己的任务。自卑感可能产生的原因为：对母亲的依恋超过对知识的需求；宁肯在家当宝贝，也不肯到学校当学生；与父亲相比产生过于强烈的愧疚感和自卑感；家庭生活没有为其学校生活做好准备；学校生活对其先前几个阶段的发展成果缺乏允诺和支持，使其感到自己毫无可取之处；其本身的潜力还没有得到及时有效的开发等。埃里克森认为，一个人越是感到无价值，其人格发展越受影响。小学阶段儿童的人格就是在不断获得勤奋感，克服自卑感，体验能力实现的过程中发展起来的。

三、小学生人格的培养

人格具有鲜明的社会性，人格的发展是个体社会化的过程。随着学校德育和心理健康教育的开展，总体来看，小学儿童的人格状况是健康向上的，但小学阶段也存在着影响儿童人格发展的因素。对于如何培养小学儿童健康、良好的人格，我们提出以下建议。

(一)营造良好的家庭氛围

家庭是孩子最早接触的场所，家庭的教养方式是否正确、亲子关系是否融洽都直接影响孩子人格的形成与发展。因此，要培养儿童健康的人格，就必须营造良好、民主、温馨的家庭氛围。正确的家庭教养方式有利于孩子健康人格的形成。从人的社会化过程来看，小学阶段是人格形成和发展的重要时期。这个时期的儿童具有很强的可塑性，接受能力和模仿能力都非常强。因此父母要为儿童树立良好的榜样，要注重从细微之处入手，要求孩子做到的自己必须先做到，从而潜移默化地促进孩子健康人格的形成。

(二)建立良好的同伴关系

小学儿童对同伴的态度是充满矛盾的。他们一方面希望得到同伴的认可和接纳，另一方面感受到与同伴之间有竞争；一方面在比较中确定自我的价值，另一方面十分关心同伴对自己的评价。良好的同伴关系有利于小学儿童社会价值的获得、社会能力的培养、学业的顺利完成以及人格的健康发展。小学儿童可以通过在同伴中确立自己的位置、学会与同伴相处等方式来健全自己的人格。学校要充分重视同伴关系的作用，让小学儿童从形成友好的同伴关系开始逐渐学会与自己的父母、教师乃至整个社会和谐相处，以此增强他们对友好关系的直接感受和亲身体验，在友好的同伴关系中形成健康的人格。

(三)发挥教师的引导作用

埃里克森十分重视教师对小学儿童人格发展的作用，认为教师的正确选择和训练对于防止小学儿童出现人格缺陷至关重要。小学儿童各方面发展均不成熟，认识事物、辨别是非的能力还很差，需要教师正确引导。教师要重视对小学儿童道德认知、道德情感和道德行为的培养与塑造，促进他们良好品德的形成与发展，注重在日常学习和生活中培养与塑造他们的人格。教师要成为儿童值得信赖的人，成为儿童的榜样。

(四)发挥学生的主体作用

心理学研究表明，人都具有努力和有所成就的倾向，成就感对人格发展有极大影响。教师可以通过创设情境、模拟环境，激发小学儿童的成就动机，让他们在实践中体验成功的喜悦，这对于培养小学儿童自尊、自信的人格品质具有明显作用。此外，教师还可以把人格教育与班队活动结合起来进行，充分发挥儿童的主体作用，增强他们的自律能力和知行统一能力，让他们在实践中学会解决问题，纠正自己的人格偏差，并最终通过实践内化自己的品行与品格，形成完善的人格。

(五)创建健康的社会环境

学生人格的形成与整个社会环境的影响是分不开的，因此教师要充分发挥社会教育的感化作用。引导小学儿童通过参与社会活动实现社会化是促进小学儿童人格形成与发展的重要途径。这就需要教师综合运用教育、法律、行政等手段，培养儿童良好的行为习惯，约束和制止其不文明行为；还要加强对教育活动场所的建设和管理，丰富教育内涵，拓展教育功能，特别是加强对互联网监督管理的力度，净化网络环境，为小学儿童提供健康有益的网络空间，促进其人格健康发展。

本章小结

6～7岁儿童的生理发育基本成熟，心理发展也有一定进步，这就为儿童进入小学接受系统的学校教育做好了生理和心理上的准备。进入小学后，儿童的认知和人格都得到一定程度的发展。按照皮亚杰的观点，小学儿童的认知具有具体性、可逆性、守恒性、集合性和去自我中心性的特点。按照维果茨基的观点，小学儿童心理活动的随意性增强；心理活动的抽象概括机能增强；各种心理机能之间的关系发生变化，重新组合性增强；心理活动受社会文化历史制约；心理活动表现出个别化的特征。因此教育要从属于儿童的发展水平，要让儿童在主客体相互作用的过程中接受教育，要着眼于儿童的主动活动，要认识到儿童认知的发展有其自身的内部逻辑和学习的最佳期限，要走在儿童的发展前面，要落在儿童的最近发展区内。人格是个体在先天遗传的基础上，受后天社会环境的影响，逐渐形成的多种心理特征的有机整合，具有独特性、稳定性、整体性和社会性。华生认为，人格是我们习惯系统的最终产物；斯金纳认为，人格形成后是可以持续改变的，原因在于环境在不断改变；弗洛伊德认为，小学儿童的人格发展处于潜伏期，呈现出停滞或退化的现象；埃里克森认为，小学儿童人格发展面临的主要任务是获得勤奋感，克服自卑感，体验能力的实现。要使小学儿童形成健康的人格，家庭、学校和社会就必须做到：为儿童营建良好的家庭氛围，帮助儿童建立良好的同伴关系，充分发挥教师的引导作用和学生的主体作用，还要为儿童创建健康的社会环境。

章后练习

一、名词解释

认知　人格　人格特征　最近发展区

二、简答题

1. 小学儿童生理发展有什么特点？
2. 小学儿童心理发展的主要矛盾是什么？
3. 小学儿童的认知发展有什么特点？
4. 人格的特征有哪些？

三、论述题

1. 结合实际，运用相关认知发展理论论述如何促进小学儿童认知的发展。
2. 结合实际，运用相关人格理论分析小学儿童人格的发展与教育。

拓展阅读

1. 刘金花．儿童发展心理学[M]．上海：华东师范大学出版社，2013.
2. 王振宇．儿童心理发展理论[M]．上海：华东师范大学出版社，2011.
3. 张大均．教育心理学[M]．北京：人民教育出版社，2015.
4. 朱智贤．儿童心理学[M]．北京：人民教育出版社，1979.
5. 林崇德．发展心理学[M]．北京：人民教育出版社，2009.
6. 李丹．儿童发展心理学[M]．上海：华东师范大学出版社，1987.

第二章

心理发展的主要理论

- 心理发展的主要理论
  - 精神分析理论
    - 精神分析理论概述
    - 埃里克森的心理社会发展阶段理论
    - 对精神分析理论的简评
  - 相互作用理论
    - 心理发展机制
    - 心理发展的影响因素
    - 认知发展阶段
    - 对皮亚杰相互作用理论的简评
  - 社会文化理论
    - 高级心理机能
    - 心理发展的实质
    - 维果茨基的发展和教育心理学思想
    - 对维果茨基社会文化理论的简评
  - 生态系统理论
    - 生态系统理论的主要内容
    - 对生态系统理论的简评

章前导语

理论是一系列能够帮助我们解释现象并做出预测的一致的、相互关联的看法，能够为我们解决问题提供指导和说明。本章将概述四种理论取向：精神分析理论、相互作用理论、社会文化理论和生态系统理论。这些理论强调的是发展的不同方面，为我们提供了关于儿童行为的不同看法。

我们在成长过程中经历了一系列发展变化，这些发展变化是如何进行的？具体过程会受到哪些因素的影响？发展心理学的经典理论能够为我们解答这些问题。

第一节
精神分析理论

一、精神分析理论概述

奥地利心理学家弗洛伊德是精神分析理论的创立者。他在对病态人格研究的基础上提出了人格发展理论，主要从无意识(非觉醒状态)的角度描述人类发展。弗洛伊德认为，无意识是人格中未被个体觉察的部分，包括生命早期被隐藏的希望、愿望、要求和需求，是我们很多日常行为发生的原因。他提出了人类发展的性心理发展阶段理论，认为人类行为的基本动机是性本能。性心理发展(psychosexual development)是在儿童经历一系列阶段的过程中产生的。在某一阶段，快感或满足感主要集中在一个特定的身体部位上。由于过分强调性本能，因此弗洛伊德的追随者大幅度地修正了他的精神分析理论。下面将概述新精神分析的代表人物埃里克森的主要理论。

美国心理学家埃里克森师承弗洛伊德的女儿安娜·弗洛伊德(Anna Freud)和伯林厄姆(Burlingham)，提出了解释人生全程发展的心理社会发展阶段理论。心理社会性发展(psychosocial development)包括人与人之间的相互了解和相互作用的变化，以及个体作为社会成员对自己的认识和理解。埃里克森对弗洛伊德的人格发展观的修正体现在以下三个方面：第一，关注健康人格的发展，而不是强调神经症行为的治疗；第二，主张人类发展的心理社会阶段，而不是性心理发展阶段，强调儿童经过一系列先天决定的心理社会阶段进入某一特定文化的社会化过程；第三，个体通过解决每一个心理社会阶段中特定的同一性危机而完成自我同一性的任务。

二、埃里克森的心理社会发展阶段理论

埃里克森认为，在个体与社会环境的互动中，自我成长的需求和社会环境的要求与限制之间经常产生矛盾，使得个体在社会适应方面产生这样或那样的心理冲突，这些心理冲突就构成了发展危机。发展危机既可能使人受到困扰，也可能使人在危机感的压力下激发出潜能，学会自我调节和适应社会，从而推动个体心理发展，即“危机即转机”。他把人格的发展划分为顺序不变又相互联系的八个阶段，每个阶段都有一个独特的发展性任务，这是个体必须完成的。在任务未完成之前，心理危机将持续存在。任务完成，危机化解，危机变为转机，个体就会顺利持续发展。有些人之所以行为异常，是因为不能适时化解发展危机，结果限制甚至丧失了个人的适应能力。埃里克森所指的心理社会发展阶段包括如下八个阶段。

(一)婴儿期(0～1岁)：基本信任对不信任

这一阶段的主要发展任务是获得信任感，克服不信任感，体验愿望的实现。婴儿出生后就有种种生物性需求：要吃、要抱、要睡、要有人逗他等。一旦这些需求得到及时满足，他就会对周围人和周围环境产生信任感。当婴儿必须要等待很长时间才能满足需求，或者受到苛刻对待时，他就会感到恐惧不安，产生不信任感。信任感占优势的婴儿容易形成希望的品质，即对愿望的实现怀有持久的信念；具有敢于冒险的勇气，不容易被绝望和挫折压垮。缺乏足够信任感的婴儿不容易怀有希望，常会为自己的需要是否得到满足而担忧，常被目前的困境束缚。这种对人和环境的基本信任感是以后各阶段发展的基础，可以帮助个体相信生存的世界是美好的。

(二)儿童早期(1～3岁)：自主对害羞、怀疑

这一阶段的主要发展任务是获得自主感，克服怀疑和羞怯感，体验意志的实现。这个时期的儿童已经掌握了许多技能，如爬行、走路、说话等，还形成了一些与父母、同伴和社会交往的经验。他们已不满足于停留在狭窄的空间之内，渴望独立探索周围世界；坚持自己的事情自己做，如自己进食、自己走路、自己选择排泄方式等；常常使用“我”“我来”“我不”彰显自己的力量。这些行为容易与家长的约束和规范相冲突，第一个反抗期出现。父母有责任控制儿童的行为，使之符合社会规范，即培养儿童良好的习惯，如训练儿童大小便，训练他们按时吃饭、节约粮食等。父母如果对儿童的行为不加约束，那么将不利于儿童的社会化；但父母如果管教过于严厉，那么又会挫伤儿童的自主性，减弱儿童的自我控制能力。父母对儿童的保护或惩罚不当，都会使儿童产生害羞、怀疑心理。在这个阶段，如果儿童形成的自主性超过了害羞、怀疑，

那么他就容易形成意志的积极品质。

(三)学龄前期(3～6岁)：主动对内疚

这一阶段的主要发展任务是获得主动感，克服内疚感，体验目的的实现。在这一时期，儿童可以在言语和行动上更广泛地探索与扩展自己的环境，主动性大大增强。他们会检验各种各样的限制，以便确定哪些是被许可的，哪些是不被许可的。在这一时期，儿童表现出主动探究行为和丰富的想象力。儿童如果受到成人的鼓励，那么就会形成主动性，这为他将来成为一个有责任感、有创造力的人奠定了基础；如果受到成人的耻笑或过度控制，那么就会怀疑自己的能力并对自己逐渐失去自信心，甚至为自己的种种行为感到内疚，这将使他们更容易放弃自己的权利，倾向于服从成人为他们做好的安排，缺乏自己开创幸福生活的主动性。如果儿童在这个阶段获得的主动感胜过内疚感，那么他就会形成"目的"的积极品质，即具备追求有价值的目的的勇气。

(四)学龄期(6～12岁)：勤奋对自卑

这一阶段的主要发展任务是获得勤奋感，克服自卑感，体验能力的实现。学龄期儿童的社会活动范围扩大了，儿童依赖的重心已由家庭转移到学校、少年组织等社会机构。为了完成学习任务、与他人共处，儿童必须勤奋努力。如果儿童的努力得到了同伴、家长和教师的认可，那么他就会拥有一种掌握感和熟练感，并伴随拥有逐渐增强的能力感；相反，如果儿童的努力得不到同伴、家长特别是教师的认可，那么他就会有一种失败感和自卑感，随后可能在学业追求和同伴交往中退缩，表现出较低的兴趣和取胜动机。在这个阶段，家长和教师要鼓励儿童掌握未来就业所必需的技能，但不能以牺牲人类某些重要品质为代价。如果儿童获得的勤奋感胜过自卑感，那么他就会形成"能力"的积极品质，即在完成任务中能自如地运用自己的聪明才智。

(五)青少年期(12～18岁)：自我同一性对角色混乱

这一阶段的主要发展任务是建立同一感，防止同一感混乱，体验忠诚的实现。进入青春期的青少年，对周围世界有了自己的看法和观点，开始关注自我、思考自我。自我同一感是一种关于自己是谁、在社会上应占什么样的地位、将来成为什么样的人以及怎样努力成为理想中的人等一系列问题的感觉。受身体的发展、性的成熟、所面临的种种社会义务与选择的影响，青少年常常会对过去产生怀疑，对将来迷茫，现实自我与理想自我难以统一，这就是同一感危机。他们需要从周围人的态度和评价中，从自己扮演的各种社会角色中逐渐认识自己。青少年如果以健康的方式探索自我角色，寻找积极的行为模式，那么将会获得自我同一性，形成忠诚的品质，即不顾价值系统的必然矛盾而坚持自己确认的同一性的能力。个体如果在进入青春期之前，有较强的信任感、自主感、主动感和勤奋感，就容易建立自我同一感。

(六)成年早期(18～25岁)：亲密对孤独

这一阶段的主要发展任务是获得亲密感，避免孤独感，体验爱情的实现。这一时期的青年男女开始寻求一种特殊的关系，通过这种关系来发展他们的亲密感，并在情感方面逐渐成熟。这里的“亲密”由几个成分组成：初级成分是“无私”的程度，是指牺牲自己的需要以满足对方的需求；中级成分包含“性”，在这一过程中双方共同获得快感，而不是仅考虑满足自己；高级成分是为将自己的同一性融入伴侣的同一性中所做出的努力。个体只有在自我同一性巩固的基础上获得共享的同一性，才能有美满的婚姻，得到亲密感。那些在此过程中经历困难的个体，往往是孤独的、疏离的，害怕和他人建立关系。如果个体在这个阶段形成的亲密能力胜过孤独能力，那么他就会形成“爱”的积极品质。

(七)成年中期(25～65岁)：繁殖对停滞

这一阶段的主要发展任务是获得繁殖感，避免停滞感，体验关怀的实现。一个人如果能很幸运地形成积极的同一性，过上幸福生活，那么就会力图把维持这种生活的环境条件传递给下一代(生儿育女，关心后代的繁殖和养育)。这里的繁殖不仅指个人的生殖力，而且指关心和指导下一代成长，既可以通过繁殖和养育儿童(不必是自己的孩子)来实现，也可以通过生产或创造能提高下一代生活水平的物质财富和精神财富来实现。没有产生繁殖感的人具有“停滞和人际贫乏”的特征，往往只考虑自己的需要和利益，不关心他人(包括儿童)的需要和利益。如果个体的繁殖感胜过停滞感，那么他就会形成关怀的积极品质，即一种对由爱必然或偶然造成的结果的扩大化的关心，它消除了那种由不可推卸的义务所产生的心理矛盾。

(八)成年晚期(65岁以上)：自我完善对失望

这一阶段的主要发展任务是获得完善感，避免失望、厌倦感，体验智慧的实现。这个时期的人们经常回顾和评价历史。在体验了人生的众多喜怒哀乐后，个体如果感觉已经实现了自己关于生活的设想，人生过得充实、有意义，那么就会获得完善感，这种完善感包括一种长期形成的智慧感和人生哲学。相反，个体如果对自己的过去并不满意，可能是错过了一些重要的机会，没能实现自己的愿望，也可能是做过失败的事情，让自己感到不开心、抑郁、生气或沮丧，那么就会产生虚度人生的怀疑感或忧郁感，出现厌倦和失望的心理，不敢面对死亡。

这八个阶段相互联系。在每一个心理发展阶段，解决了核心问题之后所产生的人格特质，都包括积极与消极两方面的品质。如果各阶段都保持向积极品质发展，那么才算完成了这阶段的任务，逐渐实现了健全的人格，否则就会产生心理社会危机，出现情绪障碍。

三、对精神分析理论的简评

弗洛伊德和埃里克森的精神分析理论强调发展的构架、家庭关系和心理的无意识成分。埃里克森没有将青春期视为发展的完成阶段，认为发展持续贯穿于生命始终。他提出的心理社会阶段的具体界定和青春期同一性危机受到了许多学者的称赞。埃里克森的理论的不足之处在于更多关注男性而非女性的发展，并且理论中有些方面的阐述比较模糊，致使研究者很难对其进行严格的检验。

第二节
相互作用理论

皮亚杰，瑞士儿童心理学家，发生认识论创始人。皮亚杰发生认识论的研究为后来认知心理学的发展奠定了基础，他被誉为20世纪伟大的儿童心理学家。

皮亚杰特别重视认知(或智慧)，认为它是整个心理发展的核心，对认知进行描述能展示心理发展的基本特征。他认为传统的认识论只顾到高级水平的认识，即认识的某些结果，看不到认识本身的建构过程。在比纳实验室担任研究助理时，皮亚杰开始对儿童在智力测验中的回答产生了浓厚的兴趣。在他看来，儿童的回答局限于表面，而儿童为什么这样回答，又为什么那样回答，才接近于不同年龄儿童认识与智慧的本质。研究儿童的逻辑，是了解人类心智发展的基础。

下面将从心理发展机制、心理发展的影响因素以及认知发展阶段三方面介绍皮亚杰的观点。

一、心理发展机制

皮亚杰指出，人类的思维是以图式进行组织的，心理发展的本质是图式的发展。图式也称认知结构，是表征行为和动作的有组织的心理模式，就像电脑软件一样，指引和决定着如何看待与处理来自外部世界的数据。图式也是适应环境并随着智力发展而变化的结构。对于婴儿，图式代表具体的行为，如吮吸、伸手，以及每一个单独的行为。对于儿童，图式变得更加复杂和抽象，如骑自行车或玩视频游戏所涉及的一系列技巧。

心理发展的真正原因是主体对客体的适应，适应的本质在于使机体与环境达到平衡。皮亚杰认为，认知和思维的本质是适应。适应包括同化和顺应两个过程。同化是把新经验纳入已有图式加以理解的过程，是新刺激适应主体已有认知结构或行为模式的过程。顺应是指改变已有图式以适应新经验的过程，是主体“被迫”改变自己的已有图式以适应新刺激的过程。同化使认知结构得到量的变化，顺应使认知结构得到质的改变。个体通过同化与顺应来达到机体与外界环境的平衡。新的、暂时的平衡是另一较高水平的平衡运动的开始。平衡状态的不断发展就是整个心理的发展过程。

二、心理发展的影响因素

皮亚杰既反对先验论，又反对经验论。他认为，儿童心理的发展不是先天结构的展开，也不完全取决于环境的影响，而是受成熟、自然经验、社会经验以及平衡化四个因素的共同影响。

(一)成熟

成熟指机体的成长，特别是神经系统和内分泌系统的成熟。皮亚杰认为，一些行为模式有赖于生理结构和神经通路的作用。在心理发展过程中，成熟主要在于揭开新的可能性，从而成为某些行为模式出现的必要条件，但成熟本身还不是一个足够的条件。要让这些可能性变成现实，必须依靠机能的练习和经验的习得。随着个体的成长，经验和社会环境等因素的作用不断增强。

(二)自然经验

自然经验主要是指儿童通过与外界物理环境接触而获得的知识，包括物理经验和逻辑数学经验两类。物理经验是个体作用于物体所产生的有关客体位置、运动和性质的经验，这些经验是有关客体本身的，如物体大小、轻重、软硬、颜色等。逻辑数学经验是指个体对数量关系和逻辑关系的体验，如儿童从玩耍鹅卵石的过程中发现，无论石子如何排列，其总数保持不变。

物理经验的本质特征起源于物体本身，是一种简单意义的抽象，即使主体没有作用于它，它的性质依然存在。逻辑数学经验是主体对一系列动作之间关系协调的经验，是在反复的主客体相互作用的基础上建立起来的。这类经验本质上不是客体的，如果没有主体对客体的反复动作，逻辑数学经验也就不存在了。皮亚杰特别强调逻辑数学经验对儿童认知发展的作用。

(三)社会经验

社会经验指社会性相互作用和社会文化的传递。社会性相互作用包括与父母、同龄人以及特定环境中的其他人的相互作用，社会文化的传递涉及教育、学习和语言等方面。皮亚杰认为，社会经验对心理发展的影响要远大于自然经验对心理发展的影响，良好的教育在一定程度上能加速认知发展。教育必须与儿童的认知结构相适应。成人在实施语言指导或教育的过程中，需要重视儿童的主动同化作用，确保儿童拥有一个能同化这种信息的结构。个体心理发展的进程和水平因其所处的社会环境和所受文化教育的不同而不同。

(四)平衡化

皮亚杰认为，平衡化是个体的自我调节过程，是心理发展的决定性因素，甚至是协调成熟、自然经验和社会经验的必要因素。个体在成长过程中，会不停地遇到外来刺激。通过同化和顺应，机体的图式从相对较低水平的平衡，到该平衡被打破，再到建立相对较高水平的平衡，个体的心理水平也相应上升到了一个新台阶。

皮亚杰提出平衡这个因素，主要基于两点原因。第一，既然影响个体心理发展的有成熟、经验和社会环境这三个因素，那么这三个因素之间肯定存在着某种协调，这种协调就是一个平衡的过程。第二，在建构过程中，主体会进行大量的试误和调整，这些活动中有很大一部分是自我调整，而自我调整恰恰就是平衡的实质。在求知活动中，主体是主动的。当他面临外部困扰时，他就要有所反应，以求得补偿，从而使心理趋向于平衡。

三、认知发展阶段

认知发展是指个体自出生后，在适应环境的活动中，对客观事物的认识水平及解决问题时的思维水平与能力随着年龄的增长而不断提高的过程。皮亚杰认为，所有个体都会以固定顺序经历一系列认知发展的一般阶段。在这些阶段中，不仅信息的数量有所增加，而且知识和理解的性质会发生变化。他将认知发展划分为四个阶段——感知运动阶段、前运算阶段、具体运算阶段和形式运算阶段，提出了认知发展阶段理论。该理论认为心理发展阶段出现的先后顺序固定不变，每个阶段都有其独特的认知结构，每个阶段都是到达下一阶段的必要条件。

(一)感知运动阶段(0～2 岁)

感知运动阶段被认为是“儿童思维的萌芽”阶段。这个阶段的儿童只能靠感觉和身体动作去认识与适应周围的世界，只能对当前感觉到的事物施以实际的动作思维。一方面，此阶段儿童的思维范围局限于当前感知到的事物，很少将记忆表象或未来表征作为思考的对象；另一方面，此阶段的儿童主要借助外部看得见的身体动作进行思考，很少通过内在的心理表征进行思考。

该阶段儿童在认识上的第一大成就是主体和客体分化，获得客体永恒性。最初婴儿分不清自我与客体，不了解客体可以独立于自我而客观存在，只认为自己看得见的东西才是存在的，在看不见时也就不存在了。如果客体在眼前消失了，儿童依然以为它是客观存在的，那么儿童就获得了客体永久性。第二大成就是产生因果认识。儿童的动作都是无目的的，或者说是任意的。在动作与客体的相互作用中，儿童逐渐产生了不同动作产生不同结果的认识，以后又逐渐扩展到对动作与客体间的关系的认识，使动作的目的性越来越明确，这就意味着因果认识产生了。

(二)前运算阶段(2～7岁)

前运算阶段被认为是“表象或形象思维”阶段。随着语言的快速发展及初步完善，思维得以从具体动作中摆脱出来。儿童开始频繁地借助表象符号来代替外界事物，凭借象征图式在头脑里进行“表象思维”。该阶段儿童思维的主要特点如下。

1. 泛灵论

该阶段儿童不能很好地把自己与外部世界区分开，认为外界一切事物都有生命。例如，学前儿童在自己吃饭的时候，会想起喂洋娃娃吃饭，因为他们认为洋娃娃不吃饭就会和自己一样饿。

2. 自我中心主义

该阶段儿童不能从他人角度考虑问题，以为每个人看到的世界都和他自己看到的一样。皮亚杰设计了“三座山实验”，用来评价儿童能否站在他人角度考虑问题。三座山以不同的颜色来区分，一座山上有一间房屋，另一座山上有一个红色的十字架，还有一座山上覆盖着白雪。儿童坐在桌子的一边，桌上放着这个模型(见图 2-1)。在第一个实验中，实验者把一个娃娃放在桌子周围的不同位置，问儿童“娃娃看到了什么”。在第二个实验中，实验者向儿童出示从不同角度拍摄的三座山的照片，让儿童挑出娃娃看到的那张照片。在第三个实验中，实验者给儿童三张硬纸板，要求儿童按娃娃所见把三座山排好。结

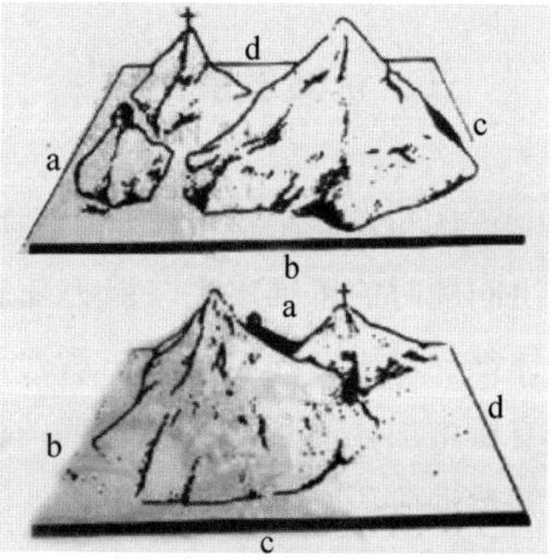

图 2-1　三座山模型①

① 林崇德：《发展心理学》，235 页，北京，人民教育出版社，2018。

果，8 岁以下的儿童一般不能成功。大多数 6 岁以下的儿童是从自己的观察角度而不是从娃娃的观察角度来选择照片的。

3. 思维不可逆

可逆性是指改变思维方向，使之回到起点。该阶段儿童不能逆向思维。例如，问一名 4 岁儿童："你有兄弟吗?"他回答："有。""兄弟叫什么名字?""吉姆。"但反过来问："吉姆有兄弟吗?"他回答："没有。"

4. 未获得物体守恒概念

守恒是指不论事物形态如何变化，其本质不变。儿童受直觉活动影响，未获得物体守恒概念。例如，向儿童呈现两个不同形状的水杯，一个又矮又粗，一个又高又细。当着儿童的面向又矮又粗的杯子里倒入半杯苹果汁，然后将这些果汁再倒入又高又细的杯子，这些果汁几乎装满了细杯子。接下来问儿童"两个杯子里的果汁一样多吗"，该阶段儿童往往回答"不一样"。进一步追问哪个杯子里的果汁多时，他们往往会说又高又细的杯子里的果汁比较多。

5. 单维性

该阶段的儿童在注意事物的某一方面时往往忽略其他方面。他们不能考虑有关刺激物的全部可用信息。他们关注的是可见的、表面的、明显的部分。例如，给儿童呈现两排数量一样多的纽扣，但两排纽扣的间距不同(见图 2-2)，这个阶段的大部分儿童会认为间距大的一排纽扣数量多。他们只能从单维度进行思维，考虑了长度就不能顾及纽扣间距。

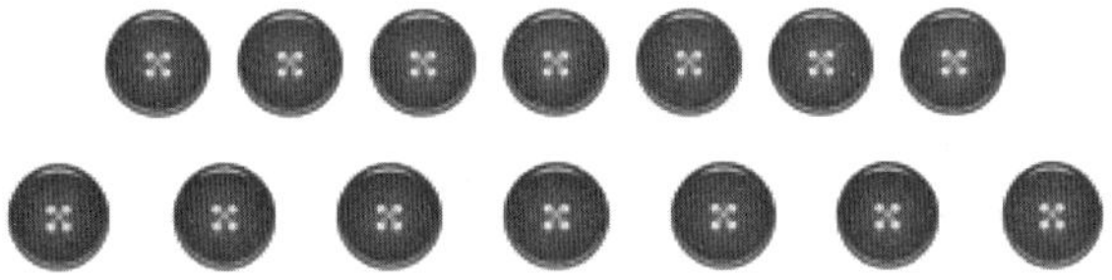

图 2-2　两排数量一样多但间距不同的纽扣

运算是有组织的心理过程，是一种在心理上进行的内化了的动作(如思维、想象)。儿童可通过运算把客体或观念操纵成新形式，更为重要的是，能够将其操纵回原来的状态。由于前运算阶段的儿童尚不能在心理上逆转事物，因此此阶段被称为前运算阶段。

(三)具体运算阶段(7～11 岁)

具体运算阶段被认为是"初步的逻辑思维"阶段。此阶段儿童能够按照特定事件或具体例子进行推理思考，能够意识到别人可能有不同的观点和想法，能够接受别人的意见、修正自己的看法。其言语具备了社会交流的性质，思维的可逆性和守恒性也已经形成，两种重要的智力运算(顺序排列和分类)也发展起来了。

顺序排列是指在某一量化维度上(如长度)排列刺激物。例如，让儿童将随机摆放在桌子上的长短不一的棍子按从长到短排列，前运算阶段的儿童会将棍子按大棍子或小棍子分成两组或三组，或是将棍子顶端整齐排列而忽视了棍子的底端。具体运算阶段的儿童能够理解每一根棍子都必须同时比排在前面的棍子长，而且比排在后面的棍子短。

具体运算阶段的儿童能够将事物分类或划分成不同的集合或子集合，并能考虑它们之间的相互关系。例如，该阶段的儿童能够理解四代的家谱图，可以进行横向、纵向分类，能够明白一个家庭成员可以同时是儿子、兄弟和父亲。

尽管儿童在具体运算阶段有许多进步，但他们的思维仍有很大的局限性。他们还是不能脱离具体的物理属性，并且不能理解抽象的或假设的问题、涉及形式逻辑的问题。例如，向7～8岁的儿童提出这样的问题：张老师比李老师高，李老师又比王老师高，问张老师和王老师哪个高。他们可以回答。若换一种说法：假定A大于B，B大于C，问A与C哪个大。他们可能难以回答。因为在前一种情形中，儿童可以借助具体表象进行推理。

(四)形式运算阶段(12岁以后)

形式运算阶段被认为是“抽象逻辑思维”阶段。形式运算是指摆脱了具体事物的束缚，利用语言文字在头脑中重建事物和过程来解决问题的运算。该阶段儿童的思维水平接近成人，认知结构达到了发展的高峰。儿童能运用抽象的、合乎逻辑的推理方式去思考问题，抽象思维逐渐成为主导思维。

这一阶段的儿童能不受真实情境的束缚，将心理运算运用于可能的和假设的情境。皮亚杰和英海德尔(Inhelder)设计了“钟摆实验”来验证儿童假设检验理论。影响钟摆摆动速度的可能因素有钟摆摆动的高度、钟摆的重量、摆绳的长度、摆动所受外力的大小，儿童要确定是哪个因素或哪些因素联合作用的。处于具体运算阶段的儿童不能分离出这四个因素，不能在其他因素保持不变的情况下只改变一个因素，往往只是在尝试一两次无果后就放弃了。处于形式运算阶段的儿童能够从多个因素中分离出一个因素，考虑这一因素在整体中的作用。

该阶段的儿童既能考虑当前情境，也能考虑过去和将来的情境，能基于单纯的言语或逻辑陈述进行假设—演绎及命题间的推理。他们可能会思考生命的意义及自己未来的发展问题，由此引发出了青春期的自我中心主义。

四、对皮亚杰相互作用理论的简评

皮亚杰的相互作用理论极大地推进了关于儿童认知发展的研究，深刻影响了我们对认知发展的理解，为该领域带来了某种关于儿童本性以及他们认知发展的内容、时间和方式的新视角。然而，该理论的细节部分，尤其是认知能力随时间发展而变化的内容，受到了质疑。例如，一些认知技能出现的时间明显早于皮亚杰的论断。除此之外，皮亚杰提出的发展阶段的普遍性也存在争议。越来越多的证据表明，在非西方文化环境中，特定认知技能的出现依照不同的时间表，而且在每一种文化中，都有一些个体似乎永远无法达到皮亚杰所说的最高认知水平，即形式逻辑思维水平。

第三节
社会文化理论

维果茨基是苏联儿童心理学家、苏联儿童心理学的开拓者、“社会文化历史学派”的创始人。维果茨基的主要贡献是提出了文化历史发展理论。该理论关注文化与智慧的传递，强调社会环境对认知发展的影响。他短暂的一生对苏联心理学理论体系的建立与发展做出了重要贡献。

一、高级心理机能

维果茨基将心理机能分为两种，即低级心理机能和高级心理机能。低级心理机能是依靠生物进化而获得的心理机能，是在种族发展的过程中出现的，如感觉、知觉、不随意记忆、形象思维、情绪等。高级心理机能是社会历史发展的结果，以人类社会特有的语言和符号为中介，受社会历史发展规律的制约，如思维、有意注意、高级情感、逻辑记忆等。

维果茨基认为之所以人的心理不同于动物，是因为人具有一切动物所没有的高级心理机能。人类在劳动中使用工具，不再像动物那样以身体的直接方式来适应自然。其中，工具包括斧头、电锯、起重机等物质生产工具，也包括符号、文字、语言等人类特有的精神生产工具。人类在物质生产中使用的工具凝聚着人类的间接经验，即社会文化知识经验，这就使得人类心理的发展不再像动物那样受生物进化规律的制约，而是受社会历史发展规律的制约。

二、心理发展的实质

维果茨基认为，心理发展的实质是在环境和教育的影响下，个体的心理在低级心理机能的基础上逐渐向高级心理机能发展的过程。

维果茨基认为，人类心理机能由低级向高级的发展主要由三方面来推动。第一，高级心理机能起源于社会文化历史的发展，受社会规律的制约。第二，从个体发展来看，社会交往是高级心理机能形成的基础。儿童在社会交往的过程中，通过对语言、符号的掌握和使用，在低级心理机能的基础上形成了各种新质的心理机能。第三，高级心理机能是不断内化的结果。在社会和教育的制约下，儿童的心理活动首先是属于外部的、人与人之间的活动，而后内化为儿童自身的活动。例如，教师教幼儿如何接水，起初幼儿每次接水都需要教师讲一遍规则，时间久了，即使没有教师的提醒，他们也能自觉地按照要求去做，即实现了规则内化。

三、维果茨基的发展和教育心理学思想

(一)最近发展区

维果茨基认为儿童心理发展有两种水平：第一种水平是儿童现有的发展水平，是儿童独立活动所达到的解决问题的水平；第二种水平是在有指导的情况下，借助别人的帮助所达到的解决问题的水平。例如，一个 7 岁的儿童，在没人指导的情况下，能够独立完成 7 岁儿童的题目。这个时候他的发展水平就是儿童现有的发展水平，即第一种水平。在教师的指导下，他能够完成 7 岁半儿童的题目，这个时候他达到的水平就是儿童的潜在发展水平，即第二种水平。最近发展区就是这两种水平间的距离。

儿童的最近发展区处于不断发展的动态过程中。在他人的帮助下，当儿童完成第一阶段的学习后，之前的潜在发展水平成为新的现有的发展水平，在此基础上将会出现一个更高水平的最近发展区，也会出现新的潜在发展水平。如此不断发展，儿童的发展水平不断提高。

(二)教学应该走在发展前面

维果茨基认为，发展和教学是儿童心理发展的决定性力量。在最近发展区理论的基础上，维果茨基提出了“教学应走在发展前面”的观点。

教学与发展是相互依赖的关系。第一，教学创造了儿童的最近发展区，也就是说教学引起了一系列的内部变化，儿童通过教学掌握各种经验并完成内化过程。第二，

教学主导儿童的发展，决定着发展的内容、水平、速度及智力活动的特点。第三，教学与发展并非同步进行，教学应走在发展前面。教学指向儿童的最近发展区，不仅要看到儿童已达到的程度，而且要看到其正在发展的过程。

(三)教学的最佳期限

教学要符合儿童发展的特点，既不能教授婴儿读书写字，也不能教授 3 岁儿童高等数学。教学必须以成熟和发展为前提，更重要的是必须建立在正在形成的心理机能的基础上，走在心理机能形成的前面。

任何教学都存在最佳期限，过早或者过晚的教学都不利于儿童的学习与发展。教学的最佳期限取决于儿童的最近发展区，并且在最近发展区之内。低于最近发展区或处于现有发展水平内的教学对儿童来说是枯燥的，不能促进儿童的发展；超出最近发展区的教学对儿童而言是有困难的、无效的。

(四)动态评估

根据最近发展区理论，维果茨基认为对儿童发展的评价不能仅限于已经达到的水平，而应该关注儿童潜在的发展水平，关注儿童的学习速度和迁移能力。

维果茨基建议用动态评估的方法来测查儿童的发展情况。在动态评估环境中，儿童和实验者的相互作用不会因为儿童的错误回答而终止。实验者会给儿童提供一些有助于问题解决的指导性暗示，以观察儿童在成人的帮助下解决问题的能力。动态评估通常采用前测—干预—后测的模式来测查儿童最近发展区的宽度。前测主要是用传统静态的测量方式考察儿童能够独立完成的水平。在干预阶段，实验者为儿童提供相应的等级化的指导或是将复杂的任务进行分解。为儿童提供的指导或提示的数量表明儿童学习的速度。实验者还设计具有不同迁移程度的情境来检验儿童的迁移能力。

动态评估采用发展性的、动态的标准衡量儿童的发展状况，还具有诊断的功能，能够为教育者提供更多的信息，包括儿童学习的速度、儿童的迁移能力，有利于教师探索促进儿童有效学习的教育方法。

(五)教育活动的双主体

20 世纪初，维果茨基对教师处于绝对权威中心地位而忽视学生主体性的传统的教育观念提出批评。他的教育主体性的思想主要体现在以下三个方面。

第一，学生在教育过程中的主体性。首先，教育者要考虑到学生的知识基础及个人经验。一切教育活动都应在学生自身经验的基础上开展。其次，调动学生学习的主动性，让学生对学习活动感兴趣，在自身经验的基础上对自己进行教育。学生主体性的发挥要求学生能够积极主动地将教师的要求内化。

第二，教师在教育过程中的主体性。教师是教育过程的另一主体。教师的主体性主要表现在教师不仅要能了解学生的内心发展变化，而且要能创造性地整合社会环境要素，即教师需要掌握关于儿童心理发展的各种理论并将理论应用于实践。根据维果茨基最近发展区的观点，教师需要完成三项任务：①动态地评估儿童的各种能力及背景知识；②根据评估的结果，确定儿童的最近发展区，进而选择合适的教学活动；③适时呈现恰当的教学支架，并及时撤出。

第三，社会环境在教学过程中的作用。维果茨基提出，教育过程实际表现出三个方面的积极性，即学生的积极性、教师的积极性以及处于他们之间的环境的积极性。其中，环境因素是个体经验形成的决定因素。这里的环境既包括生活条件、历史背景等宏观环境，又包括学生人际关系系统的微观环境，即学生所处的社会、家庭、学校、班级等。人与环境相互作用，人身上的一切在相应的社会影响下都是可以教育和再教育的。

(六)教学的交往本质

与其他理论相比，社会文化理论更强调发展是儿童与其所处环境中的个体之间的相互交流。根据维果茨基的观点，教育应该更多地关注与他人互动的活动。儿童—成人和儿童—儿童之间的互动都有可能促进认知的发展。基于这一思想，研究者强调创设互动性的教学情境，以促进师生及生生之间的交往和沟通；重视校外的各种交往活动，尤其是那些能够与班级活动紧密结合的活动。当下的一些教育创新，如合作学习、交互式教学，都能反映这一观点。

合作学习，即儿童为了实现一个共同目标而组成小组一起学习。在小组合作中，儿童能够从他人的看法中获益。如果选择了错误的方式，他们也能及时被其他组员纠正。但是，并不是每个同伴都会对学习小组中的成员有同等的帮助。当小组中有一些成员能够胜任工作，并起到专家作用时，这个组的儿童才能获得最大的收益。

交互式教学是一种教授阅读技巧的方法，该技术的关键在于其交互性，即注重在教学中为学生创建担任教师角色的机会。开始时，教师引导学生学习阅读理解的策略，儿童在最近发展区内不断进步，逐渐能够更好地使用这种策略，最终能够完全承担起教师的角色。这种方法在提高学生阅读技巧方面显示出了巨大的成效，对于那些有阅读困难的学生尤为有效。

四、对维果茨基社会文化理论的简评

维果茨基关于儿童心理发展的思想在心理学界产生了巨大影响。他强调心理的起源受社会文化和社会发展规律的制约以及儿童心理的发展对教学的依赖关系等，至今对教育与教育心理学的研究仍具有借鉴作用。

但维果茨基的有些观点也受到了质疑。一方面，维果茨基强调的依赖于言语指导的参与性活动在某些学习任务中并不适用，如如何种植蔬菜，通过观察他人来学习要比通过言语指导的学习更为有效；另一方面，维果茨基提出的同伴学习并非总是有效的，特别是在合作学习者对自己所掌握的知识也并不确信时。此外，还有研究者认为维果茨基过于武断地认为高级心理机能的发展与有机体结构的生物变化无关。

第四节
生态系统理论

20 世纪 70 年代开始，生态学思潮逐渐兴起，人们开始用生态学的眼光来审视经济、政治、文化、社会，甚至人类生存和发展问题。至 20 世纪八九十年代，有关个体成长和发展的心理学研究受到生态化运动(the ecological movement)的影响，研究者将目光更多地聚焦于现实环境中活生生的个体，开始了发展心理学研究应当在自然的环境中和具体的社会文化背景中探讨个体心理发展问题的研究取向——生态发展观。

按照生态发展观，儿童的发展是一个渐进过程。在发展过程中，遗传和非遗传因素一起选择性地控制着导致心理与行为表现复杂性的基因表达，儿童的发展变化不过是儿童发展的生态环境系统进行适应性调节的必然结果。生态发展观的基本思想体现为：①有机体处于一个复杂关联的系统网络之中，既不能孤立存在，也不能孤立行动；②所有有机体均受到来自内部和外部动因的影响；③个体主动塑造环境，环境也在塑造个体，个体力求达到并保持与环境的动态平衡以适应环境。

生态发展观强调，对儿童发展的研究应在家庭、学校、社会等自然与社会生态环境中进行，以揭示真实自然条件下的发展规律；关注儿童发展，更应关注儿童发展的生态环境系统。

一、生态系统理论的主要内容

布朗芬布伦纳(Bronfenbrenner)有关发展的生态系统理论是生态发展观下最典型的代表之一。他提出了四个层级的环境系统和一个时序系统。微观系统(microsystem)、中间系统(mesosystem)、外层系统(exosystem)和宏观系统(macrosystem)这四个层级的环境系统会同时对个体产生影响，涉及时间的时序系统是四个层级的环境系统的基础。如果不能理解每个层级系统是如何影响儿童的，就无法完全理解发展过程。

(一)环境系统

1. 微观系统

微观系统是环境层次的最里层，是对儿童产生直接影响的环境，如家庭、学校、同伴等，是处于特定环境中的个体的活动方式、角色模式和人际关系模式。这个环境是不断变化和发展的。对大多数婴儿来说，微观系统仅限于家庭。随着婴儿的不断成长，活动范围不断扩展，幼儿园、学校和同伴关系不断被纳入婴幼儿的微观系统。对学生来说，学校是除家庭以外对其影响最大的微观系统。

微观系统中所有的关系都是双向的，即儿童不仅是环境影响的被动接受者，也会主动参与微观系统的建构。儿童受生物和社会影响的特性(如身体特征、人格和能力)也会影响成人的行为，如一个友善、专心的儿童可能会赢得成人积极、耐心的反应，一个易分心的儿童可能受到约束和惩罚。当这些彼此交互的作用随时间的流逝反复发生时，它们就对发展产生了持久的影响。

2. 中间系统

中间系统是第二个环境层次，是指各个微观系统之间的联系或相互关系。正如一根链条中的链环，中间系统将儿童的父母与教师、同学与教师等相互联结在一起。如果微观系统之间有较强的、积极的联系，那么发展可能实现最优化。例如，父母与教师针对儿童在家或在学校的表现定期沟通交流，共同制定并执行正确的教育对策，这对儿童的学校适应和未来发展是非常有利的。

3. 外层系统

外层系统是第三个环境层次，是指那些儿童并未直接参与但对他们的发展产生影响的系统。外层系统的支持可以是正式的，如父母的工作场所、地方政府、社区的健康和福利机构等。例如，灵活的工作日程安排、父母双方照料孩子的假期、孩子生病时父母的病假，这些都是工作环境协助父母抚育儿童、间接促进儿童发展的方式。外层系统的支持也可以是非正式的，如家长的人际网络，必要时能够为他们提供支持。

4. 宏观系统

宏观系统是环境层次的最外层，是涵盖社会宏观层面的文化系统。一般而言，各种类型的政府、宗教和政治价值体系，以及其他广泛的环境因素都是宏观系统中的一部分。宏观系统实际上是一个广阔的意识形态。它规定如何对待儿童、教给儿童什么及儿童应该努力的目标。在不同文化中，这些观念是不同的。但是这些观念存在于微观系统、中间系统和外层系统中，直接或间接地影响儿童知识经验的获得。

(二)时序系统

时序系统是解释发展的时间维度，是指个体的生活环境及相应的心理特征随着时间推移所具有的变化性及相对的稳定性。随着个体成长和生活结构、社会地位、职业、居住地区的变化，一个人会形成各种相应的心理特征，如更换学校的次数越多，儿童的焦虑和社会问题也会越多。

布朗芬布伦纳强调将时间和环境相结合来考察儿童发展的动态过程。婴儿一出生就置身于一定的环境之中，并通过自己本能的生理反应来影响环境，如通过哭泣来获得生存所必需的物质。此外，婴儿也会根据外界环境来调节自己的行为，如冷暖适宜时会微笑。随着时间的推移，儿童生存的微观系统环境不断发生变化。引起环境变化的可能是外部因素，也可能是人自己的因素。因为人有主观能动性，可以自由地选择环境。对环境的选择是随着时间的推移，个体知识经验不断积累的结果。布朗芬布伦纳将这种环境的变化称为“生态转变”，每次转变都是个体人生发展的一个阶段，如升学、结婚、退休等。

时序系统关注的是人生的每一个过渡点，包括正常的（如入学、青春期、参加工作、结婚、退休）和非正常的（如离异、迁居、彩票中奖）两类。这些转变发生于毕生之中，常常成为一个人发展的动力，也会通过影响家庭进程对发展产生间接影响。

二、对生态系统理论的简评

布朗芬布伦纳从生物和生态学角度来看待人类的发展，有助于找出哪些因素对人类发展是较为重要的。生态系统理论强调广泛的文化因素对个体发展的重要性，使得研究者越来越关注文化和亚文化群体如何影响其成员的行为表现。尽管布朗芬布伦纳将生物学影响作为生态系统理论的重要成分，但生态学的影响才是生态系统理论的核心。有批评者认为该理论对生物学因素的关注不足。

本章小结

心理发展理论能够为我们成长过程中的发展变化提供指导和说明。埃里克森的心理社会发展阶段理论认为，发展贯穿于我们的生命全程，经历了八个不同的阶段，每个阶段都有一个普遍的发展任务，这些任务是由个体成熟与社会文化环境、社会期望之间不断产生的冲突或矛盾规定的。皮亚杰的相互作用理论认为心理发展的真正原因是主体对客体的适应，适应的本质在于获得机体与环境的平衡，并将认知发展划分为四个阶段：感知运动阶段、前运算阶段、具体运算阶段和形式运算阶段。维果茨基的社会文化理论强调社会环境对认知发展的影响，认为心理发展的实质是在环境和教育的影响下，个体的心理在低级心理机能的基础上向高级心理机能转化的过程。维果茨基的发展和教育心理学思想对教育实践具有重要的指导意义。布朗芬布伦纳的生态系统理论关注儿童发展的生态环境系统，提出了四个层级的环境系统，即微观系统、中间系统、外层系统和宏观系统，还提出了解释发展时间维度的时序系统，有助于揭示真实自然条件下的发展规律。

章后练习

一、简答题

1. 简述埃里克森的心理社会发展阶段理论。

2. 根据皮亚杰相互作用理论的观点，举例说明你对同化、顺应、平衡的理解。

3. 谈一谈最近发展区的观点对小学阶段教育教学的启示。

二、案例分析题

父母未给予教导和情感支持，并因儿子令人不满意而横加指责。儿子现在在学校或者同伴群体中表现出了不适应行为。请结合布朗芬布伦纳的生态系统理论，从教师的视角谈一谈如何帮助这位学生。

拓展阅读

1. 路海东．中学生认知与学习[M]. 北京：高等教育出版社，2016.

2. 张彦云．中小学生心理发展与教育[M]. 北京：北京师范大学出版社，2016.

3. 刘金花．儿童发展心理学[M]. 上海：华东师范大学出版社，2013.

4. [美]罗伯特・S. 费尔德曼．儿童发展心理学：费尔德曼带你开启孩子的成长之旅(第 6 版)[M]. 苏彦捷，等，译．北京：机械工业出版社，2015.

5. [美]约翰・W. 桑特洛克．发展心理学：桑特洛克带你游历人的一生(第 2 版)[M]. 田媛，吴娜，等，译．北京：机械工业出版社，2014.

第三章

学习的基本理论

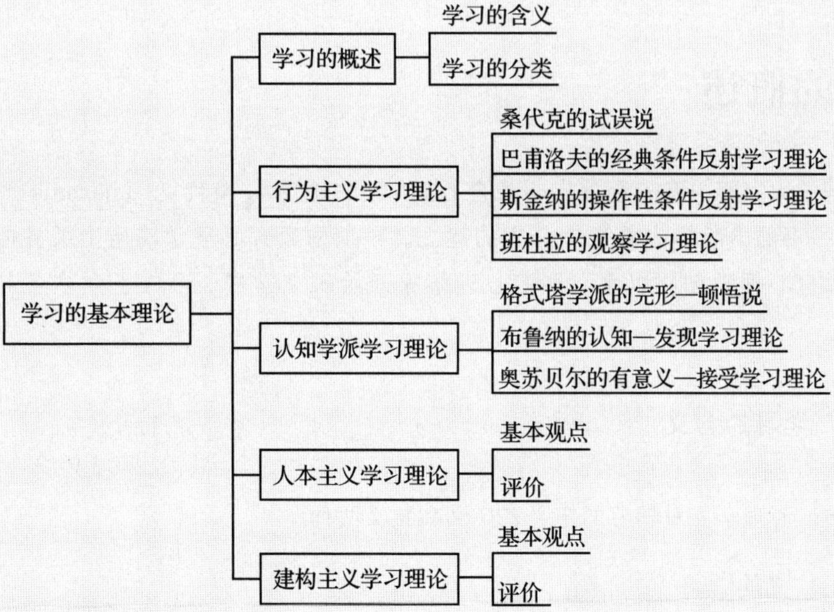
学习的基本理论
学习的概述
学习的含义
学习的分类
行为主义学习理论
桑代克的试误说
巴甫洛夫的经典条件反射学习理论
斯金纳的操作性条件反射学习理论
班杜拉的观察学习理论
认知学派学习理论
格式塔学派的完形—顿悟说
布鲁纳的认知—发现学习理论
奥苏贝尔的有意义—接受学习理论
人本主义学习理论
基本观点
评价
建构主义学习理论
基本观点
评价

章前导语

本章首先介绍了学习的含义及几种常见的分类方式，然后依次介绍了行为主义、认知学派、人本主义以及建构主义的学习理论。每种学派的学习理论对学习的实质有不同的理解，对于如何指导具体的教育教学也有不同的思路。我们在学习这些理论的过程中应注重每种理论观点对教育实践的指导意义。

学校是教人学习的场所。那么，什么是学习呢？如果要求举例说明，相信每个人都可以举出不少例子。譬如，学会骑自行车，学会打网球，学会讲礼貌，学会控制自己的情绪，学会收拾房间，学会做几何证明题，学会写作文等。这些例子都是正确的。通过这些例子我们可以看出学习的内容、方式多种多样。学习时内在心理过程可能各不相同。学习是生活中普遍存在却又复杂多变的现象。不同学派的心理学家对学习有不同的解释，形成了许多学习理论。这些理论分别适用于解释某些特定的学习。准确理解这些理论并将之恰当运用于指导学生的学习，可以帮助教师提高教学效率。

第一节
学习的概述

心理学大家庭中有一个分支叫教育心理学，1903年，桑代克(Thorndike)的《教育心理学》一书的出版标志着这一分支的建立。早期的教育心理学实质上关注的就是学习。自教育心理学创立以来，许多心理学家开始研究学习，形成了众多各具特色的思想。

一、学习的含义

目前，心理学界对学习的定义有广义和狭义两种。

(一)广义的学习

广义的学习从主体上看包括人和动物，是指人和动物在后天的生活或生存中，凭借经验而产生的行为或行为潜能相对持久的变化。在这个定义中，有三个方面需要特别注意。

第一，学习一定是由后天生活中的经验引起的。那些通过种系遗传方式拥有的行为能力不属于学习的范畴。除了本能以外，因为发育、衰老、疾病、药物等引起的行为或行为潜能的变化，同样也不属于学习的范畴。这里的后天经验可以是观察、模仿或者练习。

第二，学习应表现为行为或行为潜能的变化。我们如何判断学习是否发生了呢?一般都是看学习的结果。学习的结果通常表现为个体的行为或行为潜能的变化。所谓行为的变化，最常见的表现就是个体学会了做什么或认识了什么、理解了什么。有时候个体行为的变化可以在学习当时就直接表现出来；有时候个体在学习当时并没有明显的行为变化，但学习同样发生了，会在将来的某个时候有所反映，如行为潜能的变化。

第三，学习所引起的变化应当是相对持久的。在生活中，疾病、药物、疲劳等因素有可能让个体的行为或行为潜能发生一定的变化。但是，通过学习引起的变化往往能保持一段时间，尤其是那些经过多次反复训练的学习，有的甚至能保持终生。

动物和人类均离不开学习。为了更好地生存下去，动物需要学会如何保护自己、远离危险。在现代社会，科技发展速度极快，人们更是需要不断学习，只有这样才能很好地掌握新技术、使用新产品、适应新要求。从某种意义上说，学习能力是个体终生需要具备的，学习是伴随个体一生的。

(二)狭义的学习

狭义的学习是人类个体以语言为中介，自觉地、积极主动地掌握社会经验和个体经验的过程。其中，更为特殊的狭义学习指学生的学习，即学生在教师的指导下，有目的、有计划、有组织、有系统地在较短的时间内接受前人积累的科学文化知识，以此来充实自己的过程。在每个人的成长过程中，家庭、社会、学校、工作单位等许多环境都可能给我们提供学习机会，但是，唯有在学校中的学习最具计划性、组织性、系统性和目的性，这种学习特别强调在比较短的时间内掌握大量的知识。教师只有充分地认识学生学习的特殊性，掌握学生学习的心理学规律，才能更有效地做好教育教学工作，提高教育教学质量。

二、学习的分类

由于学习现象复杂多样，在内容上、形式上、复杂程度上、实现途径或条件上存在着这样那样的差异，因此研究者依据不同的标准对学习的类型做了不同的划分。

(一)根据学习水平进行分类

1970年，美国心理学家加涅(Gagne)根据学习的复杂程度，按照从简单到复杂、从低级到高级的顺序把学习分为以下八种水平。

信号学习：主要指对某种特定的信号做出某种特定的反应。信号系统是一种高级神经活动学说术语。直接作用于各种感官的具体刺激，如声音、光线、气味等被称为第一信号系统，也被称为现实信号。由人类特有的语言代替具体刺激物起到信号作用时，语言被称为第二信号系统。信号学习是简单的学习，典型的例证是巴甫洛夫(Pavlov)的经典条件反射实验。

刺激一反应学习：主要指操作性条件反射，强化在此类学习中起到重要作用。

连锁学习：是一系列刺激—反应的联合。例如，学习某套广播体操，实质上是学会了一系列的体操动作。

言语联结学习：也是一系列刺激—反应的联合，但是这里的联合是言语单位的联合。例如，将所学的单词组合为合乎语法规则的句子。

辨别学习：指学会识别多种刺激的异同并对不同的刺激做出不同的反应。简单的辨别，如辨别交通信号灯的颜色；复杂的辨别，如对容易混淆的汉字“躁”和“燥”做出恰当的判断。

概念学习：对刺激进行分类时，学会对一类刺激做出同样的反应，即对事物的抽象特征的反应。

规则学习：这是对概念与概念之间关系的认识，各门学科中的命题、原理、定理等的学习都属于此类学习。例如，菱形是四条边都相等的平行四边形，这个命题对菱形和平行四边形的关系进行了说明。

解决问题的学习：这是最高层次的学习，是将规则学习的自然延伸。譬如，将几何定理用于几何证明题。

(二)根据学习结果进行分类

加涅还提出了根据学习结果对学习进行分类的观点，具体如下。

言语信息：是指能用言语(或语言)表达的知识。例如，语文中的生字、数学中的定理等。

智慧技能：是指运用概念和规则解决问题的能力。例如，解决数学中的应用题。

认知策略：是指运用一些心理规律监控、调节个体的注意、记忆、思维等，进而提高个体学习、记忆或认知活动的效率的能力。

动作技能：是指通过练习获得的、符合一定规则的活动程序。

态度：是指对人、对己、对事、对物的反应倾向。

前四种学习结果都可被纳入能力的范畴，第五种学习结果属于情感的范畴。

(三)依据教育目标和教育任务进行分类

美国心理学家布卢姆(Broome)及其同事依据教育目标和教育任务，将学习分为三种类别：认知领域的学习、情感领域的学习和动作技能领域的学习。其中，认知领域的学习又可按照从低到高的层次分为知识、领会、运用、分析、综合和评价六种。

(四)奥苏贝尔的学习分类

美国心理学家奥苏贝尔(Ausubel)按两个标准对学习进行了分类。第一种分类是依据学习材料与学习者知识背景的关系，将学习分为意义学习和机械学习。前者指学习材料与学习者知识背景之间可以建立起某种意义的联系，学习材料可以被学习者理解的学习；后者指学习材料无法被学习者理解的学习。第二种分类是依据学习进行的方式，将学习分为接受学习和发现学习。前者是指学习的内容源于他人的传授；后者是指学习的内容由学习者独立地思考、探究，自行总结并掌握。

除上述几种观点外，我国学者冯忠良还提出可以将学习分为三类：一是知识的学习，二是技能的学习，三是社会生活规范或行为准则的学习。①

第二节
行为主义学习理论

行为主义是心理学发展史上的一个重要流派，在心理学的学习理论中占有重要地位。行为主义学派的心理学家试图用刺激与反应之间的联结来解释学习，认为学习的实质是有机体在一定的条件下形成刺激与反应之间的联结。本节主要介绍四种学说：桑代克的试误说、巴甫洛夫的经典条件反射学习理论、斯金纳的操作性条件反射学习理论以及班杜拉(Bandura)的观察学习理论。

一、桑代克的试误说

(一)学习的实质

桑代克曾经以饿猫为被试，以自制的迷箱为实验情境，记录饿猫学习走出迷箱的

① 冯忠良：《学习心理学》，26页，北京，教育科学出版社，1981。

全过程。在实验中，饿猫多次被置于同一迷箱内，只要它成功走出迷箱就可以获得食物。结果发现饿猫以尝试犯错误的方式找到走出迷箱的办法，而且所需时间越来越短，最后可以直接触碰开关走出迷箱。桑代克据此认为学习的实质就是在刺激(可以是具体的刺激或者个体对刺激的感知)与反应(往往表现为特定的行为)之间形成联想或联结，这种联想或联结是在不断尝试错误的过程中形成的，因此他的观点被称为试误说。根据桑代克的观点，一个人受过的教育训练越多，就意味着形成的联结越多。

(二)学习的规律

桑代克认为学习应当遵循三条规律。

1. 准备律

准备律强调学习者在学习开始前要有准备。学习者如果事先对学习任务有准备，又顺利地进行了学习，就会感到满意；学习者如果做好了学习准备，却未能进行学习，就会感到烦恼；学习者如果事先毫无准备，突然被要求学习，那么也会感到烦恼。

2. 练习律

练习律指刺激与反应之间建立的联结在多次重复后会得到加强，反之，越来越弱。后来，桑代克又补充认为不仅刺激与反应之间的联结需要多次重复练习，而且练习需要得到奖励，否则也是无效的。

3. 效果律

如果一个动作后面跟随的是情境中令人满意的变化，那么这个动作在类似情境中重复出现的可能性将会增加；如果跟随的是令人不满意的变化，那么这个动作在类似情境中重复出现的可能性将会减少。后来，桑代克发现惩罚不一定会削弱联结，于是将效果律中的后半部分取消掉了。

(三)评价

桑代克是教育心理学的奠基人之一，也是第一位用实验方法研究动物学习的心理学家。他的学习理论以动物心理实验为基础，这使得他的理论具有较强的客观性。特别是他提出的学习律，至今仍然具有一定的研究价值和教育实践意义。

当然，在今天来看，桑代克的理论也存在一些不足。其理论由于是以低等动物为实验对象总结出来的，因此在一定程度上将人类学习简单化和机械化了。例如，该理论只注意学习者的外部行为，忽视了对心理元素和意识的研究，忽视了人类学习特别是复杂的人类学习所包含的内部认知过程以及学习者的目的性、主观能动性等因素。

二、巴甫洛夫的经典条件反射学习理论

(一)经典条件反射的基本含义

苏联生理学家巴甫洛夫在对狗的消化系统进行的系列实验研究中发现，由于多次在铃声响起后立即呈现食物，因此狗渐渐地可以在听到铃声却看不到食物的情况下分泌唾液。巴甫洛夫提出狗对食物分泌唾液是无条件反射，对铃声分泌唾液是条件反射。前者是本能，后者是经后天训练或学习形成的对条件刺激的条件反应。

在提出经典条件反射概念的基础上，巴甫洛夫指出"所有的学习都是联系的形成，而联系的形成就是思想、思维、知识"①，也就是说学习是大脑皮层暂时神经联系的形成、巩固与恢复的过程。

(二)经典条件反射的基本规律

1. 获得与消退

条件反射的获得是指将条件刺激与无条件刺激多次结合呈现，可以获得条件反应。例如，巴甫洛夫将铃声刺激与食物结合起来呈现给狗，狗最终获得了对铃声分泌唾液的反应。

条件反射的消退是指条件反射建立之后，如果继续多次单独呈现条件刺激，不再与无条件刺激相结合，那么已经建立的条件反应就会逐渐消失。例如，在巴甫洛夫的实验中，当狗学会对铃声分泌唾液后，反复多次单独呈现铃声却不给食物，那么狗就会逐渐减少分泌唾液的行为，直到不再对铃声有分泌唾液的反应。

2. 泛化和分化

泛化是指获得某种条件反射以后，与该刺激类似的一些刺激也能激发相同的条件反应，如狗对那些和实验中使用的铃声类似的声音也有分泌唾液的反应。华生曾经对11个月大的婴儿小阿尔伯特进行经典条件反射的实验，成功让小阿尔伯特对小白兔建立了恐惧反应。结果实验结束后，小阿尔伯特对于毛茸茸的狗、兔子以及戴着有白色棉花胡须的圣诞老人面具的形象都表现出相同的恐惧反应，这正是条件反射泛化的典型例子。

分化是指获得某种条件反射以后，通过选择性的强化和消退，使学习者有机会学会辨别条件刺激与其他类似的刺激，从而只对条件刺激做出反应。譬如，当狗学会对铃声做出唾液分泌的反应后，开始给狗呈现不同类型的铃声，但只有其中一种铃声是

---

① 冯克诚：《当代学习理论与论著选读》，18页，北京，人民武警出版社，2010。

食物出现的信号，多次训练后狗就能够学会分辨不同的铃声，并且只对预示食物出现的那种铃声有分泌唾液的反应。

(三)评价

巴甫洛夫的研究发布后受到很多心理学研究者的重视，不少学者认为人类有相当一部分行为可以使用经典条件反射的观点来解释。然而，经典条件反射学习理论也存在一定的局限性：它只适用于解释比较简单、低级的学习，对于那些复杂的、要求高级认知过程参与的学习就显得过于简化和机械化了。

三、斯金纳的操作性条件反射学习理论

(一)操作性条件反射的含义

斯金纳是美国新行为主义学习理论的创始人及主要代表，他研制了一个被命名为斯金纳箱的简单而有效的装置来研究动物心理。在以小白鼠为被试进行的一系列实验中，小白鼠被放在斯金纳箱里，箱子的构造尽可能排除一切外部刺激。小白鼠在箱内是可以自由活动的。当它偶然按压到杠杆时，一颗食丸就会掉到箱内，它就能吃到食丸。通过实验，斯金纳发现小白鼠在因为无意的按压杠杆行为而意外获得食丸以后，按压杠杆的次数大大增加，最后发展为能够刻意地按压杠杆去获取食丸。斯金纳将小白鼠按压杠杆的偶发行为称为操作性行为，将这种行为的不断巩固称为操作性条件反射的建立。

(二)主要概念

1. 两类行为

斯金纳认为人的行为可以分为两类：应答性行为和操作性行为。应答性行为是由已知的刺激引起的反应，操作性行为是有机体自发的反应。人类的行为主要由操作性行为构成。

2. 强化与强化物

如果偶然发生的操作性行为伴随着令人满意的后果(强化物)，那么这种行为再次发生的概率就会提高。斯金纳指出，通过强化物提高某种行为发生概率的过程就是强化，强化物是可以提高反应在未来发生的概率的任何刺激。操作性条件反射的实质就是使用合适的强化物对偶发的操作性行为进行强化，使得这种行为在未来可以有更大的发生概率。

3. 正强化、负强化与惩罚

操作性条件反射通常需要依靠正强化或负强化来建立。正强化是在操作性行为之后给予令人满意的刺激，表扬、奖励是常见的正强化范例。负强化是在操作性行为之后撤销令人讨厌的刺激，学校撤销对某学生的处分是常见的负强化范例。这两种强化都会提高操作性行为再次发生的概率。

但是，在现实生活中，还有一些偶发的操作性行为是我们不想看到的，针对这样的操作性行为可能会用到惩罚。具体来说，惩罚是在操作性行为之后给予令人讨厌的后果或撤销令人满意的结果，目的是降低操作性行为再次发生的概率。学生上课不专心听讲，被老师要求站起来听课是常见的惩罚范例。

(三)评价

斯金纳发现并解释了操作性条件反射现象，丰富了条件反射的理论和实证研究。尤其是传统的行为主义强调行为是由刺激引发的反应，操作性条件反射指出在没有明显刺激的情况下仍然可以有行为发生，这是巨大的进步。更值得称道的是，斯金纳将其理论思想运用于行为矫正以及程序教育，具有很好的指导价值和参考价值。当然，作为行为主义心理学的代表人物，斯金纳还是更注重对外在行为的研究，缺乏对行为内部机制与加工过程的关注，这是其局限性所在。

四、班杜拉的观察学习理论

班杜拉是新行为主义的代表人物。他于 1961 年做了一个关于攻击性暴力行为研究的实验——波波玩偶实验，后来在 1963 年和 1965 年又对此专题进行了深入研究。波波玩偶是与儿童体形接近的一种充气玩具。在该实验中，班杜拉选用学龄前儿童作为实验对象，将这些儿童随机置于不同的成人榜样条件下：一种是攻击性行为榜样(成人攻击波波玩偶)，另一种是非攻击性行为榜样(成人不对波波玩偶进行攻击)。然后再将所有儿童逐个单独置于没有成人榜样的新环境中(环境中有许多玩具，其中也有波波玩偶)，让其自由活动，观察他们是否模仿成人榜样的攻击性行为或非攻击性行为。结果表明，成人的榜样示范对儿童随后的行为有重要的影响，因为儿童会模仿刚刚观察到的榜样行为。波波玩偶实验对于班杜拉的理论起了关键作用。基于这样的实验结果，他提出了观察学习理论。

(一)观察学习的含义

所谓观察学习，是指个体(观察者)通过观察他人(榜样)的行为及受到的强化而习得新的行为反应，或使个体原本具有的某种行为反应得到矫正。与已有的学习理论不同的是，已有学习理论中涉及的学习都是学习者在学习过程中即时的、外显的行为操作，这里的观察学习是指观察者并没有对被观察对象的示范性行为进行即时的、外显的模仿，而是将观察到的行为及其强化结果在内部建立起心理表象，在未来的某个时候再表现出来。“上行下效”“杀鸡儆猴”都是观察学习的范例。

(二)观察学习的过程

根据班杜拉的观点，观察学习包括四个主要过程。

1. 注意过程

在生活中，他人的行为有很多，其中伴随有强化结果的行为也不少，但并不是每一种伴随有强化结果的他人行为都会成为观察者学习的榜样。如果观察者对他人的这些行为不曾注意，那么后续的观察学习就不会发生了。所以，观察学习发生的第一个主要过程就是观察者的注意。影响观察者注意发生的因素通常包括示范行为本身的特点和观察者自身的特征。前者如行为的显著性、重要性、复杂性及普遍性，后者如观察者的经验和态度、感知的能力、当时的唤醒状态等。

2. 保持过程

他人的示范行为如果被观察者注意到了，但是观察者看过就忘，那么观察学习也难以发生。所以，班杜拉认为观察学习的第二个主要过程是在头脑中对观察到的行为表象予以保持。具体来说，示范行为引起观察者的注意后，首先被观察者感知到，然后以心理表象及言语的形式被编码和储存，在今后的某些情境中可以被激活，以指导观察者的行为。

3. 再现过程

观察学习的第三个主要过程是把保持在头脑中的心理表象及言语转换成外显的行为或行为倾向。也就是说，观察者激活记忆中储存的表象，据此组织特定的行为反应，再由身体按照大脑发出的指令做出具体行为。观察者如果在这个过程中做出的行为不够准确，那么还需要根据反馈的信息进行适当调整或改进。

4. 动机过程

观察者对示范行为的再现究竟会不会发生以及在多大概率上反复发生，还受到一些其他因素的影响，如榜样的特征、示范行为的价值及重要性等。

(三)班杜拉提出的三种强化

与斯金纳提出的正强化与负强化不同，基于观察学习的理论，班杜拉将强化分成了三种类型，分别是直接强化、替代强化和自我强化。

1. 直接强化

直接强化指的是由他人对行为实施者进行的强化。比如，某位学生作业书写工整，教师对其进行口头表扬，这位学生受到的就是直接强化。

2. 替代强化

替代强化指的是观察者看到他人对榜样进行强化，从而受到了间接的影响，相当于一种间接强化。比如，学生甲因为刻苦努力取得了学业上的明显进步，教师为此特别表扬了他。学生乙看到以后深受触动，对于学生乙来说就是受到了替代强化。

3. 自我强化

自我强化指的是行为实施者自己对自己进行强化。比如，最近一段时间某学生每天都能专注听课，克服了以往容易分心的毛病，他对自己这段时间的听课表现感到满意，决定奖励自己看一场电影。

(四)评价

观察学习理论强调人的行为是内部因素和外部因素相互作用的产物，这与行为主义的观点有明显的区别。观察学习理论阐述的是一种间接学习，观察者通过观察习得的是间接经验，这是人类生活中非常重要又普遍存在的一种学习类型，因此该理论是对学习理论的极大丰富。另外，观察学习对动机过程的强调也是一个重要特点。总体来说，观察学习理论揭示了间接经验习得的机制，对于教育教学有很重要的指导作用和参考价值。当然，该理论只适合解释间接学习，对直接学习的理解还需要参考其他学习理论。

第三节
认知学派学习理论

虽然班杜拉的观察学习理论强调了动机和内部因素在学习中的作用，但不可否认的是行为主义学派总体上聚焦于外在行为的训练与塑造，强调行为习得过程中强化的作用，这样的观点受到了认知学派的批评。认知学派的学习理论认为学习的实质是有机体积极主动地进行内部信息加工并形成相应认知结构的过程。

一、格式塔学派的完形—顿悟说

格式塔学派兴起于20世纪初的德国，代表人物有韦特海默(Wertheimer)、苛勒(Kohler)以及考夫卡(Koffka)。在德语中，格式塔(Gestalt)是“形状”和“形式”的意思。该学派用此命名，是将格式塔视为心理的模式，具有自我组织和自我完善的功能。

(一)基本观点

格式塔学派认为人对外界的感知与认识具有整体性，某一事物被个体感知时，就会在个体心中形成一个与之对应的格式塔。如果格式塔与客观事物不符，个体就会表现出完善格式塔的活动倾向，最终使得格式塔能够“完形”，即形成对事物与事物之间关系的完整理解。

第一次世界大战期间，苛勒在西班牙加那群岛的腾涅立夫岛上以黑猩猩为被试进行了大量的学习实验。在苛勒设计的实验中，呈现给黑猩猩的是不同的问题情境，黑猩猩的任务是解决问题。譬如，常见情境是把香蕉悬挂在天花板上，黑猩猩无法直接取到香蕉。与此同时，在地上随意放置若干个木箱，或者竹竿。结果表明：黑猩猩并没有像桑代克实验中的饿猫那样盲目地尝试错误，而是观察整个情境一段时间后就直接找到了解决问题的正确办法，即把木箱叠加成简易的梯子用来攀高或将竹竿拼接延长作为工具去够取香蕉。苛勒对实验结果的解释是黑猩猩在观察的基础上通过顿悟实现了完形。

在苛勒看来，学习就是对情境中各个元素的整体关系进行仔细了解后的豁然开朗，是知觉的重新组织和构造完形的过程。这种学习不是行为主义学者所说的刺激与反应之间的简单联结，而是学习者在刺激与反应之间增加了意识的中介作用，在意识的作用下对学习情境进行知觉重组，将情境中的各个元素进行整合，从而深刻地理解学习情境并在心理层面构造对学习情境的完形。

(二)评价

完形—顿悟说强调了意识能动性和内部心理加工在学习过程中的重要作用，这与早期行为主义将学习视为简单机械地建立刺激与反应之间的联结的思想截然不同，更适合于解释一些需要复杂的内部认知加工过程的问题解决学习。该学说为认知心理学的兴起奠定了基础。但是，完形—顿悟说在强调内部心理加工的同时，否定了外部刺激和客观环境的作用，否定了尝试错误也是一种学习类型，存在一定的片面性。

二、布鲁纳的认知—发现学习理论

布鲁纳是美国心理学家，他提出的认知—发现学习理论影响很大。

(一)学习观

布鲁纳认为学习的实质是学生在头脑中形成新的认知结构的过程。所谓认知结构，指的是个体在经验的基础上对外部世界进行感知和概括的一般方式。关于认知结构的特点，布鲁纳提出以下观点。第一，认知结构是心理对外界的表征，可以是动作性的表征，也可以是符号性的表征，还可以是形象性的表征。第二，认知结构一经形成，就成为个体的内部经验，是后续学习的重要内部条件。因为在任何新的学习中，已有的认知结构都会被利用起来参与对新信息的加工、组织或改造，从而成为新的认知结构。所以认知结构并非固定不变的，可以在后续的心理活动中随着新的感知经验的加入而发生变化。第三，认知结构的形成不是被动的，而是学习者积极主动实现的。

布鲁纳认为，学习包括三个几乎同时发生的过程，分别是知识的获得、转换和评价。知识的获得过程需要学习者积极主动地使用已有的认知结构与新知识发生相互作用，是主动理解和加工新知识的过程。知识的转换过程是指学习者在理解新知识后使之与原有认知结构整合起来，形成新的认知结构。知识的评价过程是指学习者对新知识进行检验和评价，了解新知识是否可以被正确理解和应用。

(二)教学观

1. 结构教学观

布鲁纳认为教师进行学科知识的教学时，应当以帮助学生掌握本门学科的基本结构为最低教学目标。所谓学科基本结构，就是指每门学科的基本概念、原理、定理或规则体系等。例如，数学中的有理数与无理数、实数与虚数等基本概念等。在布鲁纳看来，任何一门学科都有其知识体系，或者说具体的知识点与知识点之间存在特定的逻辑联系。学生如果掌握了该门学科的基本结构，就可以将任何与之有关的事实、观念、实例等不断地整合于结构中，从而实现对该学科知识的全面和深刻掌握。

具体来说，学生学习学科基本结构有以下好处：第一，可以更容易地理解具体知识点；第二，有助于形成和保持知识网络，提高记忆效率；第三，有助于学习的迁移，提高学习效率；第四，有助于对知识进行梳理和概括。

2. 发现教学法

发现教学法的思想渊源可以上溯到古希腊哲学家苏格拉底(Socrates)的“产婆术”，然而当代西方各国教师在教学中广泛采用此法却是布鲁纳积极倡导的结果。在布鲁纳看来，教育学生学习知识固然重要，更为重要的应该是培养学生的探究态度和能力，即提出假设、推测关系、验证假设以解决问题的能力。所以，教师应当把知识转换成一种问题情境的形式，让学生进行发现学习。发现教学法就是指教师设置特定的学习情境，让学生主动地探究和发现事物的特性、原理和原则的教学方法。当然，这里的发现是广泛意义上的发现，可以是对人类未知领域的发现，也可以是对对于学生来说是未知领域的发现。例如，他曾经根据儿童玩跷跷板的经验，设计了一个天平，让儿童调节天平两边砝码的数量及砝码距离支点的长度，以此让儿童发现乘法交换律。在整个过程中，儿童先动手，然后思考，最后尝试用数字来表示关系。

发现教学法有利于激发学生的学习兴趣，增强学生的责任感，培养学生自我激励的内在动机，使学生获得探究未知问题的方法与技巧。虽然不同年级不同学科在运用发现教学法时需要做相应的调整，但这一方法的使用通常包含以下步骤：首先，创设恰当的问题情境，情境应当是有吸引力和难度适当的；其次，引导学生利用教师提供的线索、信息明确问题并提出假设；然后，采用一定的实证方法检验假设或修正假设；最后，对实证的结果进行评估，确定正确以后得出结论。问题解决以后教师引导学生反思回顾全部过程，帮助学生做好学习的迁移。

(三)评价

布鲁纳的认知—发现说不仅强调学生在学习过程中的主动性，而且重视学习过程中的内部认知结构，这些思想既有力地反对了行为主义关于学习过程的观点，又很好地发展了格式塔学派的完形—顿悟说，使得认知主义学习理论更具可操作性。事实上也是如此，布鲁纳提倡的发现教学法至今仍然有很大的影响。采用发现教学法有助于调动学生参与学习活动的热情和积极性，促进学生开展积极的认知加工，使其对获得的知识有更加深刻的理解和印象。必须指出的是，该理论并不是完美无缺的，如虽然发现教学法受到推崇，但由于实施起来费时过长，而且也不能适用于所有学科的所有知识，因此不具有普遍的适用性。

三、奥苏贝尔的有意义—接受学习理论

本章关于学习分类的介绍中，提到奥苏贝尔根据两个不同的标准对学习进行了划分。基于这两种划分的思想，奥苏贝尔指出在学校教学中，学生最主要的学习类型应该是有意义的接受学习。

(一)奥苏贝尔的有意义—接受学习理论的主要观点

1. 有意义学习

(1)有意义学习的含义

奥苏贝尔认为，学习材料代表的新知识与学习者已有的旧知识之间建立起非人为的、实质性的联系，就是有意义学习。这里的非人为的联系是指新知识与旧知识之间存在的联系并非某个人主观联想出来的，而是确实存在的、合逻辑的。例如，三角形的面积公式是可以根据平行四边形的面积公式推导出来的，可以说两个公式之间存在非人为的联系。所谓实质性的联系，是指新知识与旧知识之间存在意义上的联系，而非字面上的联系。例如，“等边三角形”和“三个内角均为60度的三角形”表达的是同一种三角形，这就表示两种说法之间存在实质性的联系。

(2)有意义学习的条件

有意义学习要想发生，需要同时具备内外两方面的条件。内部条件包括三个：第一，学习者必须具有一定的心向，即学习者在主观态度上有积极的倾向性去把新旧知识加以联系；第二，学习者必须具有一定的知识基础，即学习者在学习当前的新知识之前就已经学会了更为基础的知识，有能力利用已有的知识来理解新知识；第三，学习者必须有积极主动的心理加工，即学习者确实在积极主动地利用原有的知识与当前要学习的新知识发生相互作用。外部条件是学习材料本身必须有逻辑意义，即学习材料在客观上能够与学习者的已有观念建立起非人为的、实质性的联系。

(3)有意义学习的类型

奥苏贝尔认为有意义学习可以分为三种：表征学习、概念学习和命题学习。其中，表征学习是指学习特定的符号意义，如英文字母的学习、化学元素的学习。概念学习是指学习某类事物或现象的共同本质特征，如各科课程中的名词定义。命题学习是指学习以命题的形式表达的概念与概念间的特定关系，如数学中的几何定理。根据新旧命题之间的关系，命题学习又可细分为上位学习、下位学习和并列结合学习。

2. 接受学习

布鲁纳认为最理想的学习方式就是让学生主动积极地去探究、去发现，但奥苏贝尔认为不能武断地认为发现学习必然是有意义的，接受学习肯定是机械的。在奥苏贝尔看来，发现学习和接受学习只是学习方式上的区别，并不是学习的意义性与机械性的区别。无论是接受学习还是发现学习，都有可能是有意义的，也都有可能是机械的。只要能满足有意义学习的条件，接受学习也可以是有意义的学习。事实上，只要安排得当，有意义的接受学习将是学校教育中最经济、最快捷、最有效的学习方式之一。

3. 先行组织者

为了帮助教师更好地实现有意义的学习，奥苏贝尔提出了先行组织者策略。所谓先行组织者，是指呈现在新知识之前的一种引导性材料。该材料不仅与新知识以及学生的旧知识之间均存在一定的关联，而且比新知识的概括性更高、包摄性更广、稳定性更强。先行组织者有助于让学生形成有意义学习的心向，而且在学生的内部认知结构中起到了锚点的作用，可以促进学生迅速在新旧知识之间找到有意义的联系并顺利形成新的认知结构。奥苏贝尔进一步指出，先行组织者有两种，教师可以根据不同的新知识灵活地选择使用。如果要学习的是完全陌生的新知识，教师应采用陈述性先行组织者，这样可以给学生提供一个上位概念，让学生将其作为锚点来建立下层的认知结构；如果要学习的是与旧知识有一定关联的新知识，教师应采用比较性先行组织者，这样可以帮助学生更准确地分辨新旧知识之间的区别与联系，从而形成更清晰的认知结构。

(二)评价

奥苏贝尔的理论清晰地梳理了发现学习、接受学习、机械学习以及有意义学习之间的关系，为我们更加准确地把握学习的类型提供了指导。他倡导的有意义—接受学习对于常规的课堂教学有重要的指导意义，特别适合于指导学生进行陈述性知识的学习。当然，该理论被用于指导技能训练或其他程序性知识的学习时有所不足。

第四节 人本主义学习理论

人本主义心理学是美国当代心理学的主要流派之一，罗杰斯(Rogers)和马斯洛(Maslow)是其主要代表人物。人本主义旗帜鲜明地反对行为主义与精神分析，认为前者只研究人的行为却不理解人的本性，将人等同于动物；后者关注的是精神病患而非正常人的心理。根据人本主义学派的观点，人与动物不同，人天生就具有生理的、安全的、归属与爱的、尊重的以及自我实现的需要。教育不需要也不应该用指导性的方式向学生灌输什么，只需要为学生提供一个宽松的、和谐的环境，以学生的经验生长为中心，以学生的自发性和主动性为动力，把学习任务与学生的愿望、兴趣、需要等有机结合起来就可以获得最理想的效果。

一、基本观点

(一)学习的本质

罗杰斯认为，在教育背景下，学习有两种类型：一种是认知学习，可以用行为主义的学习理论来解释，即建立刺激与反应之间的联结；另一种是经验学习，指学生在好奇心的驱使下，以经验增长为中心，去吸收任何他认为有趣和需要的知识，即意义学习。意义学习不仅能够增长知识，而且是一种与每个学生各部分经验融合在一起的，既可以使每个学生当前的行为、态度和个性发生改变，也可以让学生在未来选择行动方针时发生重大变化的学习。请注意这里的意义学习并不同于前文介绍的奥苏贝尔的有意义学习。按照罗杰斯的观点，奥苏贝尔的有意义学习关注的是新知识与旧知识之间的联系，是一种“发生在颈部以上的学习”，而罗杰斯的意义学习关注的是学习内容与学习者个人意义之间的关系。

罗杰斯认为意义学习应具有四个特征：第一，学生应是全身心投入的；第二，学生是由于内在的愿望主动去学习的；第三，学习应当使学生获得全面发展，而不仅仅是知识的增加；第四，学生自己评估自己的学习需求和学习目标是否完成。

(二)学习的动机

罗杰斯认为，由外界发起的指导性学习的效果并不是最佳的，最理想的学习动机应当是来自学生内部的。每个人都具有一定的内在倾向，以有助于维持和提高个体能力的方式来开发自我潜能。因此，教育的任务就是为每个学生提供开放的、相互支持的外在环境，让学生把这些潜能发掘出来。

(三)学习的内容

罗杰斯认为，在课堂教学中，学什么是由学生来决定的，或者说是由学生的经验、意向、需要和兴趣等决定的。学习的目标由学生自己确定，学习的内容也由学生决定。一堂课结束的标志不是学生“掌握了需要知道的东西”，而是学生“学会了怎样掌握需要知道的东西”。

因此，教师应该与学生一起制订课程计划，而不是像传统教学那样由教师单方面制订，学生只能接受安排。

(四)教师的作用

罗杰斯认为，促进学生学习的关键不在于教师的教学技巧、专业素养、讲解水平以及可提供的教育资源，虽然这些因素也很重要，但是最为关键的却是教师应当成为学生学习的促进者。教师应当真诚地对待学生，尊重学生的感受和想法，接纳学生的观念和行为表现，对学生的内在反应有感同身受的能力。

二、评价

人本主义心理学家在教育实践中倡导以学生的经验为中心的意义学习，强调学生在学习中的主动性和主导角色，强调教师对学生感受的理解和关注，把教学活动的重心从教师引向学生，把学生的思想、情感、经验和行为看作教学的主体，促进了个别化教学运动的发展。然而人本主义心理学强调天赋的潜能在学生发展中的作用，在一定程度上忽视了后天的社会环境对学生的影响；强调学生在选择学习内容上的决定权，忽视了教师在教育教学过程中的作用，不利于学校教育的有效完成。

第五节
建构主义学习理论

建构主义兴起于20世纪80年代，是一种关于知识和学习的理论，被视为西方心理学的一场革命。建构主义的最早提出者可追溯到皮亚杰。皮亚杰认为儿童的认知发展是内因和外因相互作用的结果。后来，斯腾伯格(Sternberg)和卡茨(Katz)等人强调个体的主动性在认知结构形成过程中的关键作用，维果茨基强调社会文化历史背景在学习者认知结构形成过程中的作用。这些思想使建构主义得到进一步丰富和完善，为人们将其应用于教学实际创造了条件。

一、基本观点

建构主义学习理论认为学习是个体在知识经验的基础上积极主动地进行意义建构的过程，即学习者根据自己的经验背景，对外部信息进行主动选择、加工和处理，从而获得意义。

(一)建构主义的知识观

传统学习理论认为知识是人们对反映客观世界的表象、概念、法则等的主观认识，是主体与环境相互作用后获得的信息及其组织，具有确定性。但是，建构主义对知识的确定性和客观性持质疑的态度，强调知识并不是对现实的准确表征，只是一种主观的解释和假设。随着人类的进步，这些解释和假设会被不断地改正，或者被新的解释和假设取代。而且，知识并不能概括世界的法则，不是放之四海而皆准的绝对真理，不可以随时随地用来解决具体问题，需要个体针对具体的问题情境进行改造。另外，知识只能存在于个体头脑中，是个体根据自己的经验背景建构起来的。虽然我们可以通过语言符号赋予知识一定的外在表现形式，但是知识并不能以实体的形式独立存在于特定个体之外。

(二)建构主义的学生观

建构主义强调学生不是空着脑袋走进课堂的，而是带着自身经验学习的。由于每个学生的生活环境不同，成长经历不同，兴趣和认知风格不同，因此学生之间的经验差异是巨大的。所以，建构主义学习理论强调教师要重视学生的经验，要把学生的经验作为新学习的起点，引导学生从经验中建构新的经验。建构主义特别强调知识是由学生主动进行的意义建构，意义建构的关键在于联系和思考。所以，在教学过程中，教师要让学生主动收集和分析相关的信息，善于把当前的学习内容尽量与自己的经验联系起来，并对这种联系进行认真思考和分析。

(三)建构主义的教师观

建构主义把教师视为学生学习的帮助者、引导者和合作者。在教学活动中，教师需要做以下工作。第一，创设良好的、富有挑战性的、真实的、变化多样的真实问题，让学生意识到复杂的问题可能有多个答案，鼓励并协助学生在情境中通过实验、探究、讨论、合作等方式进行学习。理想的学习环境应当包括情境、协作、交流和意义建构四个部分。第二，组织学生与学生、学生与专家、学生与实践经验丰富的工作者进行交流，为学生的学习提供有力的社会性支持。第三，帮助学生形成思考和分析问题的思路，启发他们对自己的学习进行反思，逐渐让学生学会自我管理，对自己的学习负责。第四，为学生的学习搭建"脚手架"，以支持和引导学生顺利地基于知识和经验建构出新的知识和经验。

(四)建构主义的教学模式

建构主义目前开发的比较成熟的教学模式有两种。

1. 支架式教学

支架式教学是指在教学中为学习者建构对知识的理解提供一个概念框架。这个概念框架是学习者理解学习内容所必需的，相当于把复杂的学习任务加以分解，以便于学习者逐步深入理解学习内容。

支架原本是指建筑行业使用的脚手架，这里比喻学生学习的过程就像搭建一栋建筑物，教师所做的一切就像为搭建建筑物提供必需的脚手架，支持学生不断地、主动积极地建构知识。在支架教学中，教师应根据学生的最近发展区来建立支架，通过支架将学生的认知能力从现有水平发展到更高一层的水平。

支架教学通常包含以下几个环节。

第一，搭建"脚手架"，即围绕当前的学习任务，结合学生的最近发展区提供恰当的概念框架。

第二，进入情境，即教师把设计好的学习情境呈现给学生。

第三，独立探索，即学生在教师的启发和引导下去理解学习情境中涉及的有关概念，分析概念的属性及概念之间的关系。

第四，协作学习，即学生在独立思考之后再以小组的形式展开协商和讨论，在共享小组成员思维成果的基础上解决意见相互矛盾、冲突的问题，对概念及学习情境形成比较全面、正确的理解，最终完成对所学内容的意义建构。

第五，效果评价，即在学习任务完成后，学生要对自我的表现及收获进行评价，如学生自主学习的能力如何、学习目标实现与否等。学生所在的小组也要对学生在协作学习中的表现进行评价，如学生对小组所做的贡献如何。

2. 抛锚式教学

抛锚式教学要求建立在有感染力的真实事件或真实问题的基础上。对真实事件或真实问题的确定被形象地比喻为“抛锚”，即真实事件或真实问题成为整个教学的锚点，后续的所有活动都将围绕这个锚点来展开。抛锚式教学通常包含以下几个环节。

第一，创设情境。教师基于现实生活的背景来设计学习任务。

第二，确定问题。教师在上述情境中选出与当前学习主题密切相关的真实事件或真实问题，将其作为本次学习的中心内容。这里选定的真实事件或真实问题就是“锚点”。

第三，自主学习。在这个环节，教师给学生提供一些相关线索，但并不会直接告诉学生如何利用这些线索去解决问题。学生需要自主思考和分析。

第四，协作学习。在这个环节，教师要营造氛围、创造机会，让学生之间充分讨论交流、各抒己见，通过相互沟通、补充、修正，加深对当前问题的理解和意义建构。

第五，效果评价。这个环节并不是在全部学习结束后才进行的。教师要在学生学习的过程中随时观察并记录学生的表现。

(五)建构主义的教学设计原则

1. 强调以学生为中心

在进行教学设计时，以学生为中心和以教师为中心会有完全不同的结果。建构主义强调教师应以学生为中心设计教学，具体要努力从三个方面去实现：第一，发挥首创精神，即要在教学过程中充分发挥学生的主动性；第二，将知识外化，即要让学生有多次机会在不同情境中应用他们所学的知识；第三，实现自我反馈，即要让学生根据自身行动的反馈信息形成对客观事物的认识和解决实际问题的方案。

2. 强调情境对意义建构的重要作用

建构主义认为脱离真实情境或真实问题去学习新知识会使学习者在意义建构时发生困难，因此，为了便于学习者充分利用自己的知识和经验去理解新知识，从而赋予新知识以某种意义，就非常有必要在情境中呈现新知识。那些真实的情境、事件或问题具有较强的生动性和丰富性，可以促进学习者对意义的建构。

3. 强调协作学习对意义建构的关键作用

建构主义不仅强调每个学生都是带着自身的经验走进教室进行学习的，而且强调每个学生的经验及意义建构也是学习资源的重要来源。因此，学习者与周围环境发生交互作用，学习者与学习者之间、学习者与教师之间进行积极讨论和交流，共同批判地考察各种理论、观点、信仰和假说，在独立思考的基础上进行协商沟通。通过这样的协作学习，学习者的思维和智慧就可以被群体内所有成员共享，最终建构的意义将更加丰富和完整。

4. 强调对学习环境的设计

这里的环境指的是学习环境，而不是教学环境。学习环境是学习者可以进行自由探索和自主学习的环境。在此环境中，学习者拥有多种资源，如书籍、音像资料、网络平台、电子数据库，其他学习者的经验和知识建构，教师、专家等的支持和帮助。学生在这样的环境中有更多的自由，可以得到自己需要的支持，最终成功地完成学习任务。

5. 强调学习过程的最终目的是完成意义建构

根据建构主义的观点，学习的主体是学生，学习是学生主动建构意义的过程，学习的最终目的就是学生完成对知识的意义建构。教师进行教学设计时，不是从分析教学目标开始的，而是从如何创设有利于学生对知识进行意义建构的情境开始的。整个教学设计都要紧紧围绕"如何更好地进行意义建构"展开。教师要考虑提供哪些资源给学生、怎样安排协作学习与独立思考时间，坚持一切为学生的意义建构服务。

二、评价

建构主义学习理论强调以学生为中心的学习，强调学生存在个体差异，注重学生之间以及师生之间的交流，强调协作互动与独立思考相结合的学习方式，强调资源丰富的学习环境的创设，重视学生对知识的主动建构，关注如何培养学生分析问题和解决问题的能力。该理论符合时代发展对教育提出的要求，对教育改革实践具有很大的借鉴价值。但是，由于学习具有复杂性，因此几乎不存在能够解释所有学习现象的学习理论。所以，建构主义理论不是也不可能是解决所有教育实践问题的万能理论。我们应该批判性地吸收建构主义学习理论的合理观点，针对具体的实际问题灵活地运用该理论。

本章小结

学习不同于本能，也不是由发育、疾病、衰老、疲劳或药物导致的变化，而是由后天的生活经验导致的行为或行为潜能相对持久的变化。广义学习的主体包括人和动物，狭义学习的主体特指人类，其中最为特殊的狭义学习是学生的学习。学习的种类复杂多样，根据不同的标准可以划分成不同的类型。学习的内容、过程和结果也不同，心理学家从不同的视角出发提出了多种学习理论，这些理论各具特色：行为主义学派强调学习的实质是形成刺激与反应之间的联结，这一学派之中也有细微的差异，如桑代克对尝试错误的强调，斯金纳对强化的强调，班杜拉对没有明显学习行为的观察学习的阐释；认知主义学派强调学习是指学习者在内部进行认知加工并形成一定的认知结构，其中，格式塔学派强调的是高级学习过程中的顿悟，布鲁纳更推崇发现学习和认知结构，奥苏贝尔认为有意义的接受学习才是主要的学习类型；人本主义学者特别重视以学生为本，认为学习的内容、方法都应由学生来决定，强调学生主动发起学习；建构主义学派尊重学生的经验，倡导教师作为支持者、帮助者和引导者来创设情境，促进学生对知识的主动建构。总体来说，不同的学习理论适用于解释不同水平或不同类型的学习，但没有一种学习理论是可以解释所有的学习现象的。因此，深刻地理解各种学习理论并在具体的教学实践中灵活地运用理论是非常重要的。

章后练习

一、名词解释

学习　正强化　负强化　观察学习　认知结构　有意义学习　先行组织者　发现教学法

二、简答题

1. 简述桑代克的学习律。
2. 简述布鲁纳的认知—发现学习理论。
3. 简述有意义学习发生的条件。
4. 简述建构主义的教学设计原则。

三、论述题

1. 试述建构主义学习理论及其对教育实践的启示。
2. 试述教师应如何处理接受学习与发现学习的关系。

四、案例分析题

1. 某教师每堂课开始时必会提三个高难度的问题，全班学生会被轮流随机抽答，回答结果决定了学生在这门课程上的平时成绩。学生因此产生了强烈的焦虑，时间一长甚至变成了提到这门课就会焦虑。后来其他任课教师发现该班学生的学习焦虑明显高于其他班级。试分析造成这种后果的心理学原理是什么。

2. 每学期考试结束后学校都会发布一些对违反考试纪律的学生的处分通报。试分析学校这样做的心理学原理是什么。

3. 有些父母忙于自己的事情，对孩子比较忽视。孩子只有经常反复重申自己的要求或者大声强调自己的要求才会得到父母的回应。久而久之，孩子就养成了大声喊叫的习惯。试使用有关心理学原理来解释孩子的习惯养成现象，并给父母提出改进的建议。

拓展阅读

1. 陈琦，刘儒德．当代教育心理学[M]. 北京：北京师范大学出版社，2007.

2.[美]加涅．学习的条件和教学论[M]. 皮连生，王映学，郑葳，等译．上海：华东师范大学出版社，1999.

3. 李俊．小学生认知与学习[M]. 北京：中国人民大学出版社，2016.

4. 李梅．中学教育心理学[M]. 南京：南京大学出版社，2018.

5.[美]约翰·桑切克．教育心理学[M]. 周冠英，王学成，译．北京：世界图书出版公司，2007.

第四章

小学生的基本认知过程

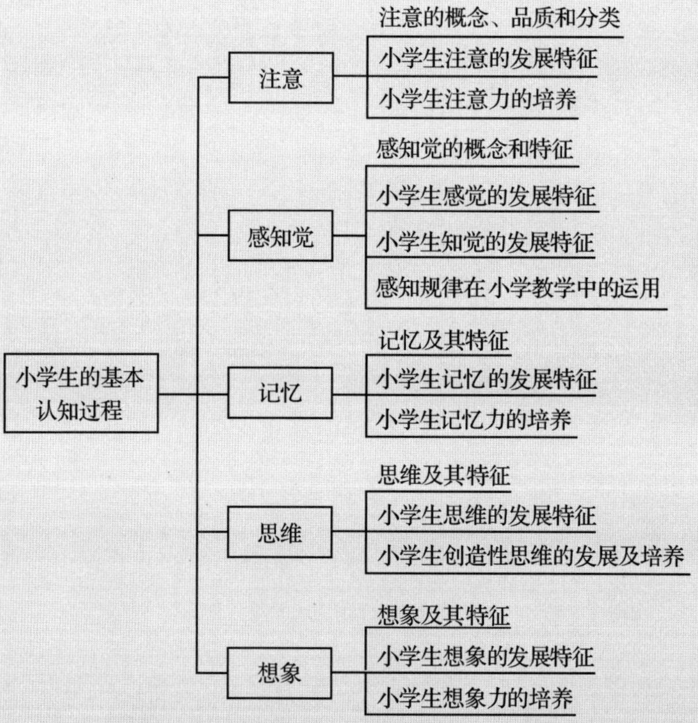

章前导语

小学阶段是个体开始系统地接受教育、心智和品德全面发展的重要时期，也是儿童认知发展的一个重要转折期。在小学低年级，儿童的认知还具有明显的学前儿童的心理特点。到了高年级，随着生理和心理的成熟，儿童逐步进入青春发育期。小学阶段年龄跨度大，个体的注意、感知觉、记忆、思维及想象能力都在这一阶段有了突飞猛进的发展。本章通过介绍小学生的注意、感知觉、记忆、思维及想象方面的相关研究成果，阐述小学生认知发展的特征和规律，基于教育心理学、儿童心理学的相关理论提出认知能力的培养策略。

小学生的认知发展表现出怎样的特征？他们的注意力发展是否已经成熟？感知觉能力与成人是否还存在差异？记忆有哪些独特之处？思维和想象能力的发展是否已经完善？小学教师应该采取怎样的培养策略来促进他们认知能力的发展？这些问题都将在本章得到回答。

第一节 注意

一、注意的概念、品质和分类

(一)注意的概念

注意是心理活动或意识对一定对象的指向与集中。注意有两个特点：指向性与集中性。指向性指的是个体的心理活动对特定事物的选择，是意识在某个方向上的活动。指向的对象不同，人们接收到的信息也不同。集中性指的是心理活动完全停留在目标对象上，是心理活动对一定对象进行深刻且准确的反映的重要前提。

注意的指向性和集中性是同一注意状态的两个方面，分别表明了注意的方向和强度。它们是相互联系、不可分割的。指向是集中的前提和基础，集中是指向的体现和深入。由于心理活动或意识能够指向和集中于一定对象，因此人们能够得到对注意对象清晰、深刻和完整的反映。

(二)注意的品质

注意的品质包括注意的稳定性、注意的广度、注意的分配以及注意的转移四个方面。注意的品质与人们的学习、工作和生活密切相关。

1. 注意的稳定性

注意的稳定性是人的心理活动持久地保持在一定事物或活动上的特性，是注意在时间上的特征。比如，学生能够在一堂课中持久地保持对教师讲述内容的关注。注意的分散是与注意的稳定性相反的注意品质。注意的分散指的是注意离开了当前应该指向和集中的对象，而指向和集中于其他对象。注意的分散主要是由无关刺激的干扰或单调刺激的长期作用引起的。

2. 注意的广度

注意的广度指的是在同一时间内能清楚地把握对象的数量。课堂教学要求教师有较广阔的注意广度，这样才能更多地、及时地获得学生对教学的反馈信息。

3. 注意的分配

注意的分配指的是人在同时进行两种或多种活动时，能够将心理活动指向不同对象的特性。在一定条件下，注意的分配是可以实现的。教师一边讲课，一边观察学生听课的情况；司机在开车时，既能操纵方向盘，又能关注道路上的行人、车辆以及信号灯。这些都是注意分配的实例。几乎所有的实践活动都需要一定的注意分配能力。在教学过程中，教师要有意识地增强学生对动作技能的熟悉程度，训练学生分配注意的技巧，促进学生提高注意分配能力。

4. 注意的转移

注意的转移指的是根据新任务，主动地把注意从一个对象转移到另一个对象或由一种活动转移到另一种活动的现象。例如，上完体育课，接下来是数学课，学生能根据新任务，从一门课转移到另一门课。注意的转移与注意的分散有着本质的区别：注意的转移指的是根据新任务的需要，主动地把注意转移到新对象上，使一种活动合理地代替另一种活动，是一个人注意灵活性的表现；注意的分散是由于受到无关刺激的干扰，自己的注意离开了需要注意的对象，不自觉地转移到无关活动上。①

(三)注意的分类

根据注意指向和集中的目的是否明确及是否需要付出意志努力，注意可分为无意注意、有意注意和有意后注意三种。

---

① 贾林祥：《心理学基础》，27～35页，南京，南京大学出版社，2018。

1. 无意注意

无意注意是指事先没有预定目的，也不需要意志努力的注意。比如，在课堂上，小学生正在聚精会神地听讲，忽然从门外闯进来一个人，大家的目光都不约而同地转向他。在这种情况下，注意的产生并没有预定的目的，也不需要意志的努力，主要取决于刺激物的突发性和新异性。

2. 有意注意

有意注意是指自觉且有预定的目的、需要一定意志努力的注意。比如，学生做家庭作业时，需要克服各种困难，自觉且有目的地完成任务。有意注意是在实践活动中，在无意注意的基础上发展起来的。注意过程中表现出的自觉性、积极性和主动性是意识较高水平的体现，是人类特有的心理现象。

3. 有意后注意

有意后注意是指高度自觉、目的性强且不需要意志努力的注意。它同时具有有意注意和无意注意的某些性质与特征，也是有意注意后期出现的一种特殊注意形式。比如，小学生在家长的强迫下学习钢琴，刚开始并不感兴趣，不得不付出很大的意志努力，这时的注意为有意注意。随着水平的提高，他体验到了音乐的美感和演奏时的成就感，不需要付出意志努力也可维持注意，这时的注意就已经表现出无意注意的一些性质和特征。有意后注意既服从当前的任务要求，又可以节省意志努力、延缓疲劳，有利于完成具有持续性、复杂性和创造性的任务，是注意的一种高级形式。

二、小学生注意的发展特征

(一)有意注意不断发展，但无意注意仍起作用

小学阶段是儿童从无意注意向有意注意发展的关键期。在小学阶段，儿童的有意注意逐渐发展，但仍以无意注意为主导。① 研究发现，小学生无意注意的发展在二年级时就已相对完善，到五年级时，其发展已非常完善。② 低年级小学生容易被新奇、变动的事物吸引，因而注意力容易分散，这说明无意注意在此时仍然发挥着很大的作用。随着年龄的增长，小学生的学习任务不断增加，有些学习活动仅仅依靠无意注意是无法完成的，这就要求小学生的注意力发展由无意注意向有意注意过渡。

(二)注意保持的广度依然有限

小学生注意力的发展不仅体现在注意的自觉性上，还与注意品质的完善程度密切

① 林崇德：《发展心理学》，252页，北京，人民教育出版社，2008。
② 马秋平：《小学四年级学生课堂注意力的现状调查研究》，硕士学位论文，南京师范大学，2016。

相关。研究发现，6～12 岁小学生平均注意广度为 3～4 个客体，成人为 4～6 个客体。我国心理学工作者对儿童注意的广度的研究表明，注意的广度随一个人的年龄增长而扩宽。姜涛和林镜秋等人的研究表明，二年级学生的注意广度不足 4 个点子，五年级学生达到 4.48 个点子，中学生增加到 6.33 个点子。①

(三)注意的稳定性较差

小学生对注意对象的保持时间较为短暂，这主要是由小学生认知能力发展的特点决定的。一般来讲，小学低年级学生注意力保持时间为 10～15 分钟，小学高年级学生为 20～30 分钟。

我国心理学工作者研究了中国儿童注意稳定性的发展。研究表明，随着年龄的增长，小学阶段儿童的注意稳定性发展速度较快，幼儿阶段和中学阶段发展速度较慢。表 4-1 呈现了不同年龄组注意稳定性的成绩比较。②

表 4-1　不同年龄组注意稳定性的成绩比较

年龄组	幼儿园小班	幼儿园大班	小学二年级	小学五年级	初中二年级	高中二年级
成绩	0.4082	1.2304	3.0285	5.3698	7.3860	7.8240

(四)注意的分配能力和转移能力都较弱

由于小学生不擅长对注意进行分配，因此在听课时大脑、眼睛、肢体和耳朵等部位之间的配合度不够高，可能会影响听课的效率。我国心理学工作者研究了儿童注意分配的能力。研究采用“注意分配仪”测试注意分配的能力。结果表明，幼儿的注意分配能力很低，进入小学阶段，随着有意注意的发展，注意分配能力迅速提高。表 4-2 呈现了不同年龄组注意分配能力的比较。③

表 4-2　不同年龄组注意分配能力的比较

年龄组	平均数	超过 0.50 的百分数/%
小学二年级	0.5833	72
小学五年级	0.5884	88
初中二年级	0.6087	88
高中二年级	0.6201	92

① 朱智贤：《中国儿童青少年心理发展与教育》，53 页，北京，中国卓越出版公司，1990。
② 朱智贤：《中国儿童青少年心理发展与教育》，53 页，北京，中国卓越出版公司，1990。
③ 朱智贤：《中国儿童青少年心理发展与教育》，53～54 页，北京，中国卓越出版公司，1990。

研究表明，注意转移的综合时间随着年龄的增长逐渐缩短。在小学阶段，儿童的综合反应时间迅速缩短，小学五年级和小学二年级之间的差异非常显著。小学至初中阶段发展较为迅速，初中二年级和小学五年级之间的差异较显著。中学阶段发展较为缓慢。这表明注意的转移速度在小学阶段发展很快，到中学阶段，学生的注意转移速度已接近成熟，故发展较慢。①

另外，研究还发现，小学生注意力的发展无性别差异，但存在显著的年龄差异。7～15岁，注意力随年龄增长呈不断发展的趋势。其中，7～10岁是注意力快速发展时期，11～15岁为注意力缓慢发展时期。

三、小学生注意力的培养

(一)利用注意规律，提高课堂教学效率

1. 运用无意注意的规律组织教学

无意注意既能帮助人们对新异事物进行定向，为人们获得对事物的清晰认识提供可能，也能使人们从当前的活动中被动地离开，干扰他们正在进行的活动，因而无意注意具有积极和消极两方面的作用。在教学中，无意注意的积极作用表现为能减少意志力的耗损，缓解身心的倦怠，维持课堂秩序。因此教师应该有意识地通过对某些刺激物的控制，达到引起学生无意注意的目的。无意注意的消极作用表现为导致学生上课分心，干扰正常的教学活动。因此在课堂教学中，教师要尽量避免无意注意的消极影响。在具体教学过程中，教师应注意以下几个方面。

(1)积极创建良好的教学环境

为了使学生在学习过程中不受外部无关刺激的干扰，首先，教师应该注意教学环境对课堂的干扰。比如，对于室外资源的控制，夏天要避免日晒，冬天应该关紧门窗；室内环境要干净整洁，桌椅排列要整齐，不应过度布置室内场景。其次，教师自身的仪表、语言等，也可能会出现一些无关刺激。比如，某些动作过于频繁，幅度过大，表情过分夸张以及衣冠不整、蓬头垢面、奇装异服、口头禅等都可能会成为无关刺激，分散学生的注意力，降低学生的课堂学习效果。

(2)注重讲演、板书和教具的使用

客观刺激物的强度、对比、新颖性和活动性是引起无意注意的重要因素。教师要发挥无意注意的优势，可以在讲演、板书和教具的使用方面施加这些因素。

在讲课过程中，教师应该音量适中，语音、语调抑扬顿挫，遇到重点、难点还要

---

① 朱智贤：《中国儿童青少年心理发展与教育》，53～54页，北京，中国卓越出版公司，1990。

加强语气，也要注意逻辑重音，并伴有适当的手势和表情。声音太大，语调平淡，容易使学生疲劳；声音太小，学生听不到或听不清，就很容易分心。

板书是课堂教学的书面语言，是完成教学任务的重要辅助手段。板书的目的一方面是帮助学生厘清知识的结构和脉络，解决疑难问题；另一方面是吸引学生的注意力，提高课堂的教学效率。板书不应该过于繁杂，应当简洁明了，做到运用有度，重点突出，清晰醒目，体现出结构感、层次感和逻辑感，必要时还可以使用彩色粉笔或图表加以强调。

在小学阶段的教学中，教具的使用较为频繁。新颖、直观的教具对问题的解决具有直接的辅助作用。使用教具时，教师要给予言语讲解。合理使用教具既能激发学生的直接兴趣，吸引学生的无意注意，又能更好地进行学科知识的教学。

(3)重视教学内容的组织和教学形式的多样化

在教学内容的组织上，教师要不断更新信息，保证知识的新颖性，避免知识陈旧和老化。对于小学阶段的教学，教师要密切关注学生的生活实际和已有知识，力求教学内容的安排具体、真实，与学生的生活经验相符。另外，教师的教学方法也要灵活多样，以有效激发学生愉悦的情绪体验，调动学生的积极性。比如，教师在讲解和板书之外穿插教具演示、个别提问、角色扮演、集体讨论和辩论、动手操作和练习等多元化的教学形式，能更有效地提高课堂教学效率。

(4)有效处理学生课堂学习中的问题行为

课堂学习中存在的问题行为指的是学生在课堂学习过程中出现的注意力涣散、影响课堂气氛、扰乱教学秩序、阻碍教学目标实现的不良行为。对学生课堂学习中的问题行为进行有效处理，能及时稳定学生的注意，减少注意的消极影响，这依赖于教师的教育机智。教育机智指的是教师对学生课堂学习活动的敏锐性及能根据新的意外情况快速做出反应，果断采取恰当的教育教学措施的一种独特的心理素质。教育机智是教师在学习教育理论和总结教育经验的基础上，在教学实践中逐渐养成的。具有教育机智的教师，可以有效地应对学生的课堂问题行为。

2. 运用有意注意的规律组织教学

有意注意有明确的目的性，有意志努力的参与，有利于个体全面、系统、深入、清晰、准确地认识事物。学习活动的顺利进行，更多需要有意注意的调节和控制。但长时间的有意注意容易使个体疲劳，从而导致分心，并且有意注意的活动对象并不总是符合个体的兴趣和心理需要的，有时不免让人产生厌倦心理。在课堂教学中，教师只有积极主动地创设条件，避有意注意所“短”，扬有意注意所“长”，才能使学生的有意注意保持良好的状态和水平。教师在具体教学过程中，可以采取如下策略。

(1)强化学生对学习目的和任务的理解

学生对学习目的与任务越明确，认识越深刻，完成任务、达到目的的愿望就越强烈，也就越容易引起和维持有意注意。一方面，教师应引导学生树立明确的学习目的和正确的学习态度，协助学生合理定位学习目标，这是学生持之以恒地投入学习活动的前提；另一方面，在每节课开始时，教师要使学生明确本节课的教学目标、应掌握的知识点及其在整个学科知识体系中的价值，以增强学生学习的方向感和自觉性，使学生有的放矢地参与教学活动。

(2)培养学生对学习活动的间接兴趣

在有意注意中，注意和兴趣的关系往往是间接的。间接兴趣是指对活动所达到的终极目的和产生的结果的兴趣。在很多情况下，正是由于对活动的终极目的和结果感兴趣，人们才会自觉地把注意力维持在该活动上。间接兴趣越稳定，人们就越能对目标产生有意注意。特别是对于一些学生不感兴趣的科目，使学生了解知识掌握后的功用和社会价值，引起他们对学习结果的间接兴趣，可以使他们进入有意注意的学习活动。

(3)合理组织课堂教学，防止学生分心

学习活动需要学生维持有意注意，但人的注意力很难长久集中。所以，教学过程要避免安排过满、节奏过于紧张，应该张弛有度，给学生适当放松、休整的时间。有时教师适当放慢语速，穿插有趣的谈话，可以更好地促进学生学习。另外，教师可以运用信息化技术手段，采取多种形式调整学生的注意状态。

课堂的组织对于维系学生的有意注意具有重要意义。课堂组织越合理，越符合学生的心理特点和内在需求，学生就越不容易分心。有时为了避免学生分心，教师还要采取一些具体的控制措施。

预先控制。对于有不良学习习惯、上课爱做小动作的学生，做有针对性的调查分析，进行说服教育，并采取适当的防治措施。

信号控制。在教学过程中，通过表情暗示或言语提示等信号来提醒分心的学生。

提问控制。对个别分心的学生点名提问，在回答不出时要求他集中注意力听其他同学回答。

表扬控制。不失时机地表扬专心听讲、正确回答问题的学生，给分心的学生树立榜样，适当地对分心的学生进行批评。

3. 运用无意注意和有意注意交替的规律组织教学

在教学中，过分要求学生依靠有意注意来学习，容易使学生疲劳和分散注意力；但如果只让学生依靠无意注意学习，那么更不利于他们的主动性及与困难做斗争的意志力的发展，使学习任务难以完成。因此，在教学中，教师应当考虑使学生的有意注意和无意注意有节奏地交替轮换。一般来说，在学生无意注意时要唤起学生的有意注意；坚持一段时间后，可用无意注意加以调节；适当调整之后，再度唤起学生的有意注意。一堂课若能反复交替几次，就可使学生不至于过早疲惫，能比较轻松地保持稳定的注意。具体来讲，上课之初，学生的注意停留在课间10分钟的有趣对象上，因此教师需要通过一定的手段将学生从课间关注的事情上拉回来，吸引他们的有意注意，如言语提示，回顾上一节课的核心内容并从中设置一些问题，让学生认真思考并回答等；接着，要激发学生上课的兴趣和求知欲，使有意注意和无意注意巧妙地结合起来。[①]

（二）采用专门的注意力训练策略

1. 视觉搜索训练

教师让学生反复完成需高度注意的任务，可以有效提升学生的注意力水平。比如，采用视觉搜索训练策略，通过增加每秒的注视点数量来提高注意力水平。视觉搜索训练通常采用散点图测试和线条追踪进行搜索训练。随着计算机技术的发展和智能手机的普及，教师也可以让小学生利用一些视觉搜索的小游戏进行训练。

2. 大脑抑制训练

提高注意力的抑制功能，有助于减少干扰信息，防止分心，从而提高注意效率。尼格（Nigg）提出注意力的抑制分为执行抑制、动机抑制、自动抑制三种类型。

从执行抑制的角度讲，小学生可以采取同质性策略，通过重新组织学习材料、提高学习材料之间的同质性，防止学习材料之间产生干扰；可以采用直接遗忘的策略，把自己所有的经历和注意点都集中在需要学习的事物上，忽略暂时不学习的事物；还可以采取自我提问的策略，即对学习内容不断提问，不做不要求做的事情。

从动机抑制的角度讲，小学生可以采取一些冥想方式抑制无关信息的干扰，如冥想学业进步后得到的奖励和学业退步后受到的惩罚，以此来增强自身的学习动机。

从自动抑制的角度讲，自动抑制通常与动机抑制同时发生，但各自有不同的神经基础。随着大脑神经系统的逐渐成熟以及动机抑制的不断训练，自动抑制能力也会逐渐完善，最终提高人们的抑制能力。

3. 行为习惯专注力训练

小学生可以通过呼吸训练培养和提高专注力。小学生神经系统控制能力较弱，会导致其分心，注意力难以集中。正确的呼吸训练有助于调节、稳定自主神经系统，提高注意力水平。

4. 教师指导课堂注意力训练

上课时，教师可以采用限时法、任务驱动法，增加学生有效注视时间、次数和每秒注视次数，以此来提高学习效率。

5. 体育锻炼对注意力的影响

研究表明，一定强度的体育锻炼对注意力各品质尤其是有意注意基本品质的发展

---

① 贾林祥：《心理学基础》，35～41页，南京，南京大学出版社，2018。

有积极的作用。开展有规律的体育锻炼活动有助于小学生注意品质的发展。

6. 舒尔特方格训练

舒尔特方格训练是国际上公认的操作简单、科学有效的注意力测量和训练方法。它的国际标准版是在 5×5 的格子里随机呈现 1～25 总共 25 个阿拉伯数字，测试时让被试用眼睛从 1 搜索到 25 的同时用手指出所有的数字。被试在搜索数字时，注意力高度集中，时间才能缩短。经过反复练习，人的集中注意力品质越来越好，综合注意力品质也能得到提高。舒尔特方格训练能全面提升注意力的综合品质，包括视觉注意力、视觉搜索力、注意的稳定性、注意的转移能力、注意的分配能力、视觉的辨别能力等不同品质。①

(三)训练注意力时要考虑学生的性别差异

研究表明，相对于女生，男生的注意力更容易分散，他们在课堂学习中很难长时间集中精力，易忽视教师讲课的重点，造成学习效果不佳。这就要求教师应加强与男生的互动交流，把握男生的课堂注意力集中程度；也可以通过改善课堂教学的方法，如采用项目式教学、小组教学等，给予学生更多表现自我的机会。相对于男生，女生的注意力更多地集中在课堂学习的前中段，在后期集中程度不够，对课堂学习的巩固难免不足。这就要求教师在完成基本的课堂教学环节之后，注重引导女生对课堂学习进行回顾。②

第二节
感知觉

一、感知觉的概念和特征

(一)感知觉的概念

感知觉是在客观事物直接作用于感觉器官时，人脑中产生的对当前事物的反映。感觉是对物体个别属性的反映，知觉是对物体整体属性的反映。感觉是知觉的有机组

① 司琪：《小学生注意力品质现状调查与提升训练》，硕士学位论文，重庆师范大学，2016。
② 袁月：《基于眼动数据的小学生注意力特点及提升》，硕士学位论文，浙江工业大学，2019。

成部分，是知觉的基础；知觉是感觉的深入和发展。当客观事物直接作用于人的感觉器官时，人不仅能够反映该事物的个别属性，而且能够通过各种感觉器官的协同活动，在大脑中将事物的各种属性按其相互之间的关系整合成事物的整体，从而获得对该事物的完整映象。感知觉是人类认识活动的开端，是一切复杂心理活动的基础。在现实生活中，人们一般以知觉形式直接反映客观事物，感觉只是作为知觉的组成部分存在于知觉之中，很少有孤立的感觉存在。①

(二)感知觉的特征

1. 感觉的适应

由于刺激对感觉器官的持续作用而使感受性发生变化的现象叫感觉适应。视觉、嗅觉、味觉、温度觉和触压觉都有明显的适应现象。视觉的适应分为暗适应和明适应。当环境刺激由强向弱过渡时，由于弱光的持续作用，视觉器官对弱光刺激的感受性提高的现象被称为暗适应。白天去电影院看电影，刚进入电影院时，眼前一片漆黑，但过了一段时间眼睛就慢慢地能看清周围的事物了，这就是暗适应。暗适应的速度相对比较慢，一般要过 5～7 分钟才能看清周围的事物，1 小时后人的感受性可以基本达到最高水平。当环境刺激由弱向强过渡时，视觉器官对强光刺激的感受性下降的现象被称为明适应。白天看完电影，刚从黑暗的电影院走到明亮的室外时，我们会被外边的亮光照得睁不开眼睛，除了一片光亮什么也看不清，但只要过几秒钟就能看清周围的事物了，这就是明适应。明适应反应的时间很短，最初约 30 秒，感受性急剧下降，之后感受性下降逐渐缓慢，大约 1 分钟后明适应全部完成。

除了视觉之外，嗅觉、味觉、温度觉和触压觉也有明显的适应现象。“入芝兰之室，久而不闻其香；入鲍鱼之肆，久而不闻其臭”是嗅觉的适应。“厨师做菜，越做越咸”是味觉的适应。“忘足，履之适也”是触觉的适应。初入浴缸感觉水太热，过一段时间就不觉得热了，其实不是水温降低了，而是我们对水温适应了。

2. 感觉的对比

同一感觉器官接受不同的刺激从而使感受性发生变化的现象叫作感觉对比。感觉对比可分为同时对比和继时对比两类。同时对比是刺激物同时作用于感觉器官而产生的对比现象。比如，同样两个灰色小方块，一个放在白色背景上，一个放在黑色背景上，结果在白色背景上的小方块看起来比在黑色背景上的小方块要暗得多，相互连接的边界对比特别明显。继时对比是刺激物先后作用于同一感觉器官而产生的对比。比如，吃梨会觉得梨很甜，但是吃了糖之后接着吃梨，就会觉得梨没那么甜了。

---

① 叶奕乾、何存道、梁宁建：《普通心理学》，77～78 页，上海，华东师范大学出版社，2016。

3. 知觉的选择性

知觉的选择性是指个体根据自己的需要与兴趣，有目的地把某些刺激信息或刺激的某些方面作为知觉对象而把其他事物作为背景进行组织加工。影响知觉的选择性的因素较为复杂，概括地讲主要表现在三个方面。

首先，对象与背景差别越大，越容易从背景中区分出来。对象与背景差别越小，越不容易从背景中区分出来。比如，教师制作教学 PPT 时，用大号字或者黑体字就是为了突出重点内容。相反，为了降低对象与背景的区别，军人使用迷彩服，昆虫有自己的保护色，使自己不容易被发现。其次，在静止的背景上，运动的物体容易成为知觉的对象。比如，城市里闪烁的霓虹灯容易成为人们知觉的对象。最后，知觉者的经验和个体倾向性明显影响知觉的选择性。比如，饥渴难耐的人对食物和水源特别敏感，急于找工作的人对招工信息特别容易知觉。所谓“樵夫进山只见柴草，猎人进山只见野兽”，就是这样的道理。

4. 知觉的整体性

知觉的整体性指的是人在知觉时通常将客观事物知觉为一个整体。之所以知觉具有整体性，是因为客观事物对人而言是一个复合的刺激物。由于经验的参与，大脑在加工来自各个感官的信息时，就会利用经验对缺失的部分加以整合补充，将事物知觉为一个整体。

5. 知觉的理解性

知觉的理解性指的是人在知觉某一客观对象时，总以知识经验为基础，并用语言加以概括且赋予其意义。知觉的理解性主要受个人的知识经验、言语指导、实践活动以及个人兴趣爱好等多个因素的影响。人们在知觉事物时，总是倾向于把新知觉到的事物与经验进行对比，试图去理解当前的事物。

6. 知觉的恒常性

知觉的恒常性指的是人的知觉映象在一定范围内不随知觉条件的改变而保持相对稳定。由于客观环境中的事物具有一定的稳定性，因此人的知觉需要有相应的稳定性，以此来真实地反映客观对象的自然属性。人的知识经验在知觉恒常性中也起着重要作用。人在知觉某个对象时，总会利用知识经验来解释感觉映象，反映事物的固有特性，只有这样才能更好地适应环境。

二、小学生感觉的发展特征

根据感觉器官的不同，感觉可分为视觉、听觉、运动觉等。

(一)视觉

人们所获信息量的80%左右来源于视觉。小学生的视觉随着年龄的增长和学习活动的不断深入而逐渐增强，这主要表现在两个方面。

1. 视力的发展

视敏度俗称视力，是指人的视觉器官分辨物体细节的能力。一个人能辨认物体细节的尺寸越小，视敏度越高；反之，视敏度越低。静态视敏度是指知觉静止物体细节的能力，与之相对应的动态视敏度是指知觉运动物体细节的能力。对儿童视敏度的研究表明，6～9岁儿童静态视敏度随着年龄增长逐渐升高，9岁到达高峰，随后下降。动态视敏度在6～7岁开始升高，持续升高至9岁，随后下降(见表4-3)。男生动态视敏度显著高于女生，静态视敏度男女生无显著差异。① 2014年全国学生体质与健康调研结果显示，我国各学段学生近视率持续上升，7～12岁小学生、13～15岁初中生、16～18岁高中生视力不良率分别为45.71%、74.36%和83.28%。预防和控制学生近视已成为当前阶段的重要任务。

表4-3　不同年龄视敏度检测结果

年龄	n	静态视敏度	动态视敏度
6岁	72	1.151±0.186	0.414±0.213
7岁	165	1.141±0.240	0.556±0.274
8岁	152	1.165±0.314	0.573±0.342
9岁	153	1.266±0.409	0.617±0.313
10岁	173	1.195±0.433	0.564±0.355

2. 颜色视觉的发展

研究表明，小学生对11种基本颜色的正确命名率随年龄增长而提高。小学一年级学生已能正确辨认各种颜色，能正确匹配各种不同颜色，对于经常见到的颜色也能命名。对不同饱和度及混合色的精确命名，与小学阶段的教学训练有关。教师要充分利用美术课及其他教学活动，让学生感知更多色彩，并教会他们正确命名和使用，从而提高学生对色彩的辨别能力。②

(二)听觉

1. 音听觉感受性

研究表明，小学生的纯音听觉感受性随年龄增长而提高，在差别感受性和绝对感

① 孙雷、蔡赓、殷荣宾等：《儿童静态视敏度与动态视敏度的相关性及其对体育活动的意义》，载《中国康复理论与实践》，2018(12)。

② 李俊：《小学生认知与学习》，20页，北京，中国人民大学出版社，2016。

受性两个方面，发展速度各不相同。一般来说，小学生辨别音调高低的能力在 6～19 岁一直逐步提高，9～10 岁提高显著。小学生辨音能力之所以随年龄增长不断提高，与在学校受到的教育，尤其是在音乐教学中接受的训练是分不开的。

2. 言语听觉的发展

研究表明，小学生对言语的听觉敏度比幼儿时期的要高。这与学校教学有着密不可分的关系。随着年龄的增长，小学生的言语听觉敏度不断提高，逐渐接近成人的水平。但在不同年龄阶段，小学生听觉敏度的发展是不平衡的。在 4～9.5 岁时发展速度较缓慢，在其后几年发展要快得多。①

(三)运动觉

运动觉是对外界物体运动和机体自身运动时间、空间特征的直接反映，是通过视觉、动觉、平衡觉等多种感觉协同活动来实现的。在动觉方面，身体关节、肌肉运动的知觉，特别是手的运动觉的发展对小学生学习具有重大意义，因为与学校教学密切相关的书写、绘画、制作等作业，都需要手的运动觉的发展。

朱喜梅对小学生运动知觉能力的调查研究表明，8～9 岁是男生运动时间知觉能力的快速发展期，10～11 岁是女生运动时间知觉能力的快速发展期；7～8 岁是男生运动速度知觉能力的快速发展期，8～9 岁是女生运动速度知觉能力的快速发展期。对于深度知觉能力，7～12 岁男生发展速度较快，其中最快发展期为 9～10 岁；10～11 岁女生发展最快，7～8 岁发展较快。对于动觉方位知觉能力，11～12 岁男生发展最快，7～8 岁和 9～11 岁发展缓慢。②

小学生手部关节的骨骼、肌肉虽有显著的发展，但还未达到成熟水平。因此，对小学生的活动安排必须依据年龄特征循序渐进，实行“量力而行”的原则。比如，一年级时，写字宜用硬笔和带格的纸，一次书写的时间不宜过长，精确性不必要求太高。

三、小学生知觉的发展特征

(一)小学生知觉的一般发展特征

小学生的知觉选择往往会受当时的情绪或兴趣的影响，不能服从规定任务的要求。例如，让小学生观察图画，小学生首先看到的往往是颜色鲜艳的部分，忽略了图画的关键区域。即使在进行言语提示，帮助小学生突出关键物体，将其作为知觉的对象后，

---

① 李俊：《小学生认知与学习》，20～21 页，北京，中国人民大学出版社，2016。

② 朱喜梅：《长春市小学生运动知觉特点的研究》，硕士学位论文，东北师范大学，2007。

其对对象的知觉也不稳定。

刚入学的小学生对事物整体性的分析、综合常常也是不完善的。有研究表明，一年级学生，甚至是部分二年级学生，在知觉事物时常常停留在对事物的分析、综合的最初阶段，不会继续深入下去。到了三四年级，小学生才能学会较完全地、逐渐深入地分析、综合整体事物。

(二)小学生空间知觉的发展

1. 形状知觉

小学生对形状的知觉能力是逐步发展的。小学一年级的学生与大班幼儿差不多，基本没有掌握形状的概念，不能准确说出物体的名称。在这种情况下，他们总是把形状物体化，如把正方形叫“方块儿”，把三角形叫“尖角儿”等。在教学过程中，特别是在数学课教学过程中，小学生的形状知觉逐渐发展起来。

小学生辨别图形会受到图形放置方位的影响。研究表明，小学中高年级学生在确认直角三角形的活动中，受到了放置方位的影响。当正放直角三角形时，有 81.25%的学生能确认；当斜放直角三角形时，只有 36.25%的学生能确认。

2. 方位知觉

小学生能正确辨别上下、前后，也能以自身的位置为基准辨别左右，但是还没有掌握左右关系的相对性。研究表明，我国儿童左右概念的发展经历了三个发展阶段。

第一阶段(5～7 岁)。这一阶段的儿童往往只能固定化地辨别自己的左右方位。多数儿童从 5 岁时起，就能逐渐正确地把自己的左右方位和词汇联系起来，产生最初的左右概念。但是此时的左右概念实际上是他们左右手的标志，他们理解的“左”就是“我的左手边”。

第二阶段(7～9 岁)。儿童能初步地、具体地掌握左右方位的相对性。他们不仅能以自己的身体为基准进行左右方位的辨别，而且能以别人的身体为基准判断左右方位，还能辨别身外的两个物体的左右方位关系，即他们了解了左右方位关系的相对性。

第三阶段(9～10 岁)。儿童能比较概括地、灵活地掌握左右概念。这一时期的儿童已经可以依靠具体感知或表象的支持，迅速地判断三个并列物体之间的左右关系。无论是按照自己的方向来做判断，还是设想在主试者的方向来做判断，他们都能做到。这表明儿童已经概括地掌握了左右概念的相对性和灵活性。①

---

① 李俊：《小学生认知与学习》，23～24 页，北京，中国人民大学出版社，2016。

四、感知规律在小学教学中的运用

(一)感觉强度规律在小学教学中的应用

外界刺激只有达到一定强度才能被我们感知。所以，在教学中，教师讲课的声音要足够洪亮和清晰，让每一个学生都能够听清楚。教师的板书和 PPT 的制作也是如此，字迹要清晰，字号大小要适宜。但是，刺激的强度过大也不适宜。如果教师上课的声音过大，不仅不利于学生感知，而且会给学生带来感官的疲劳，影响学生感知的效果。

(二)知觉的选择性规律在小学教学中的应用

根据知觉的选择性规律，教师可以采用提高语调、加强语气、板书时采用彩色粉笔或用不同字体等方式突出重点内容。其次，活动的对象容易成为知觉选择的对象。因此，教师在教学中宜采用抑扬顿挫的语调、活动的教具以及多媒体教学手段等来突出教学对象。此外，新奇的事物也容易成为知觉的对象。因此，教师在教学中要注意变换教学手段，改进教学方法，使知觉对象具有新颖性，以此引起学生对教学内容的兴趣，提高教学效果。

(三)知觉的理解性规律在小学教学中的应用

我们在知觉对象时总是试图去理解对象。只有理解了对象，我们才能更好地感知。在教学中，教师应注重学生对知识的理解。首先，新知识的教学应该以学生已掌握的知识为基础。新的知识只有建立在原有知识的基础上才能被理解，也才更容易与原有知识建立联系。教师应清楚学生的知识基础，根据学生已有的知识基础安排教学内容。其次，教师应加强学习内容的直观性，使学生对知识形成形象化的理解和表征。比如，可以通过让学生观察各种实物、向学生演示各种操作等方式，让学生获得感性认识，加强理解。

(四)感知协同规律在小学教学中的应用

同一事物往往具有多个属性和特征，要全面深刻地把握事物就需要从多个方面感知事物。教学要发挥多个感知系统的作用，让多个感官共同参与互动以提高感知效果。单一通道获得的信息较为有限，不利于学生整体全面地把握知识。让学生多参与课堂活动，调动多个感觉通道，积累直接的感性材料，会使学生对所学的知识记忆深刻。[①]

第三节
记忆

一、记忆及其特征

记忆是人脑对经验的保持和再现。记忆是通过识记、保持、再认或回忆三个基本环节在人脑中积累和保存个体经验的心理过程。识记是记忆的开端，是个体获得知识和经验的过程。保持是已获得的知识经验在头脑中储存和巩固的过程。再认或回忆是在不同情况下恢复经验的过程。具体来讲，再认是指经历过的事物再度出现时，人们能加以确认；回忆是指经历过的事物不在面前时，人们能把它重新回想起来。记忆的三个环节之间是相互依存、密切联系的关系。识记和保持是再认或回忆的前提；再认或回忆是识记与保持的结果，并能进一步巩固识记和保持的内容。用信息加工的观点分析，记忆是人脑对外界输入的信息进行编码、储存和提取的过程。其中，对信息的编码相当于识记，对信息的储存相当于保持，对信息的提取相当于再认或回忆。储存在人脑中的信息在被应用时不能被提取或提取发生错误，即为遗忘。

二、小学生记忆的发展特征

(一)记忆容量的发展特征

成人短时记忆的容量为 7±2 个信息单位。儿童的记忆容量随年龄增长而增加，小学生的数字记忆广度已经与成人水平相当。帕斯卡-里昂(Pascual-Leone)认为，短时记忆容量从 3 岁开始，每两年增加一个组块，直到 16 岁达到 7 个组块。[②] 程灶火等人的研究表明，随着年龄的增长，数字记忆广度发展最快的阶段是在 7～8 岁，11～14 岁发展速度趋缓但仍呈上升趋势，到 14 岁时达到顶峰。[③] 李德明等人对数字记忆广度的研

---

① 贾林祥：《心理学基础》，60～62 页，南京，南京大学出版社，2018。

② Pascual-Leone J, Baillargeon R, "Developmental measurement of mental attention," International Journal of Behavioral Development, 1994, 17(1), pp. 161-200.

③ 程灶火、耿铭、郑虹：《儿童记忆发展的横断面研究》，载《中国临床心理学杂志》，2001(4)。

究表明，16～19岁的成绩最高。[①] 陈国鹏等人的研究认为，数字记忆广度在儿童期随着年龄增长而逐渐拓宽，16岁达到高峰，以后开始衰退。[②]

(二)记忆方式的发展特征

1. 有意识记超过无意识记，成为记忆的主要方式

有意识记指的是具有明确的识记目的、运用一定的识记方法、需要做出意志努力的识记。无意识记指的是没有明确的识记目的、不需要任何识记方法、也不需要做出意志努力的识记。有意识记和无意识记都会随着儿童年龄的增长而发展。在小学阶段，有意识记开始超过无意识记，占据优势。有意识记的出现是儿童记忆发展上的一个质变，有意识记超过无意识记是记忆发展中一个突出的变化。

在有意识记的发展过程中，教师的指导起着关键作用。在入学初期，学生不会给自己设定识记任务，认为自己的识记只是完成教师规定的任务。教师要求将字词抄写几遍，他们就抄写几遍。至于抄写了几遍后是否记得，他们既不会自我检查，也不会主动关心。到了小学中年级，学生能够根据教师的指导，自己设定识记任务，并且有力求达到目的的愿望。到了小学高年级，学生对于学习材料已经能自觉地提出识记任务，并善于使任务具体化。

2. 意义识记在记忆活动中逐渐占主导地位

意义识记指的是通过理解材料的意义来把握材料内容，其基本条件是识记者能理解识记材料并能进行思维加工。机械识记指的是只根据材料的外部联系或表现形式，采取简单重复的方式进行识记。

表4-4 不同年级学生机械识记和意义识记的比较

年级	机械识记/%	意义识记/%
一年级	72	28
四年级	56	44
六年级	55	45
九年级	17	83

由表4-4可知，一年级学生以机械识记为主。在他们记住的全部材料中，有72%的材料是按照原文逐字逐句凭机械识记记住的，只有28%是依靠理解材料的意义记住的。

3. 词的抽象记忆的发展速度逐渐超过形象记忆

研究表明，小学生无论记忆形象材料还是记忆词语材料，其记忆的准确性和巩固

---

① 李德明、刘昌、李贵芸：《数字工作记忆广度的毕生发展及其作用因素》，载《心理学报》，2003(1)。

② 陈国鹏、王晓丽：《短时记忆及其策略一生发展的横断研究》，载《心理科学》，2005(4)。

性都随着年龄增长而增强。在整个小学时期，学生的记忆仍以形象记忆为主。低年级时，形象记忆的效果更明显；高年级时，形象记忆的优势作用就不显著了。

三、小学生记忆力的培养

良好的记忆力是提高学习质量、完成学习任务不可缺少的条件。小学生的记忆力不是自然发展和提高的，需要教师在教学过程中根据小学生的身心发展特点、学习内容以及记忆规律等加以培养。

(一)加强小学生识记的目的性和积极性

培养学生记忆力的首要任务就是进行目的性教育。学生在明确为什么而学后，能自觉学习、主动记忆、积极思考。明确识记的目的、任务，保持积极的识记态度，会增强记忆的效果。小学阶段的学生有意识记有待发展，他们不太善于提出识记的目的和任务。这就要求教师及时向学生指明记忆的任务是什么、要达到什么要求等。随着年龄的增长，教师要引导学生独立地提出识记的目的和任务，以发展学生的有意识记能力。

(二)指导小学生充分理解识记材料

不求甚解、死记硬背的学习方式并不能有效提高识记的效果，只有透彻地理解材料和掌握材料间的内在联系，才能记得精确、牢固。在教学中，教师要引导学生先分析材料，找出关键的知识点与前后知识的逻辑关系，在理解材料内在联系的基础上进行识记。比如，背诵课文，应该先引导学生分析课文，总结出文章的段落大意和中心思想，然后再进行识记，这样才会取得良好的识记效果。教师还应创造条件，让学生在运用知识的过程中进一步加深对识记材料的理解，以提高记忆的效果。

(三)指导小学生掌握记忆的规律

1. 及时复习

艾宾浩斯遗忘规律告诉我们遗忘速度呈现出先快后慢的规律，因此必须及时复习。遗忘往往在识记后不久就会发生。此时新学习的材料在大脑中建立的神经联系还不稳固，记忆痕迹较模糊，及时复习可以阻止学习后立即发生急速遗忘。复习也具有强化联系的作用，使即将消失的、微弱的痕迹因重新得到强化而变得清晰，并在大脑中巩固下来。复习还具有促进理解的作用，使学习的内容条理化、系统化。通过及时复习，学生可以把教学内容纳入认知结构中长久保存。

2. 集中复习与分散复习相结合

能否正确分配复习时间是影响复习效果的重要条件之一。复习时间的安排既可以连续进行，即集中复习，也可以按照一定时间间隔进行，即分散复习。复习时，时间过于集中，容易出现抑制累积；过于分散，容易遗忘，不利于学习材料的巩固。有效的分散复习是在复习过程中把需要复习的资料分散在几个相隔不太长的时间段内，每次复习一定次数，到记熟为止。由于遗忘随时都在进行，只进行一次及时复习远远达不到牢固保持的效果，因此必须进行循环记忆，以加深印象，提高记忆效率。

如何分配复习的时间并没有统一的模式。一般来讲，识记有意义的材料时，最初识记时间应该相对集中些，以后间隔时间可逐渐延长；识记机械的材料以及进行技能学习时，分散练习的效果更为明显。对于感兴趣的材料，应该采用集中学习；在学习材料较难、缺乏兴趣以及容易疲劳时，以分散学习为宜。

3. 多重感官参与

在进行记忆时，要尽可能使多重感官参与到当前的学习活动中。运用多重感官协调记忆，能在大脑中留下多方面的回忆线索，从而提高记忆效果。此外，复习的方法过于单一容易使人产生消极情绪，感到疲劳。运用多重感官进行多样化的复习可以使人感到新颖，容易提高进行智力活动的积极性，在复习材料与原有知识之间建立多种联系，从而更牢固地保持。

4. 活动有助于记忆

识记的对象成为人的活动对象或活动结果时，能够激发人参与活动的积极性，进而增强记忆效果。

5. 过度学习

学习程度指的是学习过程中正确反应所能达到的程度。一般来说，学习程度越高，遗忘越少。第一遍恰能准确背诵某一材料的学习，称为适度学习；在此基础上再进行适当次数或时间的重复学习，称为过度学习。研究表明，过度学习程度达到150％时效果最好。比如，学生学习某材料10遍后能正确无误地背诵，这10遍的学习程度为100％。再继续练习5遍，多加的学习就是过度学习。低于或高于150％的过度学习，都会降低记忆效果。

(四)教学生使用有效的记忆方法

1. 形象记忆法

小学生的汉字教学可以利用直观的形象代替语言、文字来进行。例如，教“灭”字，教师把一个纸团点燃放进杯子里，然后在杯子上盖一块铁板，火就灭了。于是学生有了直观理解，即“火”上加“一块板”就“灭”了。

2. 复述记忆法

把识记材料变成自己的话讲给别人听，这是一种很适合小学生的记忆方法。它需要学生先对识记材料进行理解和剖析，然后通过复述的方式讲给别人听，从而加深对识记材料的印象。教师可以在小学生参加一次活动后，让他们详细汇报所见所闻；或听一个故事后，要他们尽可能正确地把故事复述出来。

3. 歌诀记忆法

歌曲、诗词等有节奏感的材料很容易被记住，因此教师应尽可能地把一些枯燥、零散的识记材料变成歌词或诗歌，这样能够增强记忆效果。例如，有些小学生分不清“已”“己”“巳”，为了帮助其区分这三个字，教师可以把它们变成一首歌诀：“自己开口哈哈笑，已经搬开想说话，巳字封口当哑巴，各有特征小哥仨。”这样，小学生就很容易记住这三个字，而且记忆深刻、持久。

第四节
思维

一、思维及其特征

思维是人脑对客观事物间接的和概括的反映，是借助于语言进行的能揭示事物本质特征及内部规律的高级认知过程。间接性和概括性是人类思维过程的两大根本特征。思维的间接性指的是人凭借知识经验进行推理、判断，从而理解和把握那些没有感知过的或根本不能感知到的事物的本质。思维的概括性指的是在分析、研究感性材料的基础上，把一类事物共有的本质特征抽取出来，形成普遍意义的规律性认识。

二、小学生思维的发展特征

(一)逐步过渡到以抽象逻辑思维为主要形式，但仍带有很大的具体性

小学生思维的基本特点是从以具体形象思维为主要形式逐步过渡到以抽象逻辑思维为主要形式，但这种抽象逻辑思维在很大程度上仍然是直接与感性经验相联系的，

仍然具有很大成分的具体形象性。① 小学生的思维过渡到以抽象逻辑思维为主要形式，并不意味着在他们入学以后，具体形象思维立刻全部“消亡”，不再发挥作用。这一过渡要经历很长的历程。低年级学生所掌握的概念大部分是具体形象的，可以直接被感知，因此要求他们理解概念的本质往往比较困难。但低年级学生的具体形象思维中，仍然存在抽象概括的部分，它们之间的相互关系随着年级的升高以及智力活动的升级而变化。②

(二)由具体形象思维到抽象逻辑思维的过渡存在明显的关键期

研究表明，从具体形象思维过渡到抽象逻辑思维存在明显的关键期。一般认为，这个关键期在四年级(10～11 岁)，也有的认为在高年级。还有教育实验报告指出，如果教育条件适当，这个关键期可以提前到三年级。陈英和等人对小学四年级儿童形成合取概念的策略进行训练，结果发现，训练不仅能够促进儿童形成合取概念的能力发展，而且能提高他们的元认知水平，使他们在相关的问题解决过程中表现出能力的迁移。③ 因此，思维发展的关键期存在伸缩性，可以提前或推后，也可以加快或延缓。

(三)思维结构趋于完整

小学生思维的目的性逐渐明确，思维过程逐渐趋于完善。小学生的思维主要属于初步的抽象逻辑思维，辩证逻辑思维萌芽。小学一、二、三年级是辩证思维的萌芽期，四年级是辩证思维的转折期，五、六年级是辩证思维的稳步发展期。④

(四)思维发展过程的不平衡性

小学的抽象逻辑思维水平不断提高，其思维中的具体形象成分和抽象逻辑成分的关系在不断发生变化。对于不同的思维对象，这一发展趋势又表现出不平衡性。对小学生假设检验策略发展的研究发现，一年级学生在遇到简单问题时，能运用较高级的思维策略；在遇到较困难的问题时，则又退回到相对不成功的策略上。⑤

(五)思维品质发展的差异性

思维品质是思维发展过程中表现出来的个性差异。培养学生的思维品质是提升其思维能力的突破口。思维品质主要表现在敏捷性、灵活性、深刻性、独创性方面。

---

① 朱智贤：《儿童心理学》，306～307 页，北京，人民教育出版社，2009。
② 林崇德：《发展心理学》第三版，299～300 页，北京，人民教育出版社，2018。
③ 陈英和、刘玉新：《小学生形成合取概念的策略训练及其迁移效果》，载《心理学报》，1996(4)。
④ 杨建军：《1—6 年级小学生辩证思维能力的实验研究》，载《心理发展与教育》，1991(4)。
⑤ 张庆林、司继伟、王卫红：《小学儿童假设检验思维策略的发展》，载《心理学报》，2001(5)。

1. 思维的敏捷性

思维的敏捷性指的是面对需要迅速做出决断的问题，能够调动全部智力，及时、准确地解决问题。小学生的思维敏捷性是不断发展的，表现为运算的速度不断提高，运算能力产生明显的分化。

2. 思维的灵活性

思维的灵活性指的是在解决问题时，能够善于发现问题的新情况和其中的新变动，根据客观情况的变化及时提出新的问题解决思路。思维不灵活的人，往往囿于过时的方案，面对新问题时，搬用老一套的解决方法。

小学生思维灵活性的发展主要表现在三个方面：一是完成一题多解题的数量不断增加，二是灵活解题的精细性增强，三是组合分析水平不断提高。随着年龄的增长，小学生思维的灵活性稳步发展，而且差异越来越明显。

3. 思维的深刻性

思维的深刻性指的是思维活动的抽象水平和逻辑水平，涉及思维活动的广度、深度和难度。思维的深刻性意味着善于抓住问题的本质，找出关键，善于揭露现象的原因。小学低年级学生思维的深刻性还没有很好地发展，看问题往往不能深入。三四年级是小学生思维深刻性发展的一个转折点。

4. 思维的独创性

思维的独创性即思维活动的创造性。小学生思维独创性的发展主要表现在两个方面。一是从对具体材料的加工发展到对词语抽象材料的加工。四年级是小学生思维独创性发展的一个转折点。二是小学生思维独创性的发展顺序是先模仿，经过半独立性的过渡，最后发展到独创性。

整体来看，小学生思维品质的发展表现出明显的年龄特征。思维品质是相对统一的整体，其发展存在着一定的一致性，但思维品质不同成分的发展又存在各自的年龄特征。一般来说，小学生思维的敏捷性和灵活性没有出现突变或转折点。思维的敏捷性往往易变化、不稳定，其年龄特征更易表现出可变性。小学生思维的灵活性相对稳定，在发展中其表现形式比敏捷性丰富。小学生思维的深刻性既表现出不断发展的趋势，也存在一个三四年级的转折期。小学生思维的独创性发展较其他思维品质晚，而且涉及的因素较多。因此，在教育中，教师既不能忽视小学生思维独创性的发展，也不能过高估计他们思维独创性的水平。

三、小学生创造性思维的发展及培养

在小学阶段，儿童的创造力进入一个新的发展阶段，这是儿童心理发展史上一个重大转折时期。首先，从这一时期起，儿童开始进入学校进行正规且系统的学习，学习逐步成为儿童的主导活动；其次，小学阶段是儿童逐步掌握书面语言、向抽象逻辑思维过渡的阶段；最后，在创造性思维方面，小学一二年级直线上升，三四年级出现低谷，五六年级再次上升。①

对小学生创造力的培养具有重要意义，不仅是个体完善、发展的要求，也是社会发展的迫切需求。

(一)鼓励小学生进行创造性学习，发挥小学生的主动性

发挥小学生的主动性、激发小学生进行创造性学习的方法有很多，教师应根据小学生的实际发展水平、学科特点和教学的具体情况，选择适当的方法。托兰斯(Torrance)提出了有助于教师进行针对性教学的几种方式：第一，设计不完全或无结果的问题式情境，使学生有积极思考、大胆设想、推陈出新、继续探索的可能；第二，让学生自编故事、自设问题，并自行想象、解决，给他们提供锻炼思维的机会；第三，鼓励学生大胆向教师提问，也要鼓励学生互相问答，激发学生主动探索问题的欲望。②

(二)重视对小学生个性的培养

创造型儿童具有鲜明的个性特征。创造心理学研究表明，创造型人才的特征主要包括以下几个方面：远大的理想和强烈的事业心，个体的独立性，意志的坚定性，对未知世界的好奇心。创造型儿童具有的个性特征可能会与教师的要求相违背，教师应正确看待，要认识到对学生个性的压抑其实就是对他们创造才能发挥的压抑，要充分尊重学生的个性，发扬教学民主，创设轻松和谐的教学气氛，促进学生个性和创造性思维的发展。

(三)通过活动的开展发展小学生的创造力

活动的开展对于学生创造力的培养具有重要价值，如科技活动、文艺活动等。教师应为学生活动的开展提供良好的条件，并进行适当的指导和帮助，让学生在活动中发挥创造潜能，提高创造力。首先，活动的开展可以激发学生的好奇心。在实际活动中，学生可以突破课本的局限，感受和接触丰富的世界，对随处可见的新鲜事物产生强烈的好奇心。其次，活动的开展有利于培养学生发现问题和解决问题的能力。对生活中的事物的观察和思考能够提高学生发现问题的敏锐程度，激发学生动脑动手寻求问题答案、解决困难的积极性。最后，活动的开展可以培养学生的创造性个性品质，

① 李俊：《小学生认知与学习》，51～52页，北京，中国人民大学出版社，2016。
② 李俊：《小学生认知与学习》，55页，北京，中国人民大学出版社，2016。

如主动探索的精神、敢于独创的勇气以及对创造活动的热情等。①

第五节 想象

一、想象及其特征

想象是人脑对已有表象进行加工改造进而创造新形象的过程。想象在人类的认识和实践活动中意义重大，人类的创造性活动往往伴随着想象的过程。想象是人们改造现实的创造性活动的前奏。

按照想象时是否具有目的性和自觉性，想象可分为无意想象和有意想象。按照想象内容的独立性、新颖性和创造性程度的不同，有意想象可分为再造想象和创造想象。再造想象是创造性水平较低的一种想象。创造想象是指不依据现成的描述而独立创造出新形象。创造想象是人类进行创造性活动的保障，是创造活动顺利开展的关键。

二、小学生想象的发展特征

(一)想象的有意性迅速增强

进入小学后，学习开始成为主导活动。学生需要在教师的影响下，按照教学目标的指引进行符合要求的想象。比如，作文课要求学生根据主题进行构思，这就体现了对想象有意性的要求。

(二)想象的创造性水平有所提升

小学低年级学生的想象和学前儿童类似，集中体现为模仿和简单再现，很少有创造性成分的参与。随着年龄的增长、知识经验的日益丰富以及思维水平的提高，到了中高年级，学生的创造性想象逐渐发展起来。他们能够依据经验，对已经获得的表象做出具有创造性的改造，从而产生相应的创造性成果。

---

① 李俊：《小学生认知与学习》，54～56页，北京，中国人民大学出版社，2016。

(三)想象的概括性提高

低年级学生的想象具有很明显的直观性和具体性。小学一二年级的学生在理解课文内容时，多需要图画或具体形象的支持，否则其描述或想象任务情景时就会感到困难。中高年级的学生能减少对实物的依赖。

(四)想象更趋于现实

学前期儿童由于知觉经验匮乏，其想象总是脱离现实的，习惯将实物加以夸大或缩小。随着年龄的增长，学生的想象逐渐向现实主义发展。例如，小学低年级的学生更喜欢童话故事、神仙故事，但他们能逐渐明白这些故事是虚构的；中高年级的学生更喜欢有现实性的、结构复杂的文学作品。

三、小学生想象力的培养

(一)扩大知识面，增加表象储备

没有充足的表象储备，再造想象和创造想象都难以顺利进行。在小学阶段，多样化的课程和活动能给学生提供增加表象储备的机会。教师要进一步开展探究式和以学生为中心的教学，设计有效的探究式活动，让学生成为教学的主体，充分体验探究的乐趣，增强对学习的兴趣。在指导活动时，教师应鼓励学生深度考虑问题，给予更多的描述，以促进学生想象力的发展。此外，教师要注重发展融洽的师生关系，促进学生之间形成良好的同学关系，为学生创造性想象力的发展提供良好的环境。①

(二)掌握基本的知识和技巧

想象需要表达想象成果的基本技能技巧。要成为创造性活动的前奏，头脑中的想象必须“外化”为图示或文字技术，稳定地显示出来，以便经过反复琢磨、修正、补充，趋于完善合理。对于小学生来说，其想象“设计”的东西很新颖，且有独特性，但有时可能仅仅是一个雏形，其中的细节还需要进一步补充改进。因此，小学生要借助于这些“外化”的本领，使得这一雏形进一步明确。

---

① 李秀菊、王丽慧、陈玲：《小学生创造性想象力的发展趋势研究》，载《科普研究》，2014(12)。

(三)发展积极的想象

小学阶段是创造性想象力发展的关键阶段，尤其是想象的丰富性和灵活性发展较快，想象的内容也是复杂多样的。但是小学生的想象可能是不健康或不现实的。比如，有的学生把自己想象成影视剧或小说中的反面人物，对正常的学习或生活产生阻碍作用。成人要及时了解学生想象的是什么，对不正确的想象加以纠正，还要引导学生积极面对现实生活，向着远大目标迈进。①

本章小结

小学生的认知发展是伴随着对知识的学习进行的。在低年级阶段，小学生的无意注意起重要作用，他们感知事物往往较为笼统和狭窄，更多注意到事物的表面现象和个别特征。随着年龄的增长，小学生的有意注意迅速发展，并且逐渐在学习和其他活动中占主导地位。小学低年级学生的无意记忆占优势，有意记忆也迅速发展。通过知识经验的积累，小学生逐渐掌握了更多的概念和规律，其抽象逻辑思维也随之发展起来。小学生想象的概括性和有意性有所提升，但仍需要教师的积极引导。在了解小学生认知发展的基础上，教师要掌握各种认知能力的培养策略。

章后练习

一、名词解释

注意　感知觉　记忆　思维　想象

二、简答题

1. 简述小学生注意力的发展特征。
2. 如何利用感知觉规律组织小学阶段的教学？
3. 如何提高小学生的记忆能力？
4. 简述小学生思维能力的发展特征。
5. 如何培养小学生的想象能力？

三、论述题

1. 如何运用注意的规律组织小学阶段的教学？
2. 联系实际论述如何提高小学生的创造性思维能力。

---

① 李俊：《小学生认知与学习》，36～37页，北京，中国人民大学出版社，2016。

拓展阅读

1. 李俊．小学生认知与学习[M]. 北京：中国人民大学出版社，2016.

2. 林崇德．发展心理学(第三版)[M]. 北京：人民教育出版社，2018.

3. 朱智贤．中国儿童青少年心理发展与教育[M]. 北京：中国卓越出版公司，1990.

4. 叶奕乾，何存道，梁宁建．普通心理学[M]. 上海：华东师范大学出版社，2016.

5. 贾林祥．心理学基础[M]. 南京：南京大学出版社，2018.

第五章

小学生的社会认知与行为

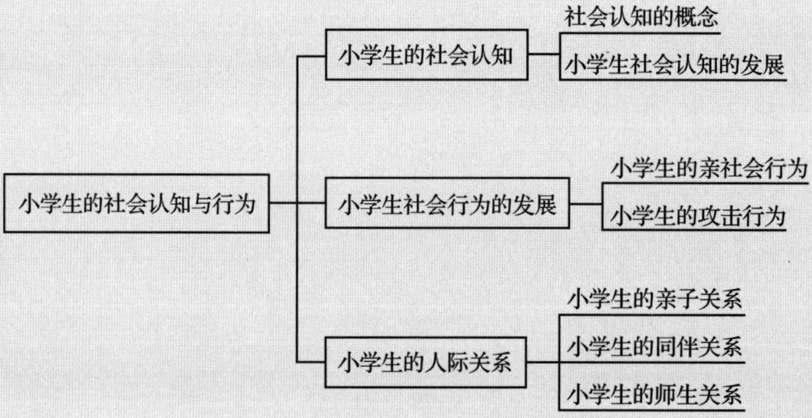

章前导语

本章首先介绍了社会认知的概念及小学生社会认知的发展，在小学生社会认知发展中重点介绍了自我认知、印象形成、道德认知及观点采择能力的发展。然后对小学生社会行为中的亲社会行为和攻击行为进行了介绍。小学生亲社会行为的发展主要从亲社会行为的概念、发展及培养三个方面展开介绍，小学生攻击行为主要从概念、发展及预防与干预三个方面展开介绍。最后对小学生的亲子关系、同伴关系及师生关系进行了介绍。

在小学阶段，学生对他人、自我、人际关系、社会规则等社会属性的认知发生了很大转变。小学低年级学生在评价自我和他人时往往关注身体特征，小学高年级学生倾向于使用心理特征评价自我和他人。不同年级的学生在社会行为上也存在差异。低年级学生倾向于按照能力分享物品，高年级学生倾向于按照个人意愿分享物品。这些变化说明小学阶段是学生社会性发展的重要时期。学生通过课堂教学可以了解社会规则、行为规范，通过参加各种社会集体活动和与师生、同伴交往来发展社会技能，学会控制自己的行为。

第一节
小学生的社会认知

一、社会认知的概念

社会认知(social cognitive)始于社会知觉研究。1947 年，美国心理学家布鲁纳首次提出社会知觉(social perception)这一概念。社会知觉是指受到知觉主体的兴趣、需要、动机、价值观等社会心理因素影响的对人的知觉。20 世纪 60 年代之后，随着认知心理学的兴起，社会认知的概念逐渐取代了社会知觉的概念，占据主流地位。

由于学者对社会认知的理解不尽相同，因此社会认知的定义也有若干。例如，香茨(Shantz)认为，社会认知通常是指关于人、自我、人际关系、社会群体、角色和规则的认知，以及对这些认知与社会行为的关系的认识和推论。① 汉密尔顿(Hamilton)认

① Flavell J H，Markman E M. Handbook of child psychology，New York，Wiely，1983，pp. 495-555.

为，社会认知是研究包括所有影响个体对信息的获得、表征和提取的因素，以及对这些过程与知觉者的判断之间的关系的思考。[①] 我们认为，社会认知就是根据人的认知信息加工过程来解释个体的社会行为。

社会认知包含的内容相当广泛，依据不同标准可分为不同的类型。根据涉及的对象，社会认知可分为三种类型：①对他人的认知，主要包括对他人情绪情感、行为、角色以及人格的认知；②对人际关系的认知，主要包括对自己与他人关系的认知及对他人与他人关系的认知；③对自我的认知，即自己对自己的认知，这是个体对自己的心理及行为的认知。

二、小学生社会认知的发展

小学生的社会认知在婴儿期就已有了萌芽和初步发展。进入小学后，认知内容变得更加复杂起来，学生对他人、人际、团体等方面的认识有了迅速发展。由于社会认知内容具有广泛性，因此这里只选取其主要方面进行论述。

(一)小学生自我认知的发展

自我认知是自我意识中的认知问题。小学低年级学生以具体形象思维为主，到了小学中年级，随着抽象逻辑思维和辩证思维的逐渐发展，学生的自我意识更加深刻。他们不仅逐渐摆脱对外部控制的依赖，发展内化的行为准则来监督、调节、控制自己的行为，而且开始从对自己表面行为的认识、评价转向对自己内部品质的认识、评价，这就使小学生自我意识的发展达到新的水平。但是，小学生自我意识的发展并不是直线的、等速的，而是既有上升期，又有平稳发展期。小学一年级到三年级处于上升期，一年级到二年级的上升幅度最大。小学三年级到五年级处于平稳阶段，年级间无显著差异。小学五年级到六年级处于第二个上升期。

自我认知的发展主要包括自我概念和自我评价两个方面的发展。

1. 自我概念的发展

自我概念是个人心目中对自己的印象，包括对自己存在的认识，对自己身体、能力、性格、态度、思想等方面的认识。自我概念是自我认识发展的前提，是在经验积累的基础上发展起来的。最初它是对个人才能的简单认识，随着年龄增长逐渐复杂化，并逐渐形成生理自我、社会自我和心理自我等不同的层次。

小学生自我概念是从比较具体的外部特征的描述向比较抽象的心理特征的描述发

---

① Devine P，Hamilton D，Ostrom T，Social Cognition：Impact On Social Psychology，San Diego，CA：Academic Press，1994，pp. 291-321.

展的。例如，当让小学生回答“我是谁”时，低年级的小学生往往提到姓名、年龄、性别、家庭住址、身体特征、活动特征等方面，高年级的小学生开始试图根据品质、人际关系、动机等特点来描述自己。即使到了小学高年级，小学生对自己的认识仍带有很大的具体性和绝对性。研究表明，10 岁左右的儿童一般只从身体特征、行为特征和成绩特征来描述自己。①

小学生自我概念的发展与性别相关。向小平等人的研究发现，小学阶段女生的自我概念水平普遍高于男生，自我概念水平高的个体往往是处事谨慎、情绪稳定、善于与他人相处的外向者。② 周东苏等人的研究发现，我国小学生的自我观念存在一些问题，如“现实我”与“理想我”的距离很大，感觉他人对自己的评价较低等。③

2. 自我评价的发展

自我评价是指个体对自己思想、愿望行为和个性特征的判断与评价。在幼儿阶段，伴随着自我概念的出现，三岁以上的儿童开始关注自己的外貌、衣着以及喜好等表面特征。他们往往使用具体的、外在的特征进行自我描述，如“我比小花高”“我会刷牙”等。虽然幼儿已出现自我评价行为，但他们的评价还不能真实地反映自我特征。

到小学时期，儿童的自我评价日益复杂，出现了抽象化、概括化的趋势。儿童自我评价的发展表现出以下特点。第一，儿童倾向于使用内在特质描述自己。他们已经可以区分内在特质和外部特征，在描述自我时，比幼儿更多地使用特质词语。例如，10 岁的小帅会这样描述自己：“我现在不会发脾气了。”第二，儿童开始使用社会性描述。例如，小娜这样描述自己：“我是一名少先队员。”第三，儿童喜欢使用社会比较，而不是绝对化的描述。例如，小丽会说：“我比小帅数学学得好。”第四，儿童的自我评价逐渐脱离成人的评价。从小学三四年级开始，儿童的自觉性和独立性有了明显发展，能够独立地对自己做出评价。第五，自我评价的稳定性增强。哈特的研究发现，随着观点采择能力的发展，小学生的自我评价更加现实。④ 这说明小学生自我评价的准确性大大提高。

（二）小学生印象形成的发展

印象是个体对他人能力、品质、性格等总体特征的反映，实质上就是人际知觉的结果。人际知觉是对他人或自我所具有的各种属性或特征的整体反映，其结果即形成

---

① Rose A M, Feshbach N D, “ Empathy and aggression revisited　the effects of context,”Aggressive behavior, 1991, (17)2, pp. 93-94.

② 向小平、张春妹、邹泓：《小学生自我概念的发展特点及其与人格的相关研究》，载《中国临床心理学杂志》，2006(3)。

③ 周东苏、詹斌、梁妙仪：《关于小学生自我观念的调查研究》，载《上海教育科研》，1995(10)。

④ Mroczek D K, Little T D, Handbook of personality development, Mahwah, NJ: Lawrence Erlbaum Associates, Publishers, 2006, pp. 311-334.

关于他人或自我的印象。人际知觉是社会认知的一种特殊形态，即以人为对象的知觉。印象形成发生在社会互动过程中，主要是指个体对认知对象的属性做出判断从而对其总体特征形成印象的过程。很多心理学家从信息加工的角度解释印象形成的过程。其中比较有代表性的是安德森(Anderson)于1965年提出的认知代数说。他认为印象形成包括累加方式和平均方式。①

累加方式：如果一个人被形容为幽默、聪明，另一个人被形容为幽默、聪明、随意、害羞。假设这四种特征的赞同值依次为5、5、1、1，那么，哪一个人会使人们有更好的印象呢？如果按照累加方式，对个人的印象是根据其全部特性的赞同值的总和而定的，那么，第一个人得分为5+5=10，第二个人得分为5+5+1+1=12。因此，人们可能对后者比对前者的印象更好，这种印象形成的方式也得到了实证研究的支持。

平均方式：对一个人的印象等于形容该人的全部特性的平均赞同值。这样，第一个人得分为(5+5)/2 = 5，第二人得分为 (5+5+1+1)/4 = 3。显然，结果恰恰与第一种方式相反，人们对前者的印象要好于对后者的印象。这种方式同样也得到了实证研究的支持。在现实生活中，人们发现如果给予两个非常好的有关特性的信息，再给予中等好的有关特性的信息，那么最后人们的整体评价不但没有升高，反而降低了，因为两个非常好的特质平均的结果要好于两个非常好和两个一般好的特质平均的结果。

在人际交往和社会互动中，个体之间必然存在交互感觉和评价，会形成一种总体印象。按照认知心理学的观点，人们印象形成的过程是知觉者主动地、有组织地整合信息的过程。受认知能力的限制，儿童在整合信息上存在年龄差异。6～7岁的儿童一般容易用一些具体的、可见的特征来描述同伴、自己以及其他人。弗曼(Furman)等比较了4～7岁的儿童对朋友的看法，发现这些儿童对好朋友特征的归纳主要在于“可以在一起玩”“外表漂亮”等具体特征。② 在年龄上，4～5岁儿童比6～7岁儿童更可能提及具体特征。③

7岁以后的儿童在印象形成中，开始越来越少地依据具体特征，更多地注意心理方面。心理学家巴伦波(Barenboim)就学龄儿童对他人的印象认知提出了一个三阶段的发展模型。④

第一阶段：比较阶段(6～8岁)。儿童对认知对象的具体行为进行比较，如“小明比小强的数学分数高”“小龙是我们班跑步最快的”。在此之前，儿童还不善于运用比较方

---

① Anderson L N, “Averaging versus adding as a stimulus-combination rule in impression formation,”Journal of Experimental Psychology, 1965, (70)4, p. 394.

② Furman B W, “The effects of social skills training and peer involvement on the social adjustment of preadolescents,”Child Development, 1984, (55)1, pp. 151-162.

③ 俞国良：《社会心理学》，309～310页，北京，北京师范大学出版社，2007。

④ Barenboim C, “The development of person perceptions in childhood and adolescence: from behavioral comparisons to psychological constructs to psychological comparisons, ”Child Development, 1981, 52(1), pp. 129-144.

式，而是使用绝对化描述。

第二阶段：心理特点阶段(8～10 岁)。当儿童观察到认知对象的行为具备一定规律时，他们会利用自身的心理特征完成印象形成的过程。例如，他们开始用“他很坚强”等心理特点描述同伴。

第三阶段：心理比较阶段(10～12 岁)。儿童已开始从一些重要的心理维度上对认识对象进行比较和对照。例如，“小明比小强自卑”等关于心理特征的比较。

巴伦波随后的纵向研究也证实了学龄儿童印象形成三阶段模型存在的客观性。这个模型暗示我们，在儿童印象发展的过程中，应该遵循印象形成的规律，引导儿童进行印象管理，正确树立对他人的印象。由于低年级学生注重对行为的评价，因此教师应加强对其不良行为的矫正；中高年级学生注重对心理特点的评价，教师需要加强对其心理品质的辅导。

(三)小学生道德认知的发展

道德是一种社会现象，是协调个人与个人、个人与社会以及个人与集体之间关系的行为准则的总和。道德认知是指个体对行为准则中是非、好坏、善恶的认识。小学生的道德认知一方面依托正确的判断和推理，另一方面依托与他人的沟通，了解自己的情绪对他人的影响，从中获得观点采择能力和价值标准。可见，儿童的道德发展依赖于认知的发展。

皮亚杰采用对偶故事法研究道德认知的发展特点。皮亚杰认为，儿童的道德发展是从他律道德转变为自律道德的过程，道德成熟的标志是尊重规则和具有公正观念。这个过程一共分为三个阶段。

第一，前道德阶段(2～4 岁)。该阶段的儿童没有真正的道德观念，往往根据喜好进行道德判断。

第二，他律道德阶段(5～7 岁)。该阶段的儿童强烈地尊重权威，并相信规则是由权威制定的，是不可更改的。他们往往根据行为的后果进行道德判断。他们的道德标准是由他人的标准决定的。

第三，自律道德阶段(8～11 岁)。该阶段的儿童认为规则是同伴间共同约定的，是可以改变的。他们根据行为者的意图而非行为结果进行道德判断。他们的道德标准是由自身的价值标准决定的。[①]

美国心理学家科尔伯格(Kohlberg)在皮亚杰研究的基础上，采用道德两难故事法进一步研究了儿童道德判断的发展，把道德判断分为三种水平六个阶段。

第一种为前习俗水平。儿童根据行为的结果是否与自身具有利害关系进行道德判

---

① 李梅：《教育心理学》，122 页，南京，南京大学出版社，2019。

断。该水平包括惩罚服从取向阶段和朴素的利己主义取向阶段。前者服从成人的权威，害怕受到成人批评、惩罚；后者认为符合自己需要的都是正确的。

第二种为习俗水平。儿童着眼于社会的希望和要求，认为道德的价值在于为他人和社会尽义务，以维护社会秩序。该水平包括寻求认可取向阶段和遵守法规取向阶段。前者总是满足社会对于“好孩子”的期望与要求，后者强调维护社会秩序、遵守法律的重要性。

第三种为后习俗水平。人们将普遍的道德原则(包括正义、良心、尊严)而非外在的法律或权威作为道德判断的基本原则。该水平包括社会契约取向阶段和普遍的道德原则取向阶段。前者认识到法律或习俗的道德准则只是一种社会契约，是可以改变的；后者根据自己的人生观、价值观去判断是非善恶，超越了现实的束缚，其行为是完全自律的。

科尔伯格认为一二年级的小学生几乎都处于第一阶段。他们尊重权威的指令，害怕受到惩罚，以权威的标准进行道德判断。三年级的小学生进入第二阶段，他们关注行为的结果是否与自身具有利害关系，以相互满足需要为准则。高年级的小学生基本达到了第三阶段。他们希望成为别人眼中的“好孩子”，将社会期望作为判断标准，渴望得到他人的认可。科尔伯格认为，绝大部分高年级小学生都能达到第三阶段，能达到第四阶段的为数极少。我国心理学家朱智贤建议，应把第三阶段的道德发展水平作为小学道德教育的目标。综上可见，儿童对权威的认知随年龄的增长而逐渐成熟。①

在日常道德教育过程中，教师应该遵循循循善诱的原则，要根据道德认知发展的规律，有针对性地进行权威认知、社会规则认知的教育，灵活掌握教育的方法，不断更新教育内容，提高教育的时效性，保障儿童的道德认知不断发展。

(四)小学生观点采择能力的发展

观点采择(perspective taking)能力是指儿童能够区分自己与他人的观点，并具有根据有关信息对他人观点做出准确推断的能力，也就是站在他人的角度看问题的能力。它是与个体的自我中心化相对存在的。小学生观点采择能力的发展主要包含以下几项内容。

1. 对他人知觉经验的推断

皮亚杰与其同事进行的“三座山实验”表明，8 岁以下儿童的思维仍具有自我中心化，他们认为所有人都和自己的观点一样，无法认识到不同的观察者可能会有不同的看法。直到 9～10 岁，儿童才能把自己的知觉经验与他人的知觉经验区分开。后来的研究者使用贴近儿童实际生活的实验材料进行研究，结果发现儿童对他人知觉经验的

---

① 李梅：《教育心理学》，123 页，南京，南京大学出版社，2019。

推断能力在年龄上有所提前。

2. 对他人的思想和观念的推理(也称社会观点采择)

皮亚杰认为年幼儿童是自我中心主义者，不能站在他人的立场进行观察，到了6～7岁时才能区别自己和他人的观点。有研究者认为，儿童早在4～5岁时就已初步具备对他人观点和思想进行推断的能力。但是，小学阶段仍是观点采择能力发展的重要时期。张文新等采取标准化的测量材料考察了小学生在该领域的发展趋势。他们认为对他人观念的推理能力的发展需要一个较长的时间。6岁儿童开始区分自己和他人的观点，但是在利用有关情景线索准确推断他人的观点或视角方面存在较大困难。6～10岁是儿童推断他人观点的能力的快速发展时期，10岁左右的儿童已经能够利用故事信息对他人的观点做出准确推断。①

在众多的研究中，值得介绍的是塞尔曼(Selman)建构的儿童社会观点采择发展阶段理论。② 塞尔曼与其同事从20世纪70年代起开始采用两难的故事(如霍莉爬树的故事)，对儿童在友谊、权威、亲子关系等不同社会交往情境中的社会观点采择的发展进行了研究。依据儿童对自我与他人关系的理解，塞尔曼把3岁到青春期社会观点采择能力的发展划分为五个阶段。

3～6岁：自我中心阶段。儿童只知道自己的观点，不能意识到别人的观点。儿童认为别人和自己的观点一样。

6～8岁：社会信息的观点采择阶段。儿童认识到别人可以有与自己不同的观点，但是不知道为什么。

8～10岁：自我反省的观点采择阶段。儿童知道即使接受了相同的信息，自己与别人的观点也可能发生冲突。儿童能考虑他人的观点，也能预测他人对自己行为的反应，但还不能同时考虑自己和他人的观点。

10～12岁：相互的观点采择阶段。儿童能够同时考虑自己和他人的观点，知道别人也能这样，在做出反应之前能站在对方立场考虑，还能考虑到第三方的观点，并能够预测自己和互动的另一方对第三方的反应。

12岁以后：社会和习俗系统的观点采择阶段。儿童不仅能采纳他人的观点，而且能够归纳整合社会的观点，更多地思考社会群体中大多数人持有的观点。

儿童观点采择能力的发展是一个渐进的过程，其中小学阶段是儿童观点采择能力发展的关键期。抓住关键期进行教育乃是教育者的使命。因此，在小学阶段，教师应该因势利导，充分利用儿童的发展规律，培养儿童的社会观点采择能力。

---

① 张文新、林崇德：《儿童社会观点采择的发展及其与同伴互动关系的研究》，载《心理学报》，1999(4)。

② Selman R L，"Taking another's perspective：role-taking development in early childhood，"Child Development，1971，42(6)，pp. 1721-1734.

第二节
小学生社会行为的发展

根据行为结果对他人的利害关系，研究者将社会行为分为亲社会行为和反社会行为。随着认知能力的发展，小学生的社会行为变得多样化、复杂化。本节将从亲社会行为和攻击行为两个方面介绍小学生社会行为的发展及相应的教育策略。

一、小学生的亲社会行为

(一)亲社会行为的概念

亲社会行为在现实社会中随处可见，如分享自己心爱的物品、帮助贫困家庭、搀扶过马路的老人等。亲社会行为又称利他行为，是指符合社会期望并对行为者本身无明显好处，而行为者自觉自愿地给行为的受体带来利益的一类行为。该定义包含帮助他人、符合社会期望、自觉自愿等行为特征。

亲社会行为可以帮助某些个体或群体减轻或解除痛苦，是值得称赞的行为。但是，亲社会行为的动机各有不同。为了获得社会奖赏或避免惩罚而帮助他人，是一种功利性动机；为了实现自我价值而帮助他人，是一种自我价值动机；内化社会规范，心甘情愿帮助他人，是一种规范性动机。

亲社会行为出现得很早，1 岁左右的婴儿就表现出“分享”行为。随着年龄的增长，儿童的亲社会行为逐渐增多，且变得多样化、复杂化。小学生的亲社会行为表现出如下特点：第一，亲社会行为的动机由外在教育的压力(具体、确定的奖励)向内在需要(自发自愿、不求外在奖赏)转化；第二，在结构上表现为观念和行动的分离；第三，情境的影响作用日益显著。

(二)小学生亲社会行为的发展

1. 分享和助人行为的发展

分享是指按一定标准与他人分享共有物品的行为。与其他人分享、合作是儿童早期亲社会行为发展的重要方面。1 岁的婴儿已经会把自己感兴趣的活动“分享”给父母，偶尔也会“分享”给同伴。2 岁左右的幼儿能帮妈妈做家务，在游戏中合作，对他人表现出的情感焦虑做出反应。①

学龄儿童最初是将能力和成绩作为是否分享物品的标准的。随着年龄的增长，他们开始按同情和个体需要分享物品。岑国桢等人采用故事法考察 5～11 岁儿童的分享观念，发现 9 岁以下的儿童主要按能力分享物品；从 9 岁开始，同情和重视他人的需要占据了主导地位，而且儿童会把是否参加活动作为分享的重要标准。② 童孝媚的研究发现，小学生的分享行为随年龄的增长而增加。小学生的分享行为在性别上存在显著差异，女生的分享行为得分显著高于男生。气质类型也影响分享行为，胆汁质和多血质越典型，小学生的分享行为越多；抑郁气质越典型，小学生的分享行为越少。③

助人行为是出于自发自愿而不期待他人回报的亲社会行为。和其他行为一样，随着年龄的增长，儿童实施助人行为的概率不断增加，方式会不断变化。小学阶段是助人行为发展的最快时期。这主要与儿童各种认知能力的发展以及社会行为范围的扩大有关。不过，斯陶布(Staub)的研究表明助人行为有其年龄的独特性。斯陶布发现，5～8 岁儿童的助人行为随年龄增长而增多，9～12 岁儿童的助人行为则随年龄增长而减少。斯陶布认为可能是由于年龄较大的儿童担心先采取行动会受到责备。此外，斯陶布还发现，当儿童单独在场时，只有 31.8%的儿童表现出助人行为；当他人在场时，有 61.8%的儿童表现出助人行为。上述结果说明除了年龄因素以外，很多社会因素(如同伴的加入、与成人的关系以及成人的榜样行为等)都可能对儿童的助人行为产生影响。④

2. 合作

合作是指两个或两个以上的个体为了达到共同目标而协作活动，以促使某种既有利于自己，又有利于他人的结果得以实现的行为。合作是一种亲社会行为，也是个体适应集体生活不可或缺的社会技能。

李燕等人的研究发现，儿童的合作行为早在 18～24 个月时就开始迅速发展和分化，并且随着年龄增长不断增加。⑤ 高秀芝对 6～11 岁儿童合作行为的研究揭示了小学儿童合作行为的年龄特征：6～7 岁儿童仅表现出简单的配合，9 岁儿童可以相互协作，11 岁儿童为了群体利益表现出合作一致的行为。⑥ 李晓东考察了目标结构对 6～9 岁儿童合作与竞争的影响。结果表明，6～9 岁儿童能够根据不同的目的灵活地调整行为。

---

① 王海梅、陈会昌、谷传华：《关于儿童分享的研究述评》，载《心理科学进展》，2004(1)。

② 岑国桢、刘京海：《5—11 岁儿童分享观念发展研究》，载《心理科学》，1988(2)。

③ 童孝媚：《3—5 年级小学生分享与助人行为的发展特点与培养研究》，硕士学位论文，重庆师范大学，2019。

④ Staub E，Positive Social Behavior and Morality(Volume 2)，New York，NY：Academy Press，1979，pp. 1-20.

⑤ 李燕、曹子方：《中学生合作行为的影响因素的实验研究》，载《心理科学》，1997(3)。

⑥ 高秀芝：《6—11 岁儿童合作行为发展趋向研究》，载《天津师大学报》，1992(1)。

在合作任务中，儿童表现出更多的合作行为并能较好地协同完成任务；在竞争和中性任务中，儿童的竞争行为多于合作行为，完成任务的质量不高。儿童合作行为的发展主要源于自我概念、社会认知的发展。①

在儿童成长的过程中，合作行为起到了重要作用，不仅能促进儿童自我认知的发展，还能在培养儿童的意志、品格、人际互动等方面起到重大作用。因此，合作行为的培养越来越受到教育者的重视。

(三)小学生亲社会行为的培养

通过上述分析，我们不难发现，小学生的亲社会行为随着年龄、社会认知、教育以及环境的变化而变化。如何才能培养小学生的亲社会行为呢？我们建议采取如下策略。

1. 利用集体的力量塑造学生的行为

学校中对学生影响最大的是班集体，班集体的氛围会对学生的亲社会行为产生直接影响。班规班纪是所有学生必须遵守的规则，对学生的行为具有直接的约束力。教师可以通过集体协商的方式制定班规班纪，使得遵守和维护班规班纪成为每一位学生的义务。学生如果违反规定，就会因受到群体压力而愧疚、自责，从而自觉地规范自己的行为。学生做出符合规定的亲社会行为时，就会因受到集体的赞赏而收获自豪感。这样不仅对个体产生正强化作用，对周围的同学也会有替代强化作用，促使周围的学生做出类似的亲社会行为。由此可见，班规班纪的制定对学生行为的规范以及亲社会行为的产生具有重要作用。

教师在具体实施过程中应注意三点：首先，在制定班规班纪时要谨慎、细致，要使班规班纪具有积极的导向作用；其次，要结合生活实际讲解班规班纪，确保学生真正理解班规班纪的意义，帮助学生形成认知期待；最后，要组建监督小组，确保学生遵守班规班纪。

2. 借助奖励机制，强化亲社会行为

外部奖励的作用主要是强化学生适当的行为，为他们表现出的期望行为提供反馈。教师对学生的肯定评价和奖励具有积极的强化作用，能鼓励学生产生更多的亲社会行为。一般而言，对学生的奖励比惩罚更具有激励作用，特别是对年龄小的学生。

奖励不是无条件地起作用的，奖励的方式比奖励的多少更重要。作为课堂激励机制之一，奖励的有效性取决于它的具体性、可靠性以及与行为结果的依随性。因此，教师在运用奖励时，要根据学生的年龄特征与个体差异，做到客观、公正、全面、恰到好处，这样才能达到预期的效果。

---

① 李晓东：《关于目标结构对6—9岁儿童合作与竞争行为影响的实验研究》，载《心理科学》，1991(2)。

3. 榜样的作用

“榜样的作用是无穷的”，人天生就有模仿能力。教师要培养学生的亲社会行为，首先自己要有良好的人格，在教学和生活中为人师表，对自己的言行严格要求。同伴也是小学生重要的榜样。塑造学生良好的性格，可以通过安排优秀同伴的方式为其提供可以模仿的榜样。

4. 选择合理的训练方法

亲社会行为的培养具有很强的技术性。对小学生亲社会行为的培养可参照以下三种方法。

(1)角色扮演法

角色扮演法是由学生暂时置身于他人的社会位置，并且按这个位置所要求的方式和态度行事，以加强学生对他人社会角色及自身原有角色的理解，从而有效地履行自己角色的心理学技术。角色扮演法旨在提高学生的观点采择能力。李幼穗和王晓庄的研究发现，通过角色扮演训练的学生不仅在亲社会行为的表现上具有显著的发展，而且亲社会动机也有明显的改善。①

(2)移情训练法

移情是指个体因为对另一个人情绪状态的理解而产生的与这个人相一致的感情状态。移情训练法以提高移情能力为目标。移情训练使个体善于体察他人的情绪，理解他人的情感，从而与之产生共鸣，并给予帮助。大量研究证实接受移情训练的被试对他人的情绪情感状态更加敏感，能够增加亲社会行为。②

(3)行为训练法

行为训练法是一种针对儿童虽然具有亲社会行为倾向，但是还不够或者不符合情境要求的那些行为，以提高儿童亲社会行为发生的概率而采取的行为强化法。所采用的形式可以是各种强化(如奖励等)、代币制、偶联契约等。研究已经证实这种方法具有良好的训练效果。例如，边玉芳、邵春辉采用代币制有效地改变了一名小学生的不良行为。③

二、小学生的攻击行为

在反社会行为中，较为典型的就是攻击行为。

① 李幼穗、王晓庄：《角色训练对幼儿助人行为影响的实验研究》，载《天津师大学报》，1996(5)。

② 李辽：《青少年的移情与亲社会行为的关系》，载《心理学报》，1990(1)；李百珍：《幼儿意志品质的实验研究》，载《天津师大学报》，1991(3)；李福芹：《移情训练与幼儿亲社会行为的培养》，载《幼儿教育》，1994(Z1)。

③ 边玉芳、邵春辉：《用代币制矫正一小学生课外作业潦草行为的个案研究》，载《心理科学》，1995(3)。

(一)攻击行为的概念

攻击行为是以伤害另一生命的身体或心理为目的的行为，即对他人的敌视、伤害或破坏性行为，包括身体、心理或言语等方面。例如，暴力殴打他人、故意刁难他人、散布流言或者辱骂他人等。攻击行为的表现形式多种多样，既可以是个体对个体、个体对团体，也可以是团体对团体。攻击行为的首要特点在于，攻击者有伤害他人身心健康的意图并付诸行动。

依据不同的标准，攻击行为可分为不同类型。根据攻击的表现形式，攻击行为分为身体攻击、言语攻击和间接攻击。身体攻击对他人身体可能造成直接伤害，言语攻击对他人的人格可能造成损害，间接攻击可能对他人的精神造成压力。根据行为的目的和意图，攻击行为分为敌意性攻击行为和工具性攻击行为。前者一般由痛苦或不安引起，是情绪性的行为，目的是伤害别人，给他人造成痛苦，如打架斗殴。后者并不直接由愤怒或某种情绪引起，而是把伤害他人作为一种手段，目的是通过攻击获得所希望的奖励或有价值的东西，如通过抢劫获取财物。

(二)小学生攻击行为的发展

与亲社会行为相似，攻击行为随着年龄的增长而变得复杂。很多研究表明，婴幼儿就已表现出一定的攻击倾向。哈吐普(Hartup)指出，婴幼儿的攻击行为主要表现在争夺玩具等具体物品上。在争夺的过程中，他们往往只关注物品本身，极少关注参与争夺的另一方。换句话说，婴幼儿是为了拥有物品而非伤害或威胁同伴而产生攻击行为的。① 3～4 岁儿童最普遍的攻击行为是身体攻击，言语攻击和间接攻击的发生率都较低。随着年龄的增长，儿童的攻击形式由身体攻击逐渐转向言语攻击，间接攻击也逐渐增多。

进入小学阶段，儿童的攻击行为逐渐减少，攻击的形式和目的发生了变化。在小学儿童各种形式的攻击行为中，言语攻击的比率最高，其次是直接身体攻击，最后是间接攻击。攻击的目的由占有物品转向诋毁他人。这些转变都与儿童观点采择能力的提高有关。如果儿童能够站在他人角度思考问题，容忍他人的过失，那么攻击行为的发生率就会降低。反之，如果儿童对同伴做敌意性的归因，那么攻击行为的发生率就会提高。因此，提高儿童的归因能力，能够改善儿童与同伴的关系，减少其攻击行为。

攻击行为在男女儿童身上存在性别差异。一般来说，男孩比女孩表现出更多的攻击行为。在表现形式上，男孩更倾向于身体攻击，女孩更倾向于言语攻击。此外，家

---

① Hartup W W, “Aggression in childhood: Developmental perspectives,” American Psychologist, 1974, 29 (5), p. 336.

庭的教育方式也会影响儿童的攻击行为。相比于权威型的教育方式，忽视型、专制型和放纵型的教育方式都会提高攻击行为的发生率。

攻击产生行为的原因及形成机制历来都受到了研究者的重视。例如，习性学家洛伦茨(Lorentz)和精神分析学家弗洛伊德都认为，攻击是人的一种本能。洛伦茨认为，攻击、喂食、逃跑、生殖是人类和动物的四大本能系统。① 弗洛伊德强调人的一切心理与行为都是由本能决定的。人具有两种本能：一种是生本能，一种是死本能。当死本能指向他人时，人便会产生攻击行为；当指向自己时，人会有自残甚至自杀行为。②

多拉德(Dollard)认为，攻击是由个人的活动或目标受挫造成的。他认为个体的挫折感会引发攻击驱力的觉醒，这种驱力指向引起挫折的原因，从而引起攻击行为。③ 以班杜拉为代表的社会学习理论家认为攻击行为是个体观察学习的结果。个体通过对“榜样”的攻击行为及其后果的观察学习，并通过替代强化等形式维持着攻击行为。④ 以道奇(Dodge)为代表的认知学派认为，儿童攻击行为的产生是由缺乏处理社会信息的能力，或者是在社会信息的解释上存在偏差造成的。⑤

(三)小学生攻击行为的预防与干预

尽管攻击行为的形成原因错综复杂，但是只要采取必要的预防措施，还是可以降低攻击行为的发生率的。下面介绍几种预防攻击行为的方法。

1. 引导小学生正确归因，培养小学生辨别是非的能力

归因是指人们对自己或他人的行为的原因加以解释或推测。随着观点采择能力的提高，小学生开始推测他人行为的原因。但是，小学生理解他人意图的准确性并不高，尤其是低年级的学生。俞国良等人发现，对于小学二年级的学生，只有57%能理解他人的真实意图。⑥ 再者，攻击性强的学生往往进行敌意性归因，因而产生攻击行为。因此，教师要引导学生学会正确的归因方式。比如，采用“大脑震荡法”，让学生各抒己见。这种方法可以让学生了解他人思考问题的方式，培养学生从多角度看问题的能力。

2. 冲突解决策略

学生处理冲突的能力衡量是其社会化水平的一个重要指标。冲突处理不当，可能演变为相互攻击。与一般学生相比，攻击性强的学生通常欠缺对问题的应对能力。经

---

① Lorenz K，Latzke M，Salzen E，On Aggression，London：Routledge，1963，pp. 82-105.

② 桑标：《儿童发展》，321页，上海，华东师范大学出版社，2014。

③ Dollard J，Doob L W，Miller N E，et al.，“Frustration and aggression，”American journal of sociology，1939，92(7)，pp. 1654-1667.

④ Bandura A，Social Learning Theory，New York，NY：General Learning Press，1977，pp. 33-52.

⑤ Dodge K A，“Social cognition and children's aggressive behavior，” Child Development，1980，51(1)，pp. 162-170.

⑥ 俞国良、张雅明：《元认知理论与学习不良儿童研究》，载《教育研究》，2004(11)。

常采用问题解决策略来处理人际冲突的学生较少被卷入欺负行为问题。欺负他人与被他人欺负都可能是社会化程度偏低的表现，欺负组学生在社会化技能的发展上可能存在更多的问题。[①] 因此，训练学生掌握妥善解决人际冲突的策略，对于预防攻击行为是非常重要的。

某些主题的社会技能训练可以帮助学生学会化解冲突。格里曾克等(Grizenko et al)曾尝试实施的训练主题包括"指导你的感觉""自我控制""处理你的愤怒""对玩笑的反应""不参与打架"等。这些训练主题对学生解决冲突问题、控制攻击行为的产生颇有益处。[②]

3. 情绪疏导

根据挫折－攻击假设，有些学生的攻击行为是由挫折情境导致的愤怒、烦恼等情绪状态引起的，因此帮助学生及时发泄不良情绪、对他们进行情绪疏导是减少攻击行为的关键。

教师可以通过游戏或运动的途径帮助小学生排解不良情绪。例如，通过让小学生击打沙袋、充气玩偶等物品，使其愤怒的情绪有一个发泄的出口；通过跑、跳、撕纸等活动，使其积聚的过多能量有一个释放的机会；借助沙盘、绘画等游戏治疗方法，使其有机会把心中的想法表达出来，教师通过分析这些绘画去了解学生，从而有针对性地对其行为进行必要的干预。[③]

4. 合理利用、协调教师、同伴、父母以及学生之间的关系，形成良好的教育氛围

教师和父母要避免与学生形成对立关系，要给予学生宽松、民主的成长环境，多了解学生的所思所想，做学生的贴心朋友，避免专制和放任两种极端的教育方式；鼓励学生与同伴建立良好的友谊，面对冲突要引导化解。比如，父母可以邀请孩子的同学到家玩耍和学习；对于发生冲突的孩子，应该想办法让他们主动和好；对于容易产生攻击行为(吵架、打架等)的孩子，要把他们分开，让他们保持距离，以保证安全；对于犯错的孩子，一定要客观、公正地处理，避免采取过激或者视而不见的方法。

第三节 小学生的人际关系

人际关系是社会关系的一种，是人类特有的一种心理现象。从广义上看，人际关

① 陈世平：《儿童人际冲突解决策略与欺负行为的关系》，载《心理科学》，2001(2)。

② 桑标：《儿童发展》，328～329页，上海，华东师范大学出版社，2019。

③ 桑标：《儿童发展》，329页，上海，华东师范大学出版社，2019。

系是指人与人之间的关系，包括社会中所有的人与人之间的关系及其一切方面。显然，该定义没有揭示出人际关系的特殊性。从狭义上看，人际关系是人与人之间通过交往与相互作用形成的直接的心理关系，主要表现为心理距离的远近、个体对他人的心理倾向性和相应的行为表现。就小学生来说，其人际关系主要表现为亲子关系、同伴关系和师生关系。

一、小学生的亲子关系

进入小学以后，父母与孩子的关系发生很大变化。一方面，父母陪孩子的时间大大减少；另一方面，父母由于认识到孩子已经发展到一个新阶段，因此在对孩子的行为处理上发生了改变，逐步由父母做决定到孩子自己做决定。麦克斯白(Macceby)的研究表明，6 岁以前，家长主要处理孩子发脾气、打架等问题；6 岁以后，家长开始转向处理更复杂的问题，如学习问题、做家务问题、同伴交往问题、家庭监控问题、家庭与学校问题等。①

父母对孩子的控制作用随着孩子年龄的增长而发生变化。据麦克斯白的研究，随着年龄的增长，孩子的自我决策权越来越强，父母的控制力在逐步减弱。具体来看，这一表现可以分为三个阶段。6 岁以前是由父母控制、做决定。6～12 岁是父母和孩子共同控制，父母有三个主要职责：在一定距离内监督和引导孩子的行为，有效利用与孩子直接交往的时间，加强孩子的自我监督和教导孩子如何寻求指导。12 岁以后是孩子控制，孩子自己做更多的重要决定。不过孩子对父母仍然存在很大的依赖性，孩子与父母总体上仍然保持着亲密关系，父母仍是孩子安全的港湾。②

在此阶段，父母的教养方式对小学生的成长有重大影响。权威型的教养方式往往有利于小孩子的成长。权威型的父母会鼓励孩子独立，对孩子也会有一些限制和控制。亲子间言语交流较多，父母对孩子很温和并充满感情。在这种教养方式下成长的小学生，社会能力和认知能力都比较强。他们通常具有很多优良品质，如积极、自信、自控能力强、成就动机高等。专制型、放纵型、忽视型的教养方式都不利于小学生成长。例如，在专制型教养方式下成长的小学生表现出较多的焦虑、退缩等负面情绪和行为；在放纵型教养方式下成长的小学生表现出自控能力差、自我中心、固执等特点，很难与同龄人相处；在忽视型教养方式下成长的小学生表现出社交能力差、自卑、与家庭疏远等特点，进入青春期后，可能出现旷课或犯罪行为。

除此之外，亲子关系中还存在一些问题。比如，父母攀高、争名利的期待心理与

① 李俊：《小学生认知与学习》，228 页，北京，中国人民大学出版社，2016。

② 李俊：《小学生认知与学习》，221～222 页，北京，中国人民大学出版社，2016。

小学生的兴趣和实际能力的矛盾，父母的从众、赶时髦心理和小学生内在的需要之间的矛盾等。因此，父母应该加强心理学知识的学习，明确良好亲子关系的特征，掌握儿童心理发展规律，了解孩子对父母的期待，调整对孩子的期待，改善不良的教养方式；引导孩子正确认识自己，学会移情，理解父母的心理，主动与父母开诚布公地交换意见等。

二、小学生的同伴关系

同伴是指与小学生年龄相当、社会地位平等、认知和行为处于同一水平的交往个体。相较于其他交往对象，同伴之间往往具有平等关系。小学生在与同伴互动的过程中，需要进行协商、妥协和合作。在此过程中，小学生习得了影响其一生的各种社会技能。同伴也成为家庭之外影响小学生社会化的最重要因素之一。

小学生的同伴关系有两种表现形式：友谊关系、同伴接纳。友谊关系体现的是个体与个体的亲密关系。小学生的友谊会促进他们积极地适应环境。同伴接纳体现的是团体与个体的关系。如果被团体接纳，小学生归属与爱的基本需要就能得到满足，否则就会产生孤独感、落寞感。

（一）小学生的友谊

友谊是指与同伴、同学等建立起来的一种特殊的亲密关系，即朋友关系。友谊对小学生的发展非常重要，能为小学生提供相互学习社会技能、交往、合作、自我控制、体验情绪和进行认识活动的机会，并可为小学生提供情感支持，消除小学生的孤独感，提高小学生的自尊，为其以后较好地处理人际关系奠定了基础。

小学生友谊发展的基本趋势为：交朋友从看重同伴的外部行为逐渐发展为看重同伴的个人品质或人格特点(如忠诚、信任)，从自利逐渐发展为互利，从短暂的、表面性的伙伴关系逐渐发展为稳定的、深刻的友谊关系。在一项研究中，研究者向 6～13 岁的儿童提出三个问题：“你认为能让 X 和 Y(陌生人)成为朋友吗?”“不会成为朋友吗?”“能成为最好的朋友吗?”结果如下。低年级学生认为只要一个人为另一个人做点特别的事，两个人就能成为好朋友；高年级学生认为，两个人只有相互了解，才能成为好朋友。低年级学生认为，能否成为好朋友与他们是否经常在一起(尤其是放学后)有关；高年级学生认为只有发现彼此具有共同点，两人才能成为好朋友。低年级学生以具体的互惠为交友的基础，高年级学生强调心理的互惠性，如兴趣、态度的一致性等。[①] 李淑湘、陈会昌和陈英和发现儿童对友谊特性的认知有明显的年龄差异。6～8岁的儿童只能认识友谊特性中一些外在的、行为的特性，以后才能逐渐认识到那些内在的、情感的特性。[②]

美国心理学家塞尔曼将友谊的发展分为五个阶段。[③]

第一阶段：即时性玩伴关系(3～7岁)。儿童还没有形成友谊的概念，以自我为中心，不能考虑别人的观点。儿童间的关系还不能被称为友谊，只是短暂的游戏同伴关系。好朋友就是一起玩耍、给自己带来快乐的伙伴。朋友往往与实利和物质属性以及时空上接近相关联。

第二阶段：单向帮助阶段(4～9岁)。此阶段以朋友帮助我、服从我为特征。朋友一旦对己无助，就不再是朋友。

第三阶段：双向帮助阶段(6～12岁)。儿童意识到好朋友应该互相帮助，也能互相帮助，但是他们有明显的功利性，更看重对方给自己带来的好处，而不是朋友双方的利益，还不能共患难。

第四阶段：亲密共享阶段(9～12岁)。此时的儿童已经能够认识到友谊的持续性、共享性，可以相互倾诉秘密、讨论计划，并认为相互帮助理所应当。友谊走向稳定，但一旦形成友谊，就具有强烈的排他性和独占性。

第五阶段：相互依赖阶段(12岁以后)。此阶段是友谊发展的最高阶段。儿童对朋友的选择更加严格，一旦建立友谊关系就能持续很长时间，能尊重朋友的需要，相互尊重对方的独立性和自主性。此阶段以双方互相提供心理支持和精神力量、相互获得自我的身份为特征。

(二) 小学生的同伴团体

同伴团体是指多个具有共同特点且互有联系的个体组成的集合体。同伴团体具有三个基本特征：①团体具有一定的规范，每个团体都会形成潜在的规则，或者具有自己的特色，以区别于其他团体；②团体具有凝聚力，团体成员表现出对所在团体的忠诚以及对其他团体的排斥；③团体具有等级结构，某些成员会成为团体的核心，对其他成员具有支配力。

同伴团体分为有组织的集体和自发团体。

有组织的集体是指在强制性规定的指导下，形成的具有共同目标、共同纪律和共

---

① Smollar J, Youniss J, *Peer relationships and social skills in childhood*, New York, NY: Springer, 1982, pp. 279-298.

② 李淑湘、陈会昌、陈英和：《6—15岁儿童对友谊特性的认知发展》，载《心理学报》，1997(1)。

③ Selman R L, *The growth of interpersonal understanding: Developmental and clinical analyses*, San Diego, CA: Academy Press, 1980.

同舆论的集合体，其中共同舆论是集体形成的重要标志。小学生的集体主要是班集体。刚入学的学生，还没有形成真正的集体，也就没有集体意识。到了一年级下学期，学生的集体关系和集体意识才初步形成。二年级的学生已能明确意识到自己是班集体的一员，把班集体的利益看作自己的利益。在这个时期，一部分学生开始崭露头角，在集体中担任职务；另一部分学生只能作为普通的班级成员。随着年级的提升，学生集体活动的范围逐步扩大，他们能处理好个人和集体的关系，能够自觉服从集体，维护集体的利益。这种发展趋势的形成，一方面依赖于学生社会认知的发展，另一方面依赖于学校教育。

自发团体是指没有强制性的规定、自发形成的较为松散的集合体。自发团体的稳定性不高，成员的构成经常发生变化。研究者追踪了4～5年级学生同伴团体的发展变化，结果发现在8个月内团体成员变化的比例为50%，1年内增长到70%。虽然稳定性不高，但自发团体也具有一定的规则。这种规则一方面为团体成员提供归属感和认同感；另一方面能规范和约束团体成员的行为与价值观念，从而影响和改变学生的发展轨迹。根据团体规则的性质，自发团体可以分为亲社会团体和反社会团体。亲社会团体是指团体规则符合社会法律法规或社会道德、为社会所赞赏的群体，如学雷锋小组、社会公益小组等，有助于培养学生良好的道德品质。反社会团体是指团体规则违反社会法律法规或社会道德、为社会所批评的团体，对个体的发展危害极大。一般来说，小学生，特别是中高年级的学生，大都愿意参加亲社会团体。但是，如果学生被亲社会团体抛弃，他们很容易在社会上寻找不良的同伴团体。因此，重视学生的同伴团体的现状，是培养学生良性发展的重要一环。

三、小学生的师生关系

师生关系是学校中教师与学生之间以情感、认知和行为交往为主要表现形式的心理关系。小学生的师生关系包括教师对学生的教育引导以及学生对教师态度的认知。一方面，教师要引导学生学习、掌握各种科学知识与社会技能，监督和评价学生的品行，为学生树立榜样；另一方面，学生的认知发展、学习成绩、活动表现等也影响教师对学生的态度和行为，学生也可以对教师的行为和态度做出不同的情绪反应。

(一)小学生对教师的态度

小学生刚刚步入学校之际，由于对教师的角色以及学校的认知不足，因此往往视教师为绝对权威，对教师绝对服从。随着独立性和评价能力的发展，小学生对教师的态度开始发生变化。特别是到了三年级以后，小学生不再无条件地服从、信任教师了。他们开始对教师做出评价，并且对不同的教师会表现出不同的喜好。调查发现，小学生最喜欢的教师往往是讲课有趣、喜欢体育运动、严格、耐心、工整、知识丰富、能为学生着想的教师。对于喜欢的教师，小学生会报以积极的反应，而且十分重视这些教师对自己的评价。对于不喜欢的教师，小学生往往予以消极的对抗反应。因此，小学阶段特别是中高年级阶段，教师一定要注重学生的需求，处理好与学生的关系，为学生营造良好的学习氛围。

（二）教师的期望对小学生的影响

期望是对人或事物的未来状况所做的推断，可以影响个体的态度和行为。教师的期望往往会影响学生的行为。美国心理学家罗森塔尔(Rosenthal)通过实验证明，教师对学生的积极期望可以影响学生成功的可能性。在实验中，罗森塔尔从一至六年级中各选三个班级，假装对 18 个班的学生进行发展预测，然后以赞赏的口吻将“有优异发展可能”的名单交给有关教师。事实上，他们提供的学生名单是随机的。8 个月后，收集的学生各方面的资料表明，名单上的学生智商的提升比控制组大，其中一、二年级的差别特别显著。① 罗森塔尔用“权威性的谎言”暗示教师，坚定了教师对名单上学生的信心，调动了教师的积极期望，这些学生在教师的期望下也得到了积极发展。这就是“罗森塔尔期望效应”，又称自我实现预言效应(self-fulfilling prophecies)。教师应该根据这条规律，在教育过程中针对学生的个别特点，寄予恰当的期望。

罗森塔尔还指出，自我实现预言效应的发生是受多种因素影响的。但是，一般而言，教师如果做到与学生形成良好的师生关系，营造一种温馨的学习气氛，对学生的成绩给予及时、正确的反馈，教给他们更多和更难的知识，给他们更多的机会去做出反应和提出问题，那么就很有可能提高学生的学业水平，实现教育的预期目标。

本章小结

小学阶段是社会认知发展的关键阶段。本章主要介绍了小学生社会认知的发展特点及培养策略。随着年龄的增长，小学生社会认知能力逐渐提高，表现为：无论评价自我(自我认知)还是他人(印象形成)，都表现出从依赖于行为特征向根据内心品质转换；道德认知从依赖于权威制定的规则向依赖于自己的准则转变，即从他律道德阶段过渡到自律道德阶段(或从惩罚服从取向过渡到寻求认可取向)；观点采择能力也逐渐提高，能够站在别人的立场思考问题。

小学生的社会行为存在年龄差异。小学生的亲社会行为包括分享和助人行为。随着年龄的增长，小学生的分享标准由按照能力转向按照个人意愿分

① Rosenthal R, Jacobson L, “Pygmalion in the classroom,” The urban review, 1968, 3(1), pp. 16-20.

享物品。小学生的助人行为与年龄之间并不是线性关系：5～8 岁儿童的助人行为随年龄增长而增加，9～12 岁儿童的助人行为呈下降趋势。小学生的攻击行为比较稳定，存在性别差异：男孩比女孩有更多的攻击行为，男孩更倾向于身体攻击，女孩更倾向于言语攻击。

开始校园生活之后，小学生的人际关系发生很大的变化。在亲子关系上，主要表现为父母陪伴时间减少，父母对孩子的控制减弱。小学生的交往重心从亲子关系转向同伴关系和师生关系。小学生能够建立较亲密、较稳定的同伴关系，对友谊的交互性有了一定的了解，但是功利性较明显，此时的小学生还不能做到共患难，处于塞尔曼的双向帮助阶段。小学生的师生关系也发生了变化，由对教师的绝对服从向有选择地接受转变。

章后练习

一、名词解释

社会认知、自我认知、印象形成、道德认知、观点采择能力、亲社会行为、攻击行为

二、简答题

1. 小学生自我认知发展的特点是什么？
2. 简要论述巴伦波关于印象形成的三阶段理论。
3. 简要论述皮亚杰和科尔伯格关于道德认知发展的理论。
4. 如何才能培养小学生的亲社会行为？
5. 如何预防和干预小学生的攻击行为？
6. 在亲子关系中，父母影响孩子的方式有哪些？
7. 简要论述塞尔曼关于友谊发展的五个阶段。
8. 联系教育实际，谈谈“罗森塔尔期望效应”给教师的启示。

拓展阅读

1. 冯维．小学心理学[M]. 重庆：西南师范大学出版社，2013.
2. 李俊．小学生认知与学习[M]. 北京：中国人民大学出版社，2016.
3. 桑标．儿童发展[M]. 上海：华东师范大学出版社，2019.
4. 俞国良．社会心理学[M]. 北京：北京师范大学出版社，2007.
5. 乐国安．社会心理学[M]. 北京：中国人民大学出版社，2017.

第六章

学习动机

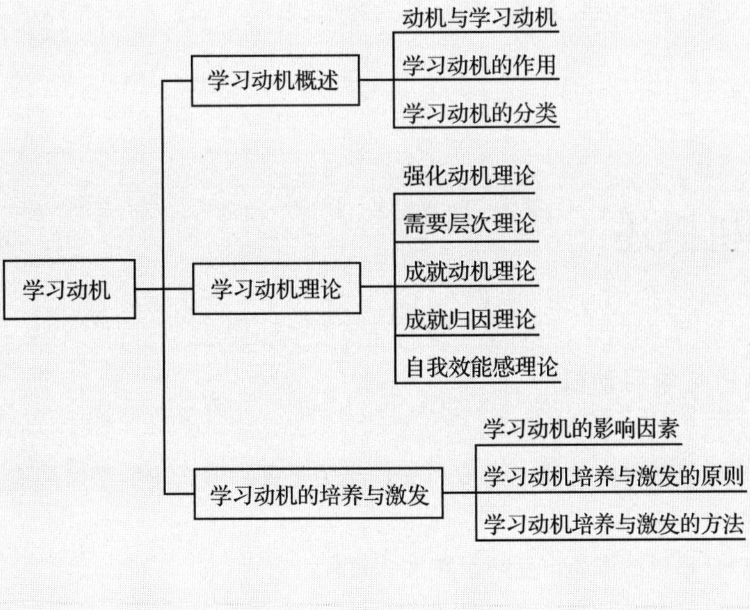
学习动机
学习动机概述
动机与学习动机
学习动机的作用
学习动机的分类
学习动机理论
强化动机理论
需要层次理论
成就动机理论
成就归因理论
自我效能感理论
学习动机的培养与激发
学习动机的影响因素
学习动机培养与激发的原则
学习动机培养与激发的方法

章前导语

人的任何活动都会受到一定动机的激发，从而指向某个目标。学习是学生在学校中的主要任务，学习动机在其中所起的作用不言而喻。古今中外许多教育家和心理学家专门针对学习动机展开过研究，并且绝大多数教育工作者都将激发学生的学习动机作为教学的关键任务之一。本章将对学习动机的概念和相关理论进行介绍，并就如何培养与激发小学生的学习动机提出参考建议。

进入小学后，学生的主要任务逐渐聚焦于系统学习科学文化知识，教师和家长开始对他们提出更高的要求，寄予更高的期待。实际的小学生活中常常出现各种各样的问题：不少小学生对学习似乎并不在意，每当受到家长的督促和责备时，他们的脸上往往充满困惑，不明白努力学习的意义；还有些小学生恰恰相反，但凡遇到没搞懂的知识点或者成绩稍微不符合预期就变得紧张焦虑，学习压力过大，让父母跟着干着急。教师和家长还发现，有的小学生虽然成绩一般，但总是自信满满，敢于挑战有难度的问题，且越挫越勇，而有的小学生即便成绩很好，却总觉得自己不行，遇到一点失败就垂头丧气，难以振作起来。以上种种情况到底是什么原因造成的呢？下面，就让我们从本章的主题“学习动机”入手，来一探究竟吧。

第一节 学习动机概述

一、动机与学习动机

动机对于个体的日常生活、学习和工作至关重要。那么我们平时究竟是如何判断人的动机的呢？

我们可以从动机的概念出发来回答这个问题。

(一)动机的概念

动机是指引起并维持个体活动，使该活动朝向某一目标的内部动力。由此可以看出，动机本质上是一种内部心理因素。人们是很难对其进行直接观察和测量的，只能根据一个人当时所处的情境及行为表现进行推测和解释。

此外，上述概念还可以帮助我们了解动机的三个主要功能。

第一，激活功能。动机概念中的“引起”二字说明，动机可以使个体开始进行某一行动，也会提高个体的唤醒水平。

第二，维持与强化功能。动机概念中的“维持”二字说明，动机可以使个体保持某一行为的适当强度直至实现目标。当目标实现后，动机还能继续保持并加强这一行为。

第三，指向功能。动机概念中的“朝向”二字说明，动机决定了个体的行为是朝向某一目标而非漫无目的的。

那么，什么是学习动机呢？

(二)学习动机的概念

学习动机是指引起并维持个体的学习活动，并使该学习活动朝向某一学习目标的内部动力。通过对比动机和学习动机这两个概念，我们可以看出，学习动机的含义实际上就是对个体进行的活动给出了明确的限定，即主要针对学习活动。

二、学习动机的作用

学习动机对于推动学生的学习活动起到了不容忽视的作用，这也得到了许多家长和教师的认同。目前，无论是媒体报道还是个人教育经验分享，都经常提及一些激发学生学习动机的技巧和方法，颇受家长欢迎。不难理解，人们之所以如此关注学习动机，离不开一个普遍性的认识：学习动机最终会影响学生的学习成绩。甚至大多数人会认为，学习动机越高，就越能提高学生的学习成绩。事实果真如此吗？

在回答这一问题之前，我们有必要先从学习过程这一角度梳理一下学习动机究竟是如何发挥作用的。

(一)学习动机对学习过程的影响

从动机所具有的三个主要作用来看，学习动机对学习过程的影响主要包括以下几个方面。

1. 启动作用

人们处于饥饿状态时，会由于这种生理需要产生一种内驱力，从而启动寻找食物的行为以满足该需要。个体的饥饿程度越大，这种内驱力就越强。同理，就学生的学习而言，学生具有学习的需要时，也会通过内驱力来启动学习行为，包括课前预习、课上认真听讲和课后复习等。

那么，学生的学习内驱力都是一样的吗？是否存在不同的种类？美国教育心理学家奥苏贝尔对这一问题给出了回答。他认为，学生在学校情境中的学习内驱力主要包括认知内驱力、自我提高内驱力和附属内驱力。学生产生的一切指向学业的行为都能用这三个内驱力解释。

(1)认知内驱力

认知内驱力是一种理解事物、掌握知识和系统阐述问题并解决问题的需要。这种动机指向学习任务本身，即以求知为目标，一旦获得知识便可得到满足，因此属于内部动机。一般而言，认知内驱力主要是从好奇的倾向中派生出来的，且有赖于个体在实践中所获得的成功经验。也就是说，学生对某门学科的认知内驱力并不一定是与生俱来的，因此教育的主要职责之一就在于让学生对知识本身感兴趣，产生这种认知内驱力。

(2)自我提高内驱力

自我提高内驱力是个体希望因自己的学业成就而赢得相应地位和威望的需要。该需要从学生入学后开始变得日益重要，是成就动机的主要组成部分。从其含义不难看出，这种动机并不是指向学习任务本身的，其真正目的在于赢得相应地位和威望。学生将学习作为赢得地位和威望的手段，这种需要是一种间接的学习需要。在学习过程中，认知内驱力固然非常重要，但自我提高内驱力也不可缺少。一方面，学生难以始终坚持以掌握知识为学习目标；另一方面，自我提高内驱力鼓励学生树立崇高理想和远大抱负。

(3)附属内驱力

附属内驱力是个体为了获得长者(家长、教师等)或同伴的赞许而表现出来的努力学习的需要。这种需要有三个条件。第一，个体与长者或同伴具有感情上的依附性。第二，个体从长者或同伴的赞许中获得一种派生地位。所谓派生地位，不是由个体本身的成就水平决定的，而是从长者或同伴的赞许中引申出来的。第三，享受到这种派生地位带来的乐趣的人，会有意识地让自己的行为符合长者或同伴的期望和标准，从而达到获得并保持长者或同伴赞许的目的。

以上三种内驱力在个体动机结构中所占的比例并非一成不变的，会因年龄、性别、人格、种族或社会地位等因素的变化有所不同。从个体发展的角度来看，附属内驱力在幼儿早期占主导地位，学生努力学习很大程度上是为了符合家长期待并赢得赞许。到幼儿后期和少年期时，来自同伴、集体的赞许逐渐替代对长者的感情依附。直到青年期，认知内驱力和自我提高内驱力才成为学生学习的主要动机，其学习的目的主要是满足自己的求知需要，并赢得相应地位和威望。

2. 定向作用

学习动机使学生的学习行为从一开始就以学习需要和学习期待为出发点，指向一定的学习目标。如果同时面临多个学习目标，学生需要根据自己对目标达成的期望程度以及轻重缓急进行选择。

3. 维持作用

我们经常用“三分钟热度”或“三天打鱼，两天晒网”来形容一个人对学习、工作缺乏恒心，难以坚持。恰当的学习动机可以很好地帮助学生维持努力学习的行为。例如，对于一名小学生而言，想在考试中正常发挥、取得好成绩的期待会帮助其在备考过程中始终保持较高的唤醒水平和较好的学习状态，直到考试结束后才放松，学习行为才告一段落。

(二)学习动机对学习效果的影响

在了解了学习动机的作用后，回到刚才的问题：学习动机越高，就越能提高学生的学习成绩吗？在回答这一问题之前，我们需要了解一下学习动机与学习效果之间总体上呈现怎样的关系。

第一，学习动机与学习效果之间的关系并不是直接的，往往以学习行为为中介，即学习动机推动学习行为，进而带来学习结果。

第二，学习动机与学习效果之间是互为因果的关系。也就是说，良好的学习效果也会反过来进一步激发学习动机，使学生产生积极的学习行为，从而再次带来良好的学习效果，构成良性循环。反之，不良的学习效果会反过来挫伤学习动机，使学生产生消极的学习行为，可能再次带来不良的学习效果，构成恶性循环。这一角度引发教师思考：是否要等学生全部产生强烈的学习动机之后，再开展相应的学习活动呢？也就是说，教学的重点是否完全放在激发学生的学习动机上，只要学习动机尚不明显，就暂不进行学习活动呢？

回答这一问题的思路就建立在上述学习动机与学习效果之间互为因果的关系上。诚然，强烈的学习动机会通过积极的学习行为促进良好学习效果的产生，良好的学习效果会通过积极的学习行为进一步激发强烈的学习动机。奥苏贝尔认为，动机与学习之间绝非一种单向性的关系，而是典型的相辅相成的关系，所以没必要等到全部学生都表现出强烈的学习动机之后才开展学习活动。尤其是对于那些年龄较小的或尚无学习动机的学生来说，最适合的教学方法是把重点从学习的动机方面转移到学习的认知方面，通过有效地帮助学生掌握知识，让他们获得由良好学习效果带来的成功体验，这时学生就能逐渐体验到学习的乐趣，产生一定的学习动机。

第三，学习动机与学习效果之间并不一定呈正比关系。也就是说，学习动机越高，并不一定越能提高学生的学习成绩。从整体上看，一方面，学习动机的强弱会对学习效果产生不同影响，即学习动机过弱的确不利于学习，但过强会造成过度紧张，抑制大脑相应部位的活动，对学习效果产生消极影响；另一方面，影响学习效果的因素除了学习动机外，还有学生的人格特征、学习策略、知识基础、身体与情绪状态等，这些同样需要受到关注。对于某项具体的学习活动而言，心理学家耶克斯(Yerkes)和多德森(Dodson)在1908年根据动物实验提出了“耶克斯-多德森定律”，用来解释动机与效率之间呈现的“倒U形”曲线关系(见图6-1)。

耶克斯-多德森定律指出，动机与效率之间呈“倒U形”曲线关系，存在一个最佳动机水平。只有当学习动机的强度处于最佳水平时，学习效果才最好。低于或高于该最佳水平时，学生都会因动机不足或动机过强导致学习效果打折扣。不过，最佳动机水平并非一成不变的，会随任务难度的不同而发生变化。如图6-1所示，对于一般难度的任务，中等强度的动机水平有助于取得最佳效果；对于容易的任务，最佳动机水平要更高，效果才最佳；对于困难的任务，最佳动机水平要更低，效果才最佳。需要指出的是，以上结论是基于动物实验的结果，需谨慎推论。

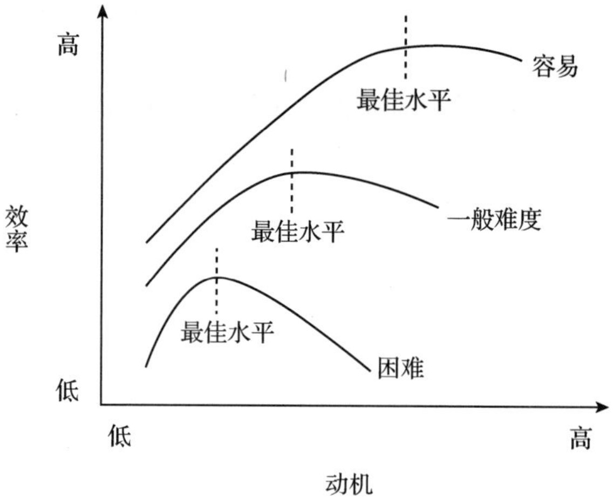

图6-1　运机与效率之间的“倒U形”曲线关系

三、学习动机的分类

学生在学习活动中表现出来的动机是复杂多样的，了解学习动机的分类有助于教师进行有效教学。具体而言，不同学者从不同角度对学习动机进行了分类。

(一)内部学习动机与外部学习动机

根据学习动机的来源，学习动机可分为内部学习动机和外部学习动机：内部学习动机是由学生的内在需要引起的动机，如学生的好奇心、求知欲等都会对其主动学习产生积极促进作用；外部学习动机是指那些由外部诱因引起的动机，如学生为了得到教师的赞扬、家长的奖励而努力学习。

通常我们认为内部学习动机会对学生的主动学习起到更好的作用，但内外部学习动机的划分并不是绝对的，而且在教育过程中，也不能只强调内部学习动机而忽视外部学习动机。更合适的做法则是，一方面促进外部学习动机向内部学习动机转化，另一方面通过适当的外部学习动机帮助学生维持已形成的内部学习动机。

(二)一般学习动机与具体学习动机

根据学习动机起作用的范围大小，学习动机可分为一般学习动机和具体学习动机。一般学习动机是贯穿于许多学习活动中较为稳定、持久的努力掌握知识的动机。该动机体现在不同学科、不同专业和不同内容的学习过程中，与学生自身的性格特征等密切相关，具有较高的稳定性。具体学习动机是在某一具体学习活动中表现出来的动机。以该动机为主导的学生通常只对个别学科和专业、某些具体内容感兴趣，并不具有更大的兴趣范围。例如，一些学生由于在个别学科上取得了较好成绩，因而对该学科产生了较强的学习动机；还有一些学生由于特别喜爱某门学科的教师或与该教师有良好的师生关系，因此对该学科产生了较强的学习动机，而对其他学科却没有这样的表现。

(三)高尚的学习动机与低级的学习动机

根据学习动机内容的社会意义，学习动机可分为高尚的学习动机和低级的学习动机。高尚的学习动机的核心是利他主义，即把当前的学习与国家和社会的利益联系在一起，如周恩来提出“为中华之崛起而读书”的宏愿；低级的学习动机的核心是利己主义，主要来源于个人当前的需要，包括名誉、地位等。

(四)近景的直接性学习动机与远景的间接性学习动机

根据学习动机与学习活动的关系，学习动机可分为近景的直接性学习动机和远景的间接性学习动机。前者主要与当前的学习活动有关，包括对当前学习内容感兴趣、被教师的授课方式吸引等；后者主要与个人前途和社会意义有关，包括考入心仪大学的愿望或作为国家建设者和接班人的使命感等。

(五)长远的学习动机与短暂的学习动机

根据学习动机作用的持续性，学习动机可分为长远的学习动机和短暂的学习动机。前者主要指持续发挥作用的动机，如学生立志要成为一名出色的作家，这种动机会从小学到大学持续起作用，甚至延续至之后的较长时间；后者主要指发挥作用时间较短的动机，如学生仅仅为了在本学期期末考试中取得较好的语文成绩，一旦考试结束，该动机就不再起作用了。

第二节
学习动机理论

学习动机理论旨在解释个体的学习行为。不同心理学家从不同角度提出了不同的学习动机理论。

一、强化动机理论

强化动机理论由行为主义心理学家提出。对行为主义心理学家而言，学习就是形成刺激与反应之间的联结。强化在该联结的建立和巩固中起重要作用，并且个体表现出来的学习倾向完全取决于之前因强化而建立起来的联结关系。因此，强化动机理论认为，在学生的学习活动中，各种强化手段，包括奖励、表扬等，都能激发学生的学习动机，促进其学习行为的发生。具体来说，如果学生的学习活动受到了强化，那么学生会产生较强的学习动机；反之，如果学习活动没受到强化，那么学生会缺乏学习动机。

以上提及的强化，既包括外部强化，如教师对学生施予强化手段，也包括内部强化，即学生自己在学习过程中因取得成功而获得自信和成就感，进而增强学习动机。

通常来说，无论是正强化(通过增加某种刺激来增加某种行为)，如通过给予奖励和表扬等来增加学生努力学习的行为，还是负强化(通过减少某种刺激来增加某种行为)，如通过取消家庭作业或免除某场令人厌烦的考试等来增加学生努力学习的行为，都能增强学习动机。与之不同的是，惩罚虽然有时也能帮助人们从失败中重新振作，但是通常具有削弱学习动机的作用。因此，在教育过程中，合理运用强化，减少惩罚，将有助于提高学生的学习动机水平，进而提高学习效果。

不过，强化动机理论也存在局限性：过分强调外部强化的作用，即学习行为的外部力量，忽视甚至否定个体在学习活动中的自我强化，即个体自身的学习主动性和自觉性，这也不利于培养学生的求知欲。

二、需要层次理论

需要层次理论由人本主义代表人物马斯洛提出。马斯洛认为，个体具有很多需要，只有在低级需要得到部分满足的情况下，才会寻求高级需要的满足。那么，人到底具有哪些种类的需要？学习的需要属于低级需要还是高级需要呢？

马斯洛将人的需要大致分为由低至高的七种需要，并将其进一步分为基本需要(basic need)和成长需要(growth need)两大类(见图 6-2)。生理需要、安全需要、归属与爱的需要和自尊的需要属于基本需要，对个体身心健康发展至关重要，必须获得满足，且一旦满足后强度就有所降低。认知的需要、审美的需要和自我实现的需要属于成长需要。与基本需要不同，成长需要具有不满足性，人们对世界的求知和理解越多，想学习更多知识的动机就越强。

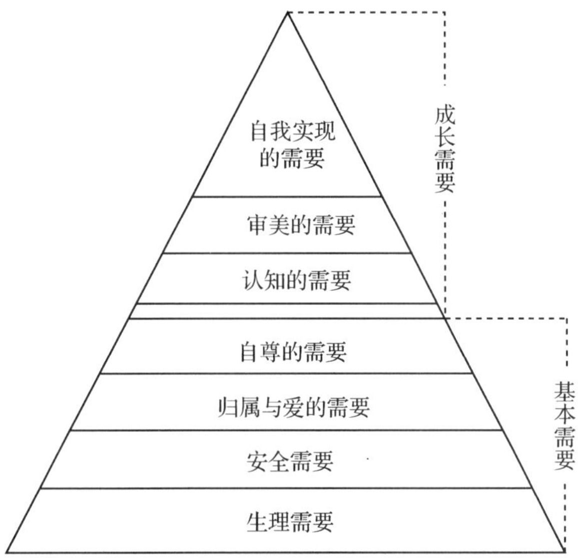

图 6-2　需要层次理论

由此不难看出，学生缺乏学习动机可能是由某种基本需要尚未得到充分满足引起的。例如，饥肠辘辘或身处困境的学生很难把精力放在学习上，其学习效果自然会受影响。归属与爱的需要以及自尊的需要对学生而言也非常重要。一个学生没有感受到被爱和关怀，或感觉自己非常无能，也很难产生强烈的学习动机，实现高水平的成长目标。因此，教师除了关心学生的学习之外，还要关心学生的生活和情感，寻找更适合激发其学习动机的方法。

三、成就动机理论

20 世纪 30 年代，默里(Murray)在研究中将成就动机界定为一种努力克服障碍、施展才能、力求又快又好地解决某一问题的愿望或趋势。随后，麦克莱兰(McClelland)和阿特金森(Atkinson)在 20 世纪四五十年代将默里的思想发展为成就动机理论。

成就动机是人类独有的、后天获得的、具有社会意义的动机，也是人类学习活动中的主要动机。那么，具有不同成就动机的学生会表现出怎样的差异呢？有研究表明，当要求学生选择一个合作伙伴共同完成一项复杂任务时，成就动机取向的学生倾向选择一个善于完成该任务的伙伴而非仅仅选择一个友好的伙伴；当任务失败时，与低成就动机的学生相比，高成就动机的学生能在任务上坚持更长时间，且将失败归因于缺乏努力(内部、可变的因素)而非外部因素(如任务难度和运气)。这说明，与低成就动机的学生相比，高成就动机的学生更加追求并期待成功，且在失败时会加倍努力，直至成功。①

阿特金森进一步区分了人们在追求成就时表现出的两种不同倾向：力求成功的倾向和避免失败的倾向。按照两种倾向在个体动机系统中的强度，可将个体区分为力求成功者和避免失败者。力求成功者为了获得成功，往往选择那些会让自己有所成就的任务，因为这类任务往往是中等难度的任务，成功概率是50%，会带给他们最大的现实挑战，而那些特别简单或特别困难的任务，都会让他们的动机水平下降。避免失败者更倾向于选择特别简单或特别困难的任务，因为特别简单的任务能最大限度地帮助他们避免失败，特别困难的任务即使失败他们也能找到适当的借口，获得自己和他人的谅解，进而降低失败感。

由此，教师在教学活动中可以根据学生的实际情况，通过采取恰当措施帮助具有不同成就动机倾向的学生获得成功经验。具体而言，对于力求成功的学生，教师可以提供一些新颖且存在一定难度的任务，通过创设竞争性情境和严格的评分方式，为他们提供一些获取成功的途径；对于避免失败的学生，尽量降低竞争性，适当放宽评分标准，在他们取得成功时注意及时表扬，避免在公开场合指出其错误，从而减少他们的失败体验。

四、成就归因理论

海德(Head)最早提出归因理论，认为当人们做完一项工作后，总是喜欢寻找自己或他人取得成功或遭受失败的原因。这些行为的原因大致可以分为两类：其一是将行为归因于外部环境(如运气、任务难度等)，其二是将行为归因于个人内部因素(如能力、态度等)。如果人们将行为的原因更多归于外部环境，那么自身对该行为结果可以不负什么责任；如果人们将行为的原因更多归于个人内部因素，那么自身就需要对该行为结果负责。

---

① French E G, "Motivation as a Variable in Work Partner Selection," Journal of Abnormal and Social Psychology, 1956, 53(1), pp. 96-99.

随后，罗特(Rotter)对上述归因理论进行了发展，提出控制点(locus of control)的概念，并根据控制点将人们分为内控型和外控型。内控型个体认为自己能控制周围环境，无论行为结果是成功的还是失败的，都归因于个体自己的能力或努力等内部因素，且乐于对自己的行为负责；外控型个体认为自己无法控制周围环境，无论行为结果是成功的还是失败的，都归因于他人的影响或运气等外部因素，往往不愿意为自己的行为承担责任。

韦纳(Weiner)在海德和罗特研究的基础上，对行为结果的归因进行了系统探讨，发现人们将行为成败的原因归结为六个因素：能力高低、努力程度、任务难度、运气好坏、身心状态和外界环境。他将上述六个因素归结为三个维度，即内/外部归因、稳定/不稳定归因、可控/不可控归因，最终组合为表 6-1 所示的归因模式。

表 6-1　成就动机的归因模式

	内部性		稳定性		可控性	
	内部	外部	稳定	不稳定	可控	不可控
能力高低	+		+			+
努力程度	+			+	+	
任务难度		+	+			+
运气好坏		+		+		+
身心状态	+			+		+
外界环境		+		+		+

通常来说，学生更多将成功或失败的原因归因于能力高低、努力程度、任务难度和运气好坏这四个因素，较少归因于身心状态和外部环境。① 总体而言，学生将自己的成败归因为哪些因素受到以下多方面的影响。

第一，他人操作的有关信息。人们会根据他人行为结果的有关信息来解释自己行为结果的原因。例如，如果班级中大部分同学都在测验中获得好成绩，那么更容易将本次测验的成败归因于外部因素(测验容易、评分宽松等)；如果班级中极少数同学获得好成绩，那么更容易进行内部归因(能力强、学习勤奋)。

第二，先前的观念或因果图式。人们会根据经验或行为结果的历史来解释自己行为结果的原因。如果本次行为结果与先前的结果具有一致性，那么人们更容易归因于稳定因素，反之则归因于不稳定因素。如果过去通过努力最终取得成功，那么人们更容易将成功归因于努力或能力等内部因素；相反，尽管不断努力但最终失败，人们更

① Frieze I H，"Causal Attributions and Information Seeking to Explain Success and Failure，"Journal of Research in Personality，1976，10(3)，pp. 293-305.

容易归因于缺乏能力或运气不好等不可控因素。

第三，自我知觉。个体对自己能力的看法会影响他们对自己行为结果的解释。自我知觉较高的人，更容易将成功归因于能力，将失败归因于测验不公正或教师有偏见。

此外，教师或权威人物对学生行为的期待以及奖惩、学生的性格类型、教育训练等也会影响学生的归因。

实际上，学生对当前学习结果的归因之所以重要，不仅是因为这是对其已有学习行为的总结，而且是因为这会对学生的后续学习行为产生影响，即学生对当前学习结果的归因会通过影响他们自身的情绪以及对未来学习成败的预期，最终影响他们后续的学习行为。具体来说，就内/外部归因角度而言，学生如果将成功归因于内部因素，那么会产生较强的自豪感和自我价值感，进而更加积极地投入后续的学习；反之，学生如果将失败归因于内部因素，那么会产生消极的自我意象，更倾向于避免参与后续的成就性任务。就稳定/不稳定归因角度而言，学生如果将成败归因于稳定因素，那么会对未来的学习结果抱有同样的预期；反之，学生如果将成败归因于不稳定因素，那么会改变对未来学习结果的预期，即虽然这次失败，但下次有可能成功。就可控/不可控归因角度而言，学生如果将成功归因于可控因素，那么会感到满足，进而增强继续学习的信心；反之，学生如果将失败归因于可控因素，那么会感到自责。学生如果将成功归因于不可控因素，那么会感到幸运；反之，学生如果将失败归因于不可控因素，那么会感到无助，甚至抱怨，不利于学习动机的激发。

由此可见，在教育教学过程中，教师可以通过学生的自我归因来对学生的学习动机进行预测。虽然学生的自我归因未必正确，但是教师要意识到他们的自我归因对其学习行为十分重要。长期的消极归因不利于学生人格的发展，教师可以通过反馈的方式引导学生进行更合适的归因。

五、自我效能感理论

班杜拉最早提出自我效能感的概念，认为自我效能感是指人们对自己是否能够成功取得某一成就的主观判断。

班杜拉认为，人类的行为受到行为结果以及对结果的期待的影响。期待包括结果期待(人们对自己的某种行为会导致某一结果的推测。例如，学生认为自己只要认真听课，就会获得期待中的好成绩，于是就很有可能认真听课)和效能期待(人们对自己能否实施某种成就行为的能力的判断。例如，学生不仅要认识到认真听课会获得好成绩，而且要判断出自己有能力听懂教师所讲的内容，那么他就更有可能认真听课)。

班杜拉非常重视强化的作用，并将强化分为三种类型：第一种是直接强化，是指通过外界因素对学习者本身的行为直接进行强化；第二种是替代性强化，是指通过一定的榜样来强化自身相应的学习行为或倾向；第三种是自我强化，是指学习者根据一定的标准进行自我评价和自我监督，从而强化自身相应的学习行为。

自我效能感受到以下因素的影响。①学习者成功与失败的学习经验。通常来说，成功的学习经验会提高学生的自我效能感，失败的学习经验会降低学生的自我效能感。不过，以上还需要结合个体对成败的归因方式。个体如果把成功归因为外部的不可控因素，就不会提高自我效能感；个体如果把失败归因为外部的不可控因素，就不会降低自我效能感。②替代性经验。当学生看到替代者(与自己相似的人)获得成功时，自我效能感也会提高，反之会降低。这种趋势在替代者与自己的相似度越大时表现得越明显。③语言劝说。运用语言劝说学生相信自己有成功完成给定任务的能力，会使学生在遇到困难时付出更大努力。④情绪唤醒。减少学生的负面情绪，可以帮助其增强自我效能感。

自我效能感一旦形成，将对个体的行为产生深刻影响，这表现在以下几个方面。①决定个体对活动的选择和对活动的坚持性。具体表现为，与自我效能感较低的个体相比，自我效能感较高的个体更倾向于选择富有挑战性的任务，即便遇到困难仍能坚持。②影响个体面对困难时的态度。具体表现为，面对困难时，自我效能感较高的个体更有信心，相信通过不断努力终能克服困难；与之相反，自我效能感较低的个体缺乏信心，甚至不敢尝试。③自我效能感既影响新行为的习得，也影响已习得行为的表现。④自我效能感影响个体进行活动时的情绪。具体表现为，自我效能感较高的个体在活动中情绪饱满、信心十足，自我效能感较低的个体充满恐惧和疑虑。以上也为教师在教育教学过程中观察学生自身的自我效能感水平，并通过增加学生的成功体验来提升学生的自我效能感提供了参考。

第三节
学习动机的培养与激发

一、学习动机的影响因素

(一)内部因素

1. 学习兴趣

学生对于学习的感受是兴奋、好奇还是烦躁、排斥，对他们的学习动机有重大影响。兴趣的类型多种多样，主要分为以下几种。

物质兴趣和精神兴趣。物质兴趣主要指人们对舒适物质生活(包括衣、食、住、行等)的兴趣和追求，精神兴趣主要指人们对精神生活(包括文艺、知识等)的兴趣和追求。小学生的世界观和人生观尚在建立过程中，其物质兴趣和精神兴趣均需要成人的积极引导。

直接兴趣和间接兴趣。直接兴趣主要指人们对活动过程的兴趣，间接兴趣主要指人们对活动过程所产生的结果的兴趣。例如，有的小学生被家长要求学习钢琴，但其对弹琴并没多大兴趣，令其感兴趣的主要是弹琴为自己带来的赞赏和荣誉，其对弹琴的兴趣主要表现为间接兴趣而非直接兴趣。不过，直接兴趣和间接兴趣二者相互联系、相互促进，尤其是二者有机结合时能有效促进个体积极性和创造性的发挥，从而使个体持续努力，获得成功。

2. 学习目标定向

心理学家德维克(Dhivk)根据学生学习动机的目标定向差异，将学习动机分为两种：学习目标定向和成就目标定向。学习目标定向的学生认为学习的目标在于掌握所学知识和提升自身能力，并不十分在意与他人进行比较。这类学生在学习过程中更主动地寻求挑战，在遇到困难时更能坚持。成就目标定向的学生认为学习的目标在于获得自身能力方面的积极评价或避免消极评价。相对而言，这类学生更在意别人如何看待自己、自己在班级上的名次等，而不那么关注自己学到了什么知识，因此在学习过程中更加避免挑战、不敢出错。尤其是那些觉得自己能力低的学生，很容易产生“习得性无助”现象。因此，教师要尽量避免高竞争性的评分体系，帮助学生获得更多成功体验，并鼓励学生对自己所取得的成功结果进行自我强化。

(二)外部因素

1. 社会与家庭环境

不同的社会环境对学生的学习有不同的要求和期待。整体的社会环境是赞扬还是抨击科学文化知识会对人们的学习动机产生截然相反的影响。某些专业在社会上越稀缺，人们学习这类专业的动机往往越强。此外，社会环境对学生的要求主要通过家庭环境来调节，如家庭对学习的重视程度、家庭的文化背景和精神面貌等，都会对学生的学习动机产生重要影响。

2. 教师的作用

教师对学生学习动机的形成所起的作用主要表现在两个方面。其一是教师本人对自己的专业和教学的态度会对学生产生很大影响。如果教师治学严谨、充满热情，那么学生很可能效仿。反之，如果教师懈怠厌烦、消极抱怨，那么学生有可能受到负面影响。其二是教师对学生的期望会影响学生的学习动机和学习行为，即教师期望效应。

教师对学生的期望会影响教师对待学生的方式，进而影响学生自身对自我概念、能力水平、成就动机等方面的认识。久而久之，学生的行为很容易朝与教师期望一致的方向发展。

二、学习动机培养与激发的原则

(一)并行性原则

并行性原则是指在教学过程中要坚持将学习动机的培养与激发并行。学习动机的培养是指引导学生将来自社会、学校和家庭的需要转变为自己内在需要的过程，是一个从无到有的过程。学习动机的激发主要是将已形成的学习动机调动起来，是一个由静到动的过程。二者在实际教学过程中紧密联系，不能截然分开。

(二)递进性原则

递进性原则是指随着学生的成长，其在不同年龄阶段的主导动机也会不断发展变化。因此，在实际教学过程中，教师要注意结合特定年龄阶段的动机发展规律。一般而言，对于年龄较小的学生，不适合一味强调培养其内部动机，因为在该阶段，对他们的学习作用更大的是外部动机，教师可以有针对性地使用赞赏性语言或恰当的奖励方式来维持其学习动机。随着学生年龄的增长，内部动机对其学习所起的作用逐渐增强，教师需要有针对性地重视和维护他们的好奇心与求知欲。

(三)手段－目的的共一性原则

手段－目的的共一性原则中的手段是指，培养和激发学生的学习动机是调动学生学习积极性的一种手段，教育真正的“目的”在于通过这些手段最终让学生获得内在的学习需要，产生“我要学习”的强烈愿望，从而有效应付未来生活和学习中的种种挑战。

三、学习动机培养与激发的方法

(一)学习动机培养与激发的前提条件

教师的课堂管理：教师应保障正常的课堂教学活动不受不良情况的干扰。

良好的师生关系：教师应对学生保持耐心、友善和公正，使学生建立对教师的信任和尊敬之情。

学习任务的性质：教师给学生布置的学习任务既要有一定难度，又得使学生可以胜任，过难或过易的学习任务均难以调动学生的积极性。此外，学习任务必须是真实的，必须对学生具有一定实际意义。

(二)内部学习动机的培养与激发

1. 创设问题情境，激发求知欲和好奇心

创设问题情境是指在教师的讲授内容和学生的求知心理之间制造一种“不协调”，以此将学生引入一种与问题有关的情境。具体来说，创设问题情境时，问题要尽量满足以下条件：小而具体、新颖有趣、难度适当、有启发性、贴近学生生活实际。

求知欲和好奇心是内部学习动机的核心成分，也是培养和激发内部学习动机的基础。因此，成功的教学需要不断创设能够激发学生求知欲和好奇心的问题情境，帮助学生从内心产生对学习的渴望和热情。

2. 提高学生的成就感和自我效能感

从马斯洛的需要层次理论来看，渴望实现自身价值并获得一定程度的成功是每个人都具有的高级需要，其前提在于爱与自尊的需要均得到了满足。因此，对于那些成绩稍差、自暴自弃的学生，教师、家长、同伴应及时给予关爱和尊重，改变对他们的不良态度，培养和激发他们自身的价值感与自我效能感。

此外，自我效能感与学业成绩之间的正相关关系已得到许多研究的证实。班杜拉在 1981 年的研究发现，那些原本对数学毫无兴趣、成绩不好的学生，通过一段时间的训练后，其自我效能感和成绩均显著提升，且自我效能感与他们对数学的兴趣呈显著正相关关系。这也说明，自我效能感可以通过一定的教学方法得以提升，如选择难度适宜的任务、增加学生的成功体验等。

3. 对学生进行积极归因训练

学生对学业成败的归因会在很大程度上影响学生后续的学习动机和行为。因此，教师需要有针对性地引导学生改变不正确的归因方式。在成败归因的因素中，能力和努力是两个重要的因素。其中，将成功归因为能力，有助于增强学生的自信心，也会对接下来的学习行为产生促进作用。将失败归因为能力，学生将产生较大的挫败感，不仅容易放弃，而且会产生习得性无助。

学生的不正确归因可以通过归因训练得到改变。心理学家根据归因理论设计的基本训练主要是先让教师进行内部归因示范，进而帮助学生认识到成绩不好主要是因为自己缺乏努力。该训练一般持续约一个月，先在某一学科上进行，之后再逐渐迁移到其他学科。福斯特林(Forsterling)通过回顾 15 项研究发现，只要给普通教师提供一些训练和自学的机会，他们就能改变学生的归因方式和成就动机。我国学者隋光远提出的积极归因训练包括两层：第一层是努力归因，即无论是成功还是失败都归因为努力与否；第二层是现实归因，即帮助学生认真分析除了努力因素之外，还有哪些因素对学习成绩产生了影响，包括自身的智力、态度、学习策略以及家庭环境或教师等因素。两层训练可以帮助学生在进行努力归因的同时不忽视现实情况，在进行现实归因的同时也不忽视努力的重要性。①

(三)外部学习动机的培养与激发

1. 及时提供学习结果反馈信息

及时的学习结果反馈可以帮助学生了解自己的学习情况，有很强的激励效果。学生了解到自己正处于进步过程中时，自信心增强，学习动机也会得以维持和巩固。学生发现自己的缺点和错误时，也能够及时且有针对性地调整努力方向。

反馈学习结果要遵守三项原则。第一，反馈要清晰具体。如果教师仅评价“做得好”或者只给“对错”这种笼统模糊的反馈，并未进行其他具体解释时，那么学生就难以了解进一步努力的方向，不能增强学习动机。第二，反馈要及时，即反馈应紧跟学生的学习结果，间隔时间过长将失去动机价值。第三，反馈要频繁。班杜拉发现，无论外界奖励的价值有多大，如果仅是偶尔才能获得，那并不如小而频繁的奖励。

2. 正确使用奖励和批评

尽管适度的批评和惩罚在一定情况下能够促进学生学习，但总体来说，奖励和鼓励更能有效激发学生的学习动机。即便如此，奖励和鼓励也并不总是万能的，一旦方式方法使用不当，也会产生消极影响，甚至有可能降低学生的内部学习动机。例如，大量的课堂表扬并未针对学生的正确行为，反倒经常给予那些本身并不值得表扬的行为；教师并未及时注意到学生的进步，常常忽视对学生的表扬；一些在竞争性情境下不易获得注意的学生很难获得表扬，常常很快失去学习兴趣；有时教师的表扬比较笼统或者敷衍，并不符合学生的期待。

因此，教师需要在对学生有正确认识的基础上，遵循以下三个原则，合理运用奖励。第一，普遍性原则。对于所有学生的所有进步都要尽量给予奖励，进而帮助他们获得成功体验。因为只针对少数学生的奖励并不一定适用于其他学生，所以教师的奖励和鼓励不能过于吝啬、有偏向。第二，公正性原则。任何奖励或批评都要尽量让学生感到有理有据，要尽量客观公正。第三，差异性原则。教师的奖励不能一概而论，要充分考虑学生的年龄特点、人格特征和所处情境等因素。

3. 合理运用外部奖励

外部奖励通常是指物质奖励。要想让学生随时随地对任何学习内容都产生兴趣是不可能的，因此教师可将奖品等作为外部物质奖励，帮助学生维持学习动机。外部奖励也会因使用不当而产生负面作用。莱珀(Lemper)提到的“外部奖励的隐蔽性代价”，

---

① 隋光远：《中学生学业成就动机归因训练效果的追踪研究》，载《心理科学》，2005(1)。

是指因不适当的外部物质奖励使学生原本有内在兴趣的活动受到了损害。因此，只有对那些学生原本缺乏内部学习动机的活动给予适当的外部物质奖励才能表现出其促进作用。

本章小结

学习动机是指引起并维持个体的学习活动，使该学习活动朝向某一学习目标的内部动力。学习动机与学习效果之间并不一定呈正比关系。根据耶克斯-多德森定律，二者之间的关系很可能呈“倒U形”曲线，存在一个最佳学习动机水平，这时的学习效果最好。关于学习动机的产生机制和规律，不同的学习动机理论从不同角度进行了阐述，主要包括强化动机理论、需要层次理论、成就动机理论、成就归因理论和自我效能感理论。根据以上理论，教师根据一定的原则和前提条件，可从内部和外部两个角度有针对性地激发与培养小学生的学习动机。提高内部学习动机的手段包括创设问题情境，激发求知欲和好奇心；提高学生的成就感和自我效能感；对学生进行积极归因训练。提高外部学习动机的手段包括及时提供学习结果反馈信息，正确使用奖励和批评，合理运用外部奖励。

章后练习

一、名词解释

学习动机　成就动机　自我效能感　学习目标定向　成就目标定向

二、简答题

1. 奥苏贝尔提出的学习内驱力具体包括哪几种类型？
2. 请简要说明耶克斯-多德森定律及其教育意义。
3. 请简要说明成就归因理论的主要内容及其教育意义。
4. 影响学生自我效能感的因素包括哪些？
5. 学习动机的培养与激发需要遵循哪些原则？

三、案例分析题

小宇今年上小学四年级，明显不爱学习，无论在学校还是在家都想方设法糊弄了事，得过且过，这让小宇的父母伤透了脑筋。经他人建议，小宇父母决定采用金钱奖励的办法，跟小宇定下规则：无论大小考试，只要考进前10名就奖励50元。没想到这种办法真起了作用，小宇的成绩明显提高了。小宇父母特别高兴，不仅继续提高了金钱奖励的额度，而且主动把这种方法介绍给其他家长。

1. 请结合本章内容，谈谈你对小宇父母做法的看法。

2. 你认为还有哪些培养和激发学习动机的方法？

拓展阅读

1. [美]伍尔福克．教育心理学(第十版)[M]. 何先友，等，译．北京：中国轻工业出版社，2008.

2. 李俊．小学生认知与学习[M]. 北京：中国人民大学出版社，2016.

3. 李梅．中学教育心理学[M]. 南京：南京大学出版社，2018.

4. 冯忠良，伍新春，姚海林，等．教育心理学(第三版)[M]. 北京：人民教育出版社，2015.

5. 皮连生．教育心理学(第四版)[M]. 上海：上海教育出版社，2011.

第七章

知识的学习

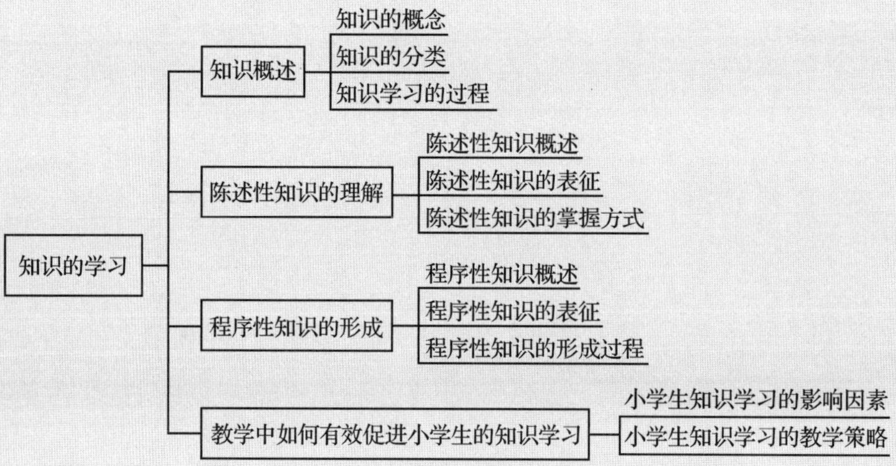
知识的学习
知识概述
知识的概念
知识的分类
知识学习的过程
陈述性知识的理解
陈述性知识概述
陈述性知识的表征
陈述性知识的掌握方式
程序性知识的形成
程序性知识概述
程序性知识的表征
程序性知识的形成过程
教学中如何有效促进小学生的知识学习
小学生知识学习的影响因素
小学生知识学习的教学策略

章前导语

学校智育的核心内容之一是掌握人类长期积累的科学文化知识，这也是学生的主要学习任务。本章首先从心理学角度介绍知识的概念、知识的分类以及知识学习的过程；然后重点介绍陈述性知识和程序性知识，包括它们的界定、表征方式及掌握方式或形成过程；最后从小学生知识学习的影响因素和教学策略两个角度出发，为教学中如何有效促进小学生的知识学习提出参考建议。

自儿童踏入小学的校门开始，教师和家长就常常告诫他们要努力学习科学文化知识。那么，到底什么是知识呢？只有写在课本上的文字才是知识吗？画画、写字、踢足球、游泳、玩魔方这些都不涉及知识吗？为什么教师有时带学生亲身体验一些事物，有时在教室里展示一些教具？为什么教师常常启发学生自己去思考，而不是直接告诉学生正确答案？为什么教师总要给学生布置作业？学过的知识最后都去哪里了？教材为什么是这么编的？……下面，就让我们从本章的主题“知识的学习”入手，来尝试回答这些问题吧。

第一节
知识概述

一、知识的概念

在日常生活中，我们常常提及“知识”一词，究竟该如何界定知识呢？回答这个问题可以从哲学角度入手，因为知识历来都是哲学认识论的研究对象。目前常见的有如下两个定义：其一，知识是对事物属性与联系的认识，表现为对事物的知觉、表象、概念和法则等心理形式；其二，所谓知识，就它反映的内容而言，是客观事物的属性和联系，是客观世界在人脑中的主观映象。就它的反映活动形式而言，有时表现为主体对事物的感性知觉或表象，属于感性知识；有时表现为关于事物的概念或规律，属于理性知识。可以看出，以上两个定义都是基于哲学认识论中的反映论的，认为知识是对客观世界的主观反映。

心理学是如何理解知识的呢？在20世纪60年代以前，由于受到行为主义的影响，心理学重视研究个体的行为反应，反对研究个体大脑中的内部活动，对知识的研究并不关注，因此我们很难在心理学教科书中找到对知识的定义。后来，皮亚杰对知识的概念提出了观点，认为知识是主体和环境或思维与客体相互交换导致的知觉建构。知识不是客体的副本，也不是由主体决定的先验意识。一般来说，学者对知识的界定分为广义和狭义两种。广义的知识将知识分为陈述性知识(关于“是什么”的知识)和程序性知识(关于“怎么做”的知识)。狭义的知识即能贮存在语言文字符号或言语活动中的信息或意义，如概念、公式或定理等。

根据信息加工心理学的观点，我们将广义的知识界定为“主体与其环境相互作用而获得的信息及其组织，贮存于个体内即为个体的知识，贮存于个体外即为人类的知识。知识的本质是信息在人脑中的表征”①。

二、知识的分类

根据不同的标准和角度，我们可以将知识划分为不同的种类。

(一)感性知识和理性知识

根据知识反映事物的深度，我们可以将知识划分为感性知识和理性知识。感性知识反映的是事物的外表特征和外部联系，具体包括感知和表象两种水平。理性知识反映的是事物的本质特征和内在联系，具体包括概念和命题两种形式。

(二)具体知识和抽象知识

根据知识的抽象程度，我们可以将知识划分为具体知识和抽象知识。具体知识可以通过直接观察来获得，如日期、地点、物品这类知识。抽象知识不能通过直接观察来获得，需要人们从具体事例中概括出具有普遍适用性的概念或原理，如价值观、人性、道德这类知识。

(三)结构良好领域的知识和结构不良领域的知识

根据知识的应用复杂程度，我们可以将知识划分为结构良好领域的知识和结构不良领域的知识。结构良好领域的知识是指有固定答案的知识，如历史事件的具体时间。结构不良领域的知识是指没有固定答案和规律的知识，复杂程度较高，如当教师讲解示范例题时，学生感觉自己已经掌握，但在自己解题时频频受阻，需要处理很多带有结构不良特征的知识。

---

① 皮连生：《教育心理学》第四版，82页，上海，上海教育出版社，2011。

(四)陈述性知识和程序性知识

根据知识的表征方式，我们可以将知识划分为陈述性知识和程序性知识。陈述性知识也被称为描述性知识，是关于“是什么”的知识，用来反映事物是什么、为什么、怎么样，一般可以通过口头或书面语言来直接陈述，如“中国的首都是北京”。程序性知识也被称为操作性知识，是关于“怎么做”的知识，用来反映活动的操作步骤和具体过程，难以被清晰陈述，如“如何驾驶一辆汽车”。

三、知识学习的过程

人们获得知识的专门活动被称为知识学习。在该过程中，学习者需要将那些记录在教材或影像资料中的语言文字符号等载体中的知识转化并储存在自己的头脑中。不难发现，上述过程几乎每时每刻都发生在平时的课堂上。因此，学生究竟如何进行知识学习值得研究者深入研究。

总体而言，知识的学习可以分为三个过程：知识的获得、知识的巩固以及知识的运用。

(一)知识的获得

知识的获得是知识学习的首要阶段。学生先获取知识，然后才能谈及后续的巩固及运用。因此，知识的获得是知识巩固和知识运用的前提与基础。在该阶段，外界新知识进入学生的短时记忆，学生通过将其与原有知识建立联系，并将其纳入自己的认知结构，实现对新知识的理解。

可以看出，学生能否理解新知识在很大程度上影响知识的获得，不少学生经历过难以理解课堂内容、下课之后很快忘记的情形。由此，如何有效促进学生理解并获得新知识是教学中尤其需要注意并解决的重要问题。理解新知识一般需要经历两个环节：知识直观和知识概括。知识直观重在对新知识进行感性认识，是经过教师指导从而对新知识进行感性加工的阶段。知识概括重在对新知识进行理性加工，是对直观后的感性知识进行分析、概括、综合、比较、推理等加工，从而获得对事物本质特征和内在联系的认识的阶段。

1. 知识直观

直观，顾名思义是直接感知事物的表层意义和表面特征，是理解科学知识的起点。对于小学生而言，他们对包括概念、公式、原理、规则等很多新知识的理解十分依赖表象。毋庸置疑，知识直观在促进小学生获得知识的过程中起到至关重要的作用。知识直观主要包括三种形式。

(1)实物直观

实物直观是一种直接感知学习对象本身的直观活动。例如，在学习并了解鸟类知识时，教师通过让学生近距离观察鹦鹉等产生对鸟类的感性认识。显然，实物直观具有很多优点，如让学生印象深刻，有利于激发学生的求知欲和好奇心，能增强学生的学习兴趣和主动性等。此外，实物直观由于通常与具体的情境联系密切，因此能让学生充分感知到所学知识与实际生活并不脱节，从而促进对新知识的运用。

实物直观是否有其局限性呢？一个很明显的问题就是——不是所有的知识教学都能采用这种实物直观的方式。例如，太大的对象(如宇宙)、太小的对象(如原子)、太快的对象(如某些化学反应)、太慢的对象(如动植物的生长过程)、太抽象的对象(如哲学概念)、太久远的历史事件等均无法让学生进行直接感知。此外，实物直观通过直接呈现学习对象本身，充分保留了知识的真实性，但也正因如此，学生在如何把握该学习对象的本质特征、忽略非本质特征上面临一定的挑战，他们的注意力很可能被一些无关信息吸引，从而影响对知识的理解。

(2)模象直观

模象直观是一种直接感知事物的模象的直观活动。模象并不等同于事物本身，而是按照该事物的本质特征进行制作的模型等。日常教学中演示和使用的幻灯片、图片等均属于模象直观。

模象直观在一定程度上克服了实物直观可能造成学生难以把握实物本质特征的局限性，因为模象可以通过人为排除一些无关要素，突出本质要素，使模象本身的特征更加简化和典型。有时教师还可以通过在模象上着色、标注箭头等方式引导学生将注意力集中在需要观察的主要特征上。此外，模象直观还可以弥补实物直观使用范围上的局限。例如，可以将较大的地貌地形通过地图或模型的方式缩小至学生的视野之内，也可以将较小的化学分子模型放大以便让学生看清等。基于模象直观的上述优点，各科教学中均已广泛使用模象直观。

那么，模象直观是否也有其局限性呢？显然，模象直观因为是人为制作的，不等同于实物，所以很容易因制作不当、说明不准确等引起学生的误解，进而使学生对这部分知识认识片面、不准确。由此，教师在选用模象时要注意其与实物是否相符，且尽量将模象直观与实物直观结合运用，帮助学生在学习新知识时不脱离现实生活。

(3)言语直观

言语直观是一种借助生动形象的语言获得感性认识的直观活动。例如，教师可以通过对某一地区的人文风情进行绘声绘色的描述，让学生形成一种整体印象。可以说，言语直观是三种知识直观中最容易实现也最经常使用的直观方式。不受时间、地点或设备条件的限制，仅仅通过教师的语言描述就可以实现，还能唤起学生的想象、激发学生的情感，是言语直观非常突出的优点。

言语直观的效果很大程度上取决于教师的语言表达能力、感染能力和性格特点等，因而有其局限性。此外，与实物直观和模象直观相比，言语直观引起的表象相对不那么鲜明、完整和稳定。因此，教师在使用时要尽量考虑与其他两种直观方式相结合。

综上所述，三种知识直观的方式均各有优缺点，教师需要在实际的教育教学过程中配合使用。

首先，灵活利用实物直观和模象直观的互补性。一般来说，在知识的初级学习阶段，学生通过模象直观学习的效果更好。当学生已掌握了基本概念和原理以后，建议更多通过实物直观让学生在真实复杂的情境中加深了解、促进运用。

其次，非描述性的言语和知识直观需结合使用。非描述性的言语可以帮助教师组织和引导知识直观活动，帮助学生对感性知识进行概括和总结。在进行知识直观后，学生对于学习对象的认识也常常是零散的，需要通过言语直观将这些感性认知条理化、清晰化，以理解和记忆知识。

然后，运用感知规律，突出直观对象的特点。针对直观对象与其所处的背景信息之间的关系，一方面，教师要帮助学生将注意力集中在直观对象上而非背景上；另一方面，教师不能让直观对象完全脱离其背景，忽视知识应用范围和条件。

最后，鼓励学生充分参与知识直观过程。如果条件允许，那么教师可以让学生直接动手参与和操作。这不仅可以激发学生的探究兴趣，而且能使学生通过多感官的运用加深对直观对象的认识和了解，增强记忆，促进知识的获得。

2. 知识概括

概括是对感性材料进行分析、综合、比较、抽象等深度加工，从而获得事物的本质特征和内在联系的认识活动过程。按照学生在实际学习过程中对知识的概括程度，概括分为感性概括和理性概括两种类型。感性概括就是直觉概括。虽然也经过了一定的概括，但是从概括的内容上看，感性概括更多反映的是事物的外表特征和外部联系，而非本质特征和内在联系，因此是一种知觉水平上的概括。例如，一些学生常常看到主语总是呈现在句子的开头位置，于是认为主语就一定是句子开头的那个词，这种认识是对主语位置的规则尚未掌握的表现。由此可见，学生仅仅依靠感性概括是难以完成学习任务的，还需使用更高级的理性概括。理性概括是通过对感性知识经验进行加工改造从而获得事物的本质特征与内在联系的过程，属于一种高级概括形式。

总体来说，促进学生进行知识概括的方法大致包括以下几种。

第一，结合使用正例和反例。正例是指肯定例证，是包含概念、规则的本质特征和内在联系的例证。反例是指否定例证，是不包含或只包含一部分概念、规则的本质特征和内在联系的例证。虽然从表面上看，正例有助于学生进行准确的总结概括，但实际上反例传递出更多的辨别性信息。例如，教师在讲授“鸟类”的概念时，可以将燕子和麻雀等作为正例，帮助学生了解鸟类的本质特征包括“无齿有喙、前肢为翼”；以蝙蝠作为反例，帮助学生厘清“会飞”并非鸟类的本质特征，而是无关特征。

第二，恰当运用变式。变式就是通过运用不同形式的直观材料来说明事物的本质属性，目的在于突出事物的本质属性。例如，教师在讲授“果实”的概念时，通过变换果实的可食用性(可食用的果实如苹果、花生，不可食用的果实如橡树籽、棉籽)，帮助学生了解“种子”是果实的关键特征，而“可食用”是无关特征。

第三，科学地进行比较。比较对于知识概括具有重要意义，包括两种方式：同类比较和异类比较。其中，同类比较就是对同类事物进行比较。例如，让学生通过观察燕子、麻雀、鸵鸟等的图片，总结出这些鸟类的共同特征，并抽取出其中哪些是关键特征，哪些是无关特征。异类比较是对不同类但相似的事物进行比较。例如，比较面积和体积、压力和压强的概念，有利于让学生更清楚地了解事物的本质及事物间的联系与区别。

第四，启发学生自觉概括。教师在实际教学过程中，应该鼓励学生自行总结原理和规律，而非一开始就要求学生记忆和背诵现成的知识。启发学生自觉概括的常用方法就是鼓励学生积极参与相关问题的讨论，给予学生充分的空间，让他们主动提出问题和解答问题，改变被动学习模式。

(二)知识的巩固

知识的巩固也称知识的保持，即将新知识保持在记忆中，具体包括识记和保持两个环节。新知识在巩固的过程中得到精加工，且与已有知识产生联系。在巩固过程中，及时的复习和应用是非常重要的，否则极易发生遗忘。因此在学习过程中，教师要常常提醒学生课下及时复习，以帮助学生有效地积累知识。

(三)知识的运用

知识的运用也称知识的提取，即运用已有知识去解决问题。通常而言，学生运用知识的主要目的并非直接参与社会实践活动，而是完成对知识的掌握。此外，知识的运用不仅可以检验学生对新知识的理解和掌握水平，而且有助于学生进一步理解和巩固知识。

第二节
陈述性知识的理解

广义的知识可以分为陈述性知识和程序性知识。那么究竟什么是陈述性知识呢？它在大脑中是如何表征的呢？学生在学习时是如何掌握的呢？本节将针对以上问题进行介绍。

一、陈述性知识概述

陈述性知识是关于"是什么"的知识。检验学生是否掌握陈述性知识的标准是看其能否回答某种事实"是什么"的问题。例如，"第一次世界大战的原因是什么""太阳系和银河系之间是怎样的关系"等。陈述性知识的掌握主要依赖个体记忆。学生在学习过程中通过言语学习来完成，包括有意义的言语学习和无意义的言语学习。

陈述性知识可以分为联结的陈述性知识和运算的陈述性知识。二者的主要区别在于陈述性知识的形成是否需要经过人类复杂的认知操作活动。联结的陈述性知识的形成没有经过人类复杂的认知操作活动，只具有一定的信息意义。学生主要是学习联结的陈述性知识，需要将所学命题中的有关节点在工作记忆中联结起来，形成新的命题。运算的陈述性知识的形成需要经过人类复杂的认知操作活动，既具有信息意义，又具有智能意义。学生要应用运算性学习的机制，即需要对该命题中所包含的复杂认知进行操作才能获得该命题的信息意义和智能意义。

二、陈述性知识的表征

陈述性知识的表征可以分为四种形式：命题及命题网络、表象、线性排序和图式。

(一)命题及命题网络

1. 命题

"命题"这一术语源自逻辑学，是表达判断的语言形式，由系词将主词和宾词联系而成。在认知心理学中，命题是陈述性知识的最小单元。例如，"我开车"是一个完整的命题。其中，"我"是主体，"开车"是关系，且对"我"的状态进行了解释。"那个人"就不是一个完整的命题，因为只具有主体"那个人"，缺少与该主体对应的关系。由此可见，命题在一定程度上也可被视为一个观念。值得注意的是，一个命题中可以有一个以上的主体，但关系只能有一个。

心理学家认为，人们在对一些信息进行记忆时保留的并非字句等文字信息，而是以命题形式存在的观念。与把具体的文字信息原样储存在记忆中相比，只储存文字信息中的意思这种记忆保持方式更加合理和经济。

2. 命题网络

命题网络是具有共同成分的若干命题联系在一起构成的结构。根据心理学家的观点，由于单个命题储存的信息量不大，孤立储存在记忆之中的代价很大，因此人们会更加高效、合理地以命题网络的形式进行记忆储存。

科林斯(Collins)和奎利恩(Quillian)通过一项经典实验提出知识以命题网络的层次结构储存的观点。

如图 7-1 所示，科林斯和奎利恩认为人们关于动物、鸟、鱼等的知识处于不同的概括水平，且在每一概括水平上都储存了可以与其他水平动物相区分的属性。其中，网络中的节点代表概念，每个节点上的分支表示该概念的属性，节点之间的连线表示与上下级概念之间的归属。例如，“鸟”可以与上级概念“动物”和下级概念“金丝雀”相连，也可以与“鸟”自身所具有的“有翅膀”“能飞”“有羽毛”的属性相连。人们进行知识的回忆时，可以从一个概念联系到与之相关的上下左右的概念。例如，当学生需要对“鱼是否有皮肤”这个陈述性知识做出回答时，根据科林斯和奎利恩的观点，学生会从“鱼”这一水平进行搜索。若在该水平上发现了“有皮肤”这一属性，即可做出肯定回答。若在该水平上未发现该属性，需要向上一水平的概念“动物”进行搜索。一旦在更高水平上发现了该属性，学生也会做出肯定回答。

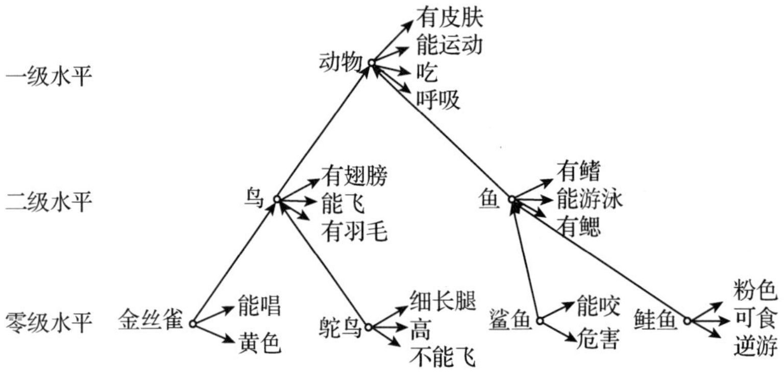

图 7-1　命题网络结构

由此可见，利用这种有层次的命题网络结构储存知识是非常经济、高效的，对上下位概念关系的理解可以减少人们在某一水平上需要直接储存的知识量。

(二)表象

虽然命题及命题网络通常被认为是陈述性知识最经济的表征方式，但并非所有的陈述性知识都是以这种方式进行表征的。例如，在日常生活中，有关某个人的外貌特点、某一处风景的地理特征等都不能进行直接表述，因此无法使用命题或命题网络进行知识储存。这类知识就以建立在知觉基础之上的表象进行表征。

什么是表象？表象就是即使曾经感知过的事物当前不在面前出现，人们仍然能够在头脑中再现事物的形象。由此可见，表象具有直观性。虽然该对象此刻不在眼前呈现，但人们似乎能在头脑中重现其形象。

研究者曾做过一项折纸实验，在测试题中给人们展示一张按示意图依次折叠的纸，然后在折起来的纸上打一个孔，最后请大家判断当这张被打了孔的纸展开后会呈现出什么形态，即打的孔会呈现在展开的纸的哪些位置，让人们在提供的选项中进行选择。研究者发现，成功做出选择的被试都尝试在头脑中将这张纸打孔再展开，如同在现实中进行操作一样。因此研究者认为表象是人们进行信息存储的一种重要形式，既经济又合理。不仅如此，研究者发现人们还能在头脑中对表象进行加工、改造，如心理旋转，即人们在头脑中将某个图形进行平面或立体转动的心理操作过程。①

(三)线性排序

什么是线性排序？无论是在日常生活中，还是在学习测验中，我们对这类问题并不陌生——明明比婷婷高，佳佳比婷婷矮，小飞最高，小军的身高介于小飞和明明之间，那么小军和婷婷谁更高？明明和佳佳谁更高？

对于上述问题，你是如何解答的呢？通常来说，人们都会根据问题提供的线索，先将这些对象进行排序，然后根据要求回答两两之间的关系问题。那么，我们对刚才的问题进行推理后发现，五个人的身高关系从高至低依次是小飞、小军、明明、婷婷、佳佳。根据这个排序我们可以回答：与婷婷相比，小军更高；与佳佳相比，明明更高。

综上，研究者认为，线性排序是陈述性知识表征的形式之一。所谓线性排序，就是人们对一组元素按照某一维度做出先后次序的编码，从该排序中直接提取出元素之间的相互关系，从而解决相关问题。例如，在刚才的身高关系问题中，一旦我们推理出了所有人的身高排序，即便再被问及任意两者之间的身高关系，我们也可以通过已有的排序轻易做出回答，不必再次回到条件中进行重复思考。不难看出，与前面介绍的命题和表象相似，线性排序作为陈述性知识的表征单元，也是人们具有的一种非常经济的编码和存储方式。

(四)图式

什么是图式？图式就是从经验中提炼出来的知识。具体来说，图式是由从具体经验中提炼出来的抽象知识组成的一种组织化的知识结构。例如，你刚搬到新租的房子里，还没见过一起合租的室友。这时你怀着对未来生活的期待，非常希望对方是个好相处的人。这时有人告诉你，你的室友是搞乐队的，那么你会立刻基于相关经验将对方与你知识中的乐队青年的图式联系在一起。尽管你们仍未谋面，但你仿佛已经能预见对方大致的形象：穿着个性时尚，性格热情开朗，颇具艺术气息。你也大致能猜到对方可能常常排练，早出晚归，生活作息不太规律等。

由此可见，在上述整个思维过程中，图式能帮助人们进行快速判断，如自然范畴

---

① 李梅：《中学教育心理学》，92～93页，南京，南京大学出版社，2018。

的图式可以提供给人们对方大致的形象，交友图式可以提供给人们如何与对方相处的信息等。这均能帮助人们更加经济、合理地编码和存储陈述性知识，是一种更具综合性的表征方式。

三、陈述性知识的掌握方式

按照奥苏贝尔和加涅等心理学家的观点，学生进行陈述性知识的学习需要满足外部和内部两方面的条件。外部条件包括教师在教学过程中，无论是讲解还是演示等，都要注意材料内容本身的逻辑性，给予恰当、及时的反馈。内部条件主要包括两方面。其一是学生的原有知识基础，这对陈述性知识的学习非常重要。因为一旦缺乏相关背景知识，学生就不能将新旧知识进行整合，若想掌握，只能依靠机械学习的方式。其二是学生的主动加工活动，也就是说学生本身要具有较强的动机，积极主动地回忆与新知识相关联的原有知识，进而将新旧知识进行整合。在这个过程中，学生需要付出较大的意志努力，并采用合适的学习策略和方法。奥苏贝尔称之为“有意义学习的心向”。

此外，基于奥苏贝尔对有意义学习的研究结果，陈述性知识的掌握方式可分为表征学习、概念学习和命题学习三种。

(一)表征学习

表征学习也称符号学习，其心理机制是让人们将符号与符号代表的事物或观念建立起等值关系。例如，“狗”这个汉字符号对于婴儿来说并不具有实际意义，随着家人在日常生活中多次指着狗这种动物说“狗”，婴儿就逐渐将汉字符号“狗”和该符号代表的狗这种动物建立起等值关系。由此，“狗”这个符号对他们而言就获得了意义，该符号引发的认知内容与日常生活中的狗引发的认知内容就几乎一致了，即都会引发狗的表象。因此，学生要想掌握陈述性知识，必须先掌握其中的符号所代表的意义。

(二)概念学习

概念学习的实质在于让人们掌握一类事物的本质属性和关键特征。例如，学生在学习“正方形”这一概念时，需要先掌握正方形具有的关键特征，如四条边相等、各个内角均为 90 度。

概念学习包括两种形式：概念形成和概念同化。概念形成是指学生从大量同类事物的不同例证中，通过归纳的方式抽取出这类事物的本质属性和关键特征，进而获得初级概念的过程。显然，概念形成的过程对于小学生而言，通常需要较长时间，一般是个体自发的，通过他人肯定或否定的反馈来加以证实，属于发现学习。概念同化是在课堂学习中，教师通过利用学生认知结构中的原有概念，以定义的方式直接向学生揭示概念的关键特征，进而让学生获得概念的过程。这被奥苏贝尔视为学龄儿童获得概念的典型方式，属于接受学习。

(三)命题学习

命题学习的实质在于学习表示若干概念之间的关系，获得由几个概念构成的命题的复合意义。命题学习被视为陈述性知识掌握的高级形式。根据新知识与学生原有认知结构之间的关系，奥苏贝尔进一步将命题学习区分为下位学习、上位学习和并列结合学习三种类型。

1. 下位学习

下位学习又称类属学习，是指学生所要学习的新知识是原有知识的下位知识。例如，学生已经掌握了“三角形”的知识，这属于他们的原有知识，现在要学习关于“直角三角形”的新知识，显然“直角三角形”属于“三角形”的下位知识，因此这时进行的学习就是下位学习。

2. 上位学习

上位学习又称总括学习，是指学生所要学习的新知识是原有知识的上位知识，其概括水平更高。例如，学生已经学习了“铜能导电”“铁能导电”的知识之后，现在要学习“金属都能导电”这一新知识，显然这一知识属于更为概括和一般的内容，这时进行的学习就是上位学习。

3. 并列结合学习

并列结合学习又称组合学习，是指学生所要学习的新知识既不是原有知识的下位知识，也不是原有知识的上位知识，而是原有知识的并列知识。实际上，学生在学习过程中接触的大量命题都是具有并列关系的。例如，能量与体积之间的关系、遗传与环境之间的关系、需求与价格之间的关系等。新旧知识之间虽然不能构成包含与被包含的关系，但仍然存在某种意义联系或某些共同的关键特征。学生可以根据这种并列的关系在新旧知识之间建立起意义联系，不过学习和记忆的难度通常比较大。

第三节 程序性知识的形成

一、程序性知识概述

程序性知识主要是关于“为什么”“怎么办”的知识，涉及概念、规则和原理的应用，能够引导人们的行为。程序性知识的基本形式类似于计算机的操作条件，即“如果(if)……那么(then)……”，每个程序都包含条件部分(如果……)和操作部分(那么……)。人们一旦掌握了某种程序性知识，就能在认知一种条件后产生相应的操作活动。例如，如果一个数不能被2整除，那么这个数就是奇数；如果天快下雨，那么我出门就要带雨具。

程序性知识学习包括模式识别学习和动作步骤学习。模式识别学习中的“模式”是指若干元素或成分按照一定关系形成的某种刺激结构。模式识别是指人们能够确认该模式，并能将其与其他模式进行区分。模式识别的学习过程是通过概括化(指对同类刺激模式中的不同个体做出相同的反应)和分化(指对不同类的刺激做出不同的反应)的不断进行得以实现的。动作步骤学习是指人们学习一系列操作步骤，这依赖于陈述性知识的学习，因为人们在学会动作之前常常要先对其中的规则和步骤进行阐述，在头脑中建立规则和步骤的表征，然后再将这些陈述性知识的表征转化为程序性知识的表征。

二、程序性知识的表征

(一)产生式

产生式是程序性知识表征的最小单位，也是一种相对特殊的表征方式。具体而言，产生式就是一条关于“条件—行动”的规则，即满足某一条件，就能产生对应的行动。也就是说，一个产生式是由条件和行动两部分组成的。条件部分往往以“如果(if)”开始，是产生式的前提条件；行动部分是“那么(then)”，表示满足条件之后产生的行动。

(二)产生式系统

产生式系统是指由一系列产生式相互联合，共同实现某一目的的认知活动系统。因为简单的产生式只能完成单一的活动，而很多任务需要人们完成一连串活动，这时就需要用很多简单的产生式来共同表征这一活动。这种产生式系统被认为是复杂技能的心理机制。加涅曾通过一个关于“教师帮助不专心的儿童”的例子来说明产生式系统的构成和作用。

P1　如果目的是使儿童专心，但又不知道何物可以强化儿童
那么　建立理解何物能强化儿童的子目标
且建立只要儿童专心就予以强化的子目标
P2　如果子目标是了解何物能强化儿童

那么 建立考察儿童在何种条件下会表现出不专心的子目标

P3　如果子目标是考察儿童在何种条件下会表现出不专心

且儿童在我注意他时会有专心的表现

且儿童在我忽略他时会有不专心的表现

那么 建立“儿童可以用我的注意来强化”这一命题

P4　如果子目标是考察儿童会在何种条件下表现出不专心

且儿童会在别的孩子注意他时有专心的表现

且儿童会在别的孩子忽略他时有不专心的表现

那么 建立“儿童可以用同伴的注意来强化”这一命题

P5　如果子目标是儿童专心时强化他

且儿童可以用我的注意来强化

且儿童已表现出注意行为

那么 我便给予该儿童以我的注意

P6　如果子目标是在儿童专心时强化他

且儿童可用同伴的注意来强化

且儿童已表现出注意行为

那么 我便让儿童和他喜欢的同伴待在一起

三、程序性知识的形成过程

日常生活中的很多领域，如运动领域、技术领域，都存在专家和新手。与新手相比，专家在专有领域中不仅掌握了特定的技巧和方法，而且知道这些技巧和方法在何时使用。这在心理学家看来并非天生的，其中很多行为是可以进行传授的。但是，若想成为专家，必须获得并掌握该领域中的大量程序性知识，这毋庸置疑需要经过反复练习，付出大量的时间和精力。

心理学家安德森(Anderson)认为，个体要想熟练掌握某一特定领域中的程序性知识，通常需要经历三个阶段。

第一阶段是认知阶段。个体需要在该阶段对所涉及的技能进行陈述性解释，并对这一技能的条件和行动都按照命题、表象或图式等方式进行陈述性编码。

第二阶段是联系阶段。个体需要在该阶段将陈述性表征逐渐转化为以产生式为表征的程序性知识，并在单个产生式之间建立联系。

第三阶段是自动化阶段。个体需要在该阶段经过反复练习来达到熟练掌握该程序性知识的目的，最终形成自动化的程序。

第四节
教学中如何有效促进小学生的知识学习

一、小学生知识学习的影响因素

在知识学习的不同阶段，起关键作用的条件是有所区别的。从知识学习的整体角度来说，一些因素对小学生知识学习的各个环节都会产生影响。这些因素主要有以下几个方面。

(一)教材结构

教材对于学生知识学习的重要性毋庸置疑，因为教材是学生构建知识结构的中介。可以说，学生在头脑中建立起知识结构就是通过重构教材的结构实现的，亦即学生的学习过程就是对教材的重构过程。因此，教材结构的编写要遵循一定的原则。教师需要在了解以下原则的基础上，引导学生合理使用教材。

第一，教材的一体化原则，是指教材的各个构成要素要能彼此整合，互相构成具有内在联系的统一整体。

第二，教材的网络化原则，是指教材的各个构成要素要能满足上下左右、纵横交叉的沟通关系，并能突出各个知识点之间的连接点。

第三，教材的程序化原则，是指教材的结构要能充分体现知识结构分步构建的规律，并能明确规定教学进程中的具体要求，凸显教学活动的动态过程。

第四，教材的最佳化原则，是指教材在编排时应该遵循由一般到个别的逐渐分化规律，即“总起分叙”或“自上而下，逐步求精”的综合贯通原则，将教材中的基本概念和基本原理等概括性高、适应面广的知识放在首要地位，以凸显教材的主干结构和重点。

第五，教材的可接受原则，是指教材在编排时要从已知到未知逐步系统化，与小学生的已有知识保持适当距离，使新知识落在最近发展区之内。

由此可见，教材作为小学生学习知识的重要基础，是在充分考虑小学生认知发展规律的基础上编写的。这就要求教师在重视教材结构的同时积极将教材实践于课堂教学过程中，帮助小学生建立起合理、准确、有序的知识体系。

(二)相关知识的准备程度

知识学习是建立在学习者已有知识基础上的，需要相关知识的参与才能实现。

现代认知心理学尤其强调学习者已有知识在学习新知识中的作用。例如，奥苏贝尔认为，学习就是将新知识与学习者原有认知结构中的适当观念建立起非人为的、实质性的联系的过程。布鲁纳认为，如果将新知识纳入学习者的已有知识体系，然后将新知识组成一个个有系统的结构网络，最后分门别类地储存在头脑中，那么将会有效促进知识的理解、保持和应用。

值得注意的是，学习者的已有知识对当前新知识学习的影响并非总能起到促进作用，有时还会起到阻碍作用，这得到了一些研究的证实。该影响是否是积极的主要取决于三个因素之间的相互作用：学习者已有知识的正确性、已有知识与当前新知识的一致性以及教学过程中是否存在必要的分析与比较。由此可见，教师在教学过程中有必要充分了解学生的已有知识，有针对性地采取适当措施，促进学生的已有知识发挥积极作用。

(三)心智技能的掌握程度

心智技能又称智慧技能或智力技能，简称“智能”，是一种借助内部语言在头脑中进行的认知活动方式，如心算、默读、写作等方面的技能。学习者在进行知识学习的过程中使用的直观、概括、识记和保持等均属于心智活动的范畴，势必受到心智技能形成和发展规律的制约。

具体而言，按照在知识学习过程中的适用范围，心智技能可以分为两类：具体技能和抽象技能。具体技能适用于知识学习的特定阶段，抽象技能适用于知识学习的全过程。不过，传统的教学活动对学习过程的重视程度不够，往往更在意学习内容的传授和学习的结果，对心智技能较为忽视，这极易影响小学生的知识学习效果。

由此，教师在实际教学活动中需要有计划、有系统地传授给学生一些具有不同概括程度的心智技能，并通过示范和引导的方式让学生了解为什么使用以及何时使用心智技能，从而促进学生的知识学习顺利进行。

(四)学习的主动积极性

学习的主动积极性是指学生对待知识的态度以及情绪、意志状态，即如果学生对知识学习所持的态度是主动的，那么其学习的积极性就会提高，随之而来的情绪状态较好，克服困难的意志力会保持在较高水平，更有利于进行知识的学习。

在实际教学活动中，学生自身具有的学习主动积极性可以说是影响他们进行知识学习的首要条件。因为学生本身是知识学习和掌握的主体，只有愿意开动大脑，积极吸取知识，主动参与各种相关的智力活动，才能真正掌握知识，取得良好的学习效果。并且学生的这种主动积极性是他人无法替代的。不难看出，学习的主动积极性与学生本身的学习动机直接相关，具体可以被视为学习动机的外在表现。

教师在实际教学活动中，可以通过创设问题情境，激发小学生的学习动机，从而发挥他们的主观能动性和积极性，使其享受知识学习的乐趣，促成学习良性循环。

二、小学生知识学习的教学策略

根据表征方式的差异，知识可以分为以描述性为主的陈述性知识和以操作性为主的程序性知识。针对这两种知识的教学策略也会有所区别。

(一)陈述性知识学习的教学策略

陈述性知识的教学过程可以大致分为六个阶段。第一，引起并维持学生的注意，告知学生教学目标；第二，提示学生回忆和巩固原有知识；第三，呈现经过组织的新信息；第四，阐明新旧知识之间的关系，促进学生对新知识的理解；第五，指导学生掌握复习与记忆的策略；第六，测量与评价认知结构的特征。

为有效增强小学生陈述性知识的学习效果，提高教学质量，教师可以采用四种策略：动机激发策略、注意策略、精细加工策略和组织策略。

1. 动机激发策略

动机激发策略是指教师在教学过程中运用各种方式激发学生的学习动机。小学生的学习动机与学习的主动积极性直接相关，是影响他们进行知识学习的首要条件。教师可以通过以下四种方式具体实施动机激发策略。

第一，充分利用学习目标的激励作用。教师在告知学生教学目标时，需要首先向学生说明学习新知识具有哪些价值，以此让学生真正认识到新知识与学习目标之间的关系，并将其内化为自己的认知需要，产生较强的学习动机。

第二，及时修正学生的动机归因。教师需要让学生相信，如果他们在知识建构和记忆方面付出努力的话，就一定能理解并掌握新知识，以此提高学生的主动性和掌控感，使学生养成自愿进行知识建构的习惯。

第三，同时呈现新知识和期待。教师在介绍新知识之前，需要让学生明确掌握这类知识具有哪些实际价值，从而让学生产生充分的期待，引起他们的关注和重视。

第四，为学生提供产生动机的机会。教师呈现新知识的方式要适当，不仅要能引起学生的注意，而且要控制难度水平，使新知识既与学生的原有知识相关联，又高于学生的原有知识，通过连续不断的积极反馈增加学生的成功学习体验，提升学生的自我效能感。

2. 注意策略

注意策略又称选择性知觉策略，是指学生在学习过程中将注意力集中在有关学习的信息上，对学习材料保持高度的觉醒和警觉状态的学习策略。

为了帮助学生更有效地将注意力聚焦在对象而非无关背景上，教师在呈现陈述性知识时需要精心组织和设计，具体包括如下几个方面。

第一，在学习资料上，教师通过变换或加粗字体等方式凸显重要知识点。对于具有明确逻辑层级结构的知识，尽量通过排序的方式分条罗列，以增强内容结构的清晰性，便于学生快速抓取核心信息。

第二，在板书设计上，教师要注意新知识的组织结构。对教材和讲解内容的高度抽象概括和优秀的板书设计会极大增强新知识的直观性，促进学生的理解。

第三，在口头讲解上，教师要注意语言表达的流畅性和逻辑性，通过抑扬顿挫的讲解配合学习资料、板书以及多媒体呈现的内容，全面地促进学生对新知识的理解。

3. 精细加工策略

精细加工策略是一种通过运用已有知识促进新知识理解的高水平深层加工策略，在学习过程中发挥着重要作用。可以说，学习者的精细加工越细致、深入，其知识的保持就越牢固，回忆难度也就越低。能否掌握精细加工策略是成功学习者和非成功学习者之间的一个重要区别。常用的精细加工策略如下。

(1)画线法

学生在学习过程中经常使用该方法，通过对重要信息画线快速抓取需要掌握和记忆的知识点。学生可以画出那些不了解的词，注明定义的位置，对重要段落标星号，做出注释，为具有先后顺序的表述增加序号，在不理解的内容旁边画问号，画出总结性的陈述等。由此可见，画线法可以被广泛使用，但这不代表每位学生都会有效使用该方法。例如，有的学生画线太密集，反而找不到重点，或者因不清楚哪些内容更重要而主次颠倒。因此，教师要有针对性地帮助学生掌握画线法，带领学生辨识重要的内容并谨慎画线，从而更加有效地帮助学生理解新知识。

(2)笔记法

该方法在听讲过程中经常被学生使用，能够帮助学生进行有效的认知加工，及时发现新旧知识之间的内在联系。美国康奈尔大学曾提出一种典型的课堂笔记形式：5R笔记法。具体包括五个步骤。第一，记录(Record)。学生在听讲或阅读过程中，在占笔记本约三分之二面积的主栏部分记录重要的概念、论据等。第二，简化(Reduce)。学生通过对主栏里的内容进行适当概括，将概括后的内容写入占笔记本约三分之一面积的辅栏部分(也称为回忆栏)。第三，背诵(Recite)。学生通过遮住主栏内容，仅以辅栏中的内容为线索，用自己的话叙述课堂所讲或所阅读的内容，讲完后再对照主栏核实正误。第四，反省(Reflect)。学生将自己在听课或阅读时的想法记录在笔记本中的某一单独部分，并加上标题和索引，编制成提纲、摘要等。第五，复习(Review)。学生每周花一定时间快速浏览笔记，并将重点放在辅栏里。

(3)卡片法

该方法是将内容写在卡片上，以便于分类存取，尤其适用于零散材料的收集整理，也是非系统性自学较适宜的笔记形式。在使用卡片法的过程中有三方面的注意事项：一是尽量在一张卡片上记一个相对独立的内容，而非混记在一起；二是在卡片的一角注明分类号，以便查找；三是尽量在卡片上打孔，用线把卡片串起来，以便于保存。卡片法也要注意与笔记法和复述策略结合使用。

此外，常见的精细加工策略还有记忆法，具体包括位置记忆法、谐音联想法、缩简和编歌诀以及提问等，这部分会在本书后续有关学习策略的章节中具体阐述。

4. 组织策略

组织策略与精细加工策略密不可分，是指学习者根据知识之间的内在关系，对学习材料进行系统、有序的分类、整理、概括，使之结构更加合理化的学习策略。与杂乱无序的材料相比，组织有序的材料明显更易被理解和记忆。

具体而言，组织策略一般分为聚类组织法和概括组织法两种。

(1)聚类组织法

聚类组织法也称归类法，是一种按照材料的特征或类别，将那些零散的项目进行整理、分类的方法。这种方法可以加强知识间的联系，使知识形成简明有序的结构，便于学习者理解和记忆。很多研究发现，人们面对一系列毫无规律的学习材料时，总会先对其进行一定程度的归类整理，再按类别进行回忆，其效果也显著好于无归类的学习。不过，聚类组织法也存在着一定的年龄特征。研究发现，8～9 岁以下的儿童很少自发采用分类编码的策略进行学习。10～11 岁后，自发采用该策略的儿童明显增加。这也表明，教师要充分了解学生的学习特征，在此基础上通过适当的示范和引导帮助他们认识并自发使用聚类组织法。①

(2)概括组织法

概括组织法是一种在学习过程中注重提取学习材料的关键信息、摒弃细枝末节的信息加工方式。实际上，具有这种概括组织的能力也是学习能力强的学生的基本特征。对于这类学生而言，他们善于通过对学习材料的重新组织提取出所需记忆的一般结构和关键信息，摆脱具体内容和情节的干扰。与之相反，学习能力弱的学生常常缺乏这种能力，往往按照学习材料本身的内容编排顺序，进行逐字逐句的理解和背诵，或直接利用他人提供的现成提纲进行复习。常见的概括组织方法包括列提纲和做网络图两种。

---

① 李俊：《小学生认知与学习》，141 页，北京，中国人民大学出版社，2016。

(二)程序性知识学习的教学策略

前面提到，程序性知识的学习通常需要经历认知阶段、联系阶段和自动化阶段。据此，教师在实际教学过程中可以从以下三个方面帮助学生获得并掌握程序性知识。

1. 教师要帮助学生实现前提知识或子技能的自动化

很多程序性知识比较复杂，需要以一定的前提知识或许多子技能为基础才能被掌握。这就要求教师在教学过程中确保每个学生都学会了必要的前提知识，掌握了复杂技能所必需的子技能。例如，小学阶段的乘法运算是需要以加法运算为基础的，因此教师在讲授乘法运算之前要确保学生已经掌握了加法运算法则，且达到了一定的熟练程度，具体以能够通过一定水平的测试为标准。

2. 教师要为学生提供机会，让他们可以将小的产生式联合起来

学生首先在自己的记忆中激活所需的单独产生式，然后关注每个产生式的条件与行为之间的关系，进而将它们进行联合。教师需要在此过程中为学生提供适当的练习机会，并给予及时反馈。就练习的时间安排来讲，相隔一段时间进行分散练习的效果通常要好于长时间集中练习的效果。

3. 教师要帮助学生将所学的技能程序化和自动化

这是程序性知识的最后阶段。教师需要加强学生的整体练习，即让学生将程序性知识涉及的一系列产生式联系在一起进行完整而非单独的练习，从而帮助学生在实际应用中不必对该技能本身做太多考虑，就能根据情况的需要选择合适的技能。

本章小结

知识作为教育学中的核心概念之一，以往一直沿用哲学认识论中的定义。从信息加工心理学的角度来说，广义的知识是指主体与其环境相互作用后获得的信息及其组织，贮存在个体内就是个体的知识，贮存在个体外就是人类的知识。知识的本质是信息在人脑中的表征。人们在进行知识学习时通常要经历知识的获得、知识的巩固和知识的运用三个过程。其中，知识的获得不仅是知识学习的首要阶段，而且是知识的巩固和运用的前提与基础。人们对陈述性知识和程序性知识具有不同的表征方式、掌握方式或形成过程。教师只有在充分了解以上内容的基础上，才能在教学中有效促进小学生的知识学习。例如，从动机激发策略、注意策略、精细加工策略和组织策略四个方面来引导和促进小学生进行陈述性知识的学习，根据程序性知识学习的三个方面特点有针对性地帮助小学生获得并掌握程序性知识。

章后练习

一、名词解释

陈述性知识、程序性知识、命题网络、产生式系统、精细加工策略

二、简答题

1. 陈述性知识和程序性知识之间存在哪些联系和区别？
2. 知识直观存在哪些具体方式？各自存在怎样的优缺点？
3. 如何促进小学生进行知识概括？
4. 影响小学生知识学习的因素有哪些？
5. 在教学中如何有效促进小学生的知识学习？

三、论述题

请结合自己所学的专业，选择一个有关具体知识点的实例，综合运用本章内容设计教学方案。

拓展阅读

1. 冯忠良，伍新春，姚海林，等．教育心理学(第三版)[M]. 北京：人民教育出版社，2015.

2. 皮连生．教育心理学(第四版)[M]. 上海：上海教育出版社，2011.

3. 李俊．小学生认知与学习[M]. 北京：中国人民大学出版社，2016.

4. 李梅．中学教育心理学[M]. 南京：南京大学出版社，2018.

5. 胡谊．教育心理学：理论与实践的整合观[M]. 上海：华东师范大学出版社，2009.

第八章

技能的学习

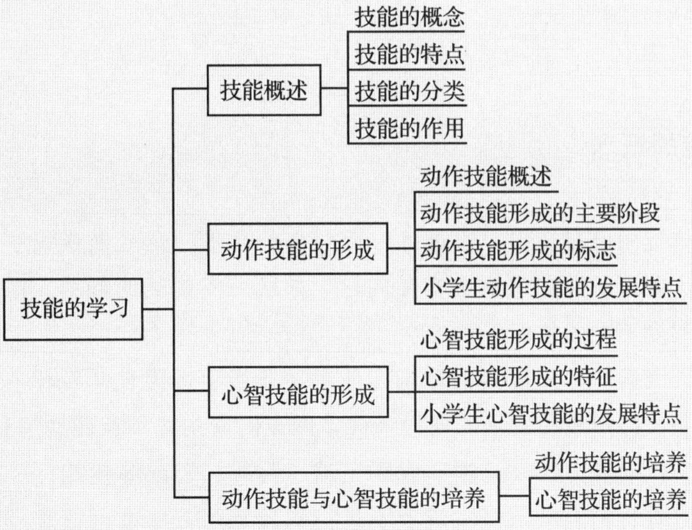

技能的学习
技能概述
技能的概念
技能的特点
技能的分类
技能的作用
动作技能的形成
动作技能概述
动作技能形成的主要阶段
动作技能形成的标志
小学生动作技能的发展特点
心智技能的形成
心智技能形成的过程
心智技能形成的特征
小学生心智技能的发展特点
动作技能与心智技能的培养
动作技能的培养
心智技能的培养

章前导语

技能是学习的重要内容。本章首先从心理学角度介绍技能的概念、特点、分类及作用，然后分别介绍动作技能和心智技能的形成，最后分别对动作技能和心智技能的培养提出建议。

学生的学习不能只限于对知识的掌握，还必须将所学到的知识转化为相应的技能。因此，使学生掌握技能同样是学校教育教学工作中的一项重要任务。与知识不同，技能属于动作经验，由一系列动作组成。技能的学习旨在通过掌握完成某项活动要求的动作来解决问题，涉及会不会、熟练不熟练的问题。现代素质教育要求不仅要把丰富的知识传授给学生，使学生理解概念、规则、命题、原理的意义，而且要帮助学生形成各种各样的技能。

第一节 技能概述

一、技能的概念

技能是个体运用已有知识，通过练习而习得的合乎一定规则或程序的动作方式或智力活动方式。利用所学知识解决实际问题，如跳一支优美的舞蹈、做各种体操动作等，属于复杂程度不同的技能。

技能受先天因素与后天因素的影响：前者主要指生理因素；后者主要指反复的练习。先天因素是技能形成和发展的前提条件，后天因素是各种技能熟练化的基本条件。例如，一个丧失运动能力的人无法形成踢足球、跳舞、游泳等技能；一个人如果生理功能正常，且富有舞蹈天赋，但主观上不进行刻苦练习，那么也很难成为一名优秀的舞蹈家。

技能与知识之间既有区别也有联系。二者之间的不同如下。知识学习的目的在于理解和记忆概念、原理和事实等，涉及知不知和懂不懂的问题；技能学习的目的在于掌握完成某项活动所要求的动作或程序，涉及会不会和熟不熟的问题。二者之间的联系如下。知识学习是技能学习的起点。人们在学习某一种技能之前，往往需要掌握活动所必需的知识。例如，如果要学习用外语写诗，就必须知道这门外语的一些语法和词汇，还必须懂得诗的一些格式。反过来，技能的形成有助于知识的掌握。例如，学生要形成分数和小数的互化运算技能，就必须首先掌握分数、小数及其相互关系的知识。练习分数和小数互相转化从而形成运算技能的过程也大大地促进了学生对分数、小数知识的理解和掌握。

二、技能的特点

(一)练习是技能形成的必要途径

技能不同于本能，它是在后天的学习过程中，通过不断练习逐渐形成的。与知识学习相比，技能的形成过程相对较慢。学生对某种技能的学习经历了由模仿到“会做”，再到熟练的过程。在此过程中，反复的练习是必不可少的。但是，练习不是机械重复。在练习过程中，学生需要调动认知系统对动作进行监控和反馈，并根据反馈的结果不断提高动作的质量，使技能趋于完善。

(二)技能属于动作经验，主要形式是动作方式

技能是由一系列动作及其执行方式构成的。[①] 技能属于动作经验，不同于认知经验的知识。知识学习要解决的是事物是什么及怎么样、做什么及怎么做等问题，即知与不知、知多与知少的问题。技能是通过反复练习形成的自动化的动作方式或智力活动方式。技能的学习要解决的是动作能否做出来以及熟练不熟练的问题。此外，知识以语言的形式被描述，以语义的形式在人脑中存储和表征；技能通过实际活动表现出来，以一种完整、严密的动作映象系统在人脑中储存，是难以用语言描述的。

(三)技能形成的标志是活动合乎一定的法则

技能不是动作的随意组合，合乎法则是技能形成的前提。在技能形成过程中，各个动作要素及其之间的顺序都要遵循活动本身的要求。例如，学打篮球时必须按打篮球的规则严格执行各个动作；写作技能的培养总是从字、词、句开始的，进而是段，然后才是篇、章。只有这样，作为技能的动作方式或智力活动方式才能通过多次反复练习形成动力定型，逐渐实现自动化。合乎法则也是技能掌握的标志。职业篮球运动员看似闲庭信步的一连串动作，其实每个动作都是合乎法则的。

合乎法则的熟练技能具有以下特征：①流畅性，即各动作成分以整合、互不干涉的方式和顺序进行；②迅速性，即快速地做出准确的动作；③经济性，即完成某项活

---

① 冯忠良：《教育心理学》，388页，北京，人民教育出版社，2000。

动所需的生理和心理能量较小，工作记忆的负荷较小；④同时性，即熟练的活动的各成分可以同时被执行或者执行者可以同时进行无关活动；⑤适应性，即能够灵活地适应各种不同的情境。①

三、技能的分类

按照技能的性质和特点，技能可分为动作技能和心智技能两种。

(一)动作技能

动作技能又称运动技能、操作技能，是指由一系列外部动作以合理的程序组成的操作活动方式，如书写、骑自行车等技能。

动作技能由三种成分构成。①动作或动作组。动作并非动作技能，只有当人们用一组动作去完成一项具体任务时，动作才能被称为动作技能。像走路、穿衣、打哈欠等都不是动作技能。②体能，主要包括耐力、力量、韧性、敏捷性等。体能是动作技能的重要组成成分，是完成动作技能的前提和保障。每一个动作任务的完成都需要相应体能的支持。离开体能，任务就不可能高质量地完成，动作技能就会大打折扣。③认知能力，包括视觉、听觉、触觉、动觉等多种知觉能力，其中手脚协调、身体平衡对完成动作技能意义重大。如果知觉能力完全丧失或有部分缺陷，那么人往往难以完成动作技能。此外，学习者还需要理解和记住训练的项目，富有想象力和创造性地解决问题。这些能力都是习得动作技能的基本条件。

动作技能在学生的学习活动中具有重要作用，不仅是学生学习的重要内容，而且是学生出色地完成学习任务的重要条件。

(二)心智技能

心智技能又称智力技能，简称为“智能”。它是一种借助于内部语言在人脑中进行的认知活动方式，如默读、心算、写作、观察和分析等方面的技能。学生在观察、记忆和解决问题的过程中采取的策略也是心智技能的不同表现形式。

根据适用范围的不同，心智技能可分为专门心智技能和一般心智技能两种。专门心智技能是从事某种专门的认知活动所必需的，也是在相应的智力活动中形成、发展和体现出来的，如默读、心算以及打腹稿等技能是学生在学习活动中必须掌握的基本的专门心智技能。一般心智技能是指可以被广泛应用于许多领域的心智技能，是在多种专门心智技能的基础上经过概括而形成、发展起来的，如观察技能、分析技能、综

---

① 陈琦、刘儒德：《当代教育心理学》，300页，北京，北京师范大学出版社，2007。

合技能、比较技能、一般性计划技能等。

根据学生学习的结果，心智技能可分为智慧技能和认知策略。智慧技能是指个体运用概念和规则加工外在信息的能力。加涅根据智慧技能的复杂程度，将其分为辨别、具体概念、定义性概念、原理或规则、问题解决五种。认知策略是指个体运用习得的概念和规则调节、控制自己的认知加工活动的能力，如短时记忆中的组块策略、自由回忆学习中的组织策略、问题解决中的手段—目的分析策略等。

(三)动作技能和心智技能的关系

动作技能与心智技能既有区别又有联系。它们的区别之处在于动作技能具有物质性、外显性和扩展性等特点，心智技能具有观念性、内隐性和简缩性等特点。前者主要表现为外显的肌肉、骨骼的操作活动，后者主要表现为内隐的思维操作活动。

动作技能和心智技能又密切地联系在一起。动作技能是心智技能形成的最初依据；心智技能常常是在外部动作的基础上，通过学习逐步脱离外部动作而借助于内部言语在脑中实现的。动作技能是心智技能的外部体现，心智技能是动作技能的支配者和调节者，越是高水平的动作技能越需要心智技能的参与和调节。两者是相辅相成、互相制约、互相促进的。

确定某种技能到底属于心智技能还是动作技能，关键取决于其活动的主导成分。例如，打字、体操主要是肌肉、骨骼的动作，这些动作虽然也受到思维的调节和支配，但属于动作技能；阅读、写作、运算主要是人脑内部的思维活动，虽然也借助于发音器官和其他手段来完成，但仍属于心智技能。

四、技能的作用

技能的学习及掌握对于学生来说有特别重要的意义。

第一，技能能够对活动进行调节和控制。它可以控制动作的执行顺序和执行方式，使个体的活动表现出稳定性、灵活性，能够适应各种变化的情境。

第二，技能是获得经验、解决问题、变革现实的前提条件。技能调节着经验获得的过程，决定着经验获得的速度、水平，是经验获得的手段。从形成问题表征、确定问题的性质和类型、探索解决问题的可能方法到实施解决问题的方案，都是通过各种心智技能与动作技能实现的。心智技能和动作技能保证了问题的顺利解决。

第三，技能是能力的构成要素之一，是能力形成和发展的重要基础。能力的发展是以有关技能的掌握为前提的。培养和造就某种人才，除了使他们具有相关的知识以外，还必须使他们掌握有关技能。

第二节
动作技能的形成

在完成复杂活动时，人总是手脑并用，既运用心智技能，也运用动作技能。动作技能是人类生存发展所必备的，对个人具有重要作用。类似于伸手、抓握等基本动作，在人类早期就已经被掌握了。随着年龄的增长、生活情境的变化，人们开始不断学习更复杂的动作技能，如旋转、跳绳、使用铅笔等；后来还需要学会使用一些新型的工具，如计算机。各种各样的专门化动作技能和智慧领域的学习活动有密切的关系。

一、动作技能概述

(一)动作技能的概念

关于动作技能的定义，心理学家的见解并不一致。克伦巴赫(Cronbach)认为，动作技能是习得的、能相当精确地执行并对其组成的动作很少或不需要有意识地注意的一种操作。加涅认为，动作技能是协调运动的能力，或者与动作的选择有关，或者与动作的顺序有关。① 我国学者认为，动作技能是依靠肌肉、骨骼与相应的神经系统活动实现的活动方式。根据现代认知心理学的研究成果，我国学者把动作技能定义为在练习的基础上形成的、按某种规则或程序顺利完成身体协调任务的能力。②

(二)动作技能的种类

根据不同的标准，动作技能可分为不同的类型。

1. 连续技能和非连续技能

连续技能指以不间断的方式完成一系列动作的技能，如跳舞、打字等。动作的持续时间一般较长，动作与动作之间没有明显的、可以直接被感觉到的开端与终点。

非连续技能是由突然爆发的动作组成的。动作延续时间短，动作与动作之间具有可以直接被感知到的开端和终点，如射箭、举重、手枪慢射等。

2. 封闭技能和开放技能

封闭技能主要依靠内部的、由本体感受器输入的反馈信息来调节，如体操、游泳、

---

① 邵瑞珍：《教育心理学》修订本，154页，上海，上海教育出版社，1997。

② 莫雷：《教育心理学》，256页，广州，广东高等教育出版社，2005。

掷铁饼等。这种技能一般具有固定的动作模式。因此，学习这种技能的关键在于反复练习，使自己的动作达到某种理想的模式。

开放技能是指必须根据外部刺激的变化来调节自己的动作的技能，如打篮球、打排球、打棒球等。开放性技能要求人们具有处理变化的外界信息的能力和对事件发生的预见能力。

3. 精细技能和粗大技能

精细技能是指在较狭窄的空间内进行、运用较精巧的协调动作的技能，如跑步、刺绣、雕刻等。它一般由小肌肉的运动来实现。

粗大技能需要运用大肌肉，往往用于全身性的运动，如跑步、游泳、打网球等。

4. 工具性动作技能和非工具性动作技能

工具性动作技能是指操纵某种工具的技能，如写字、绘画、骑自行车等。其特点是操纵现成的工具。

非工具性动作技能是指不需要操纵工具，只需要利用机体一系列的骨骼、肌肉运动就能完成活动的技能，如跑步、跳舞等。其特点是不需要操纵任何工具。

二、动作技能形成的主要阶段

动作技能的形成是通过练习逐步掌握某种动作方式的过程。该过程一般要经历三个阶段。

(一)认知—定向阶段

掌握一种技能，首先要学习与它有关的知识，了解完成这种动作的基本要求，在头脑中形成这种技能的最一般的、最粗略的表象。其次要了解动作的结构和特点以及动作之间的联系，从而在头脑中形成动作映象。例如，教师在教学生学习蛙泳时，首先应向学生介绍蛙泳的一般性知识，然后示范蛙泳的连贯动作，并将动作进行切分，分别讲解，使学生形成蛙泳的动作表象。

动作表象的形成在技能学习中有重要的作用。正确的表象能帮助学生顺利地掌握各种动作技能。相反，如果一个人错误地想象了自己要完成的动作，那么技能的学习就会出现偏向。除了动作映象，学生还要依据自己的经验和能力以及当前任务的难易程度，形成对目标的期待。一般来说，有明确目标期待的学习，比目标期待模糊的学习更有效。

该阶段的特点是人的动作显得呆板、迟缓、不稳定、不协调，多余动作较多，对动作需要进行有意识的控制。

（二）联系阶段

学生已经逐步掌握了一系列局部动作，并开始把个别动作结合起来，形成比较连贯的动作。这时，学生的注意力从认知转向运动，从个别动作转向动作的协调与组织。但他们常常忘记动作之间的联系，在动作转换和交替的地方会出现短暂的停顿。协同动作是交替进行的，即先集中注意力做出一个动作，而后再做出另一个动作，反复地进行交替。随着练习时间的增加，这种动作交替慢慢加快，技能结构的层次不断增加，最终在大体上构成了整体的动作系统，动作技能接近形成。这时，他们的动作紧张度降低，但并没有消失，稍微分心还会出现错误的动作。

该阶段的特点是技能的局部动作被综合成更大的单位，最后形成连贯的、整体的动作技能。在此过程中，学生的视觉控制作用逐渐减弱，肌肉感觉的自控作用逐步增强，动作间的相互干扰减少，紧张程度有所降低，多余动作趋于消失。

（三）自动化阶段

在这个阶段，学生所学习的各个动作在时间和空间上已联合为一个有机的整体并得到巩固，相互协调，达到自动化水平。只要一个启动信号，他们就能迅速、准确地按照动作的程序，以连锁反应的方式来完成动作。达到自动化水平需要经过长期的练习。许多运动技能的训练表明，一个运动员要达到自己的最高水平，需要多年的练习。另外，技能的保持也需要大量的练习。①

该阶段的主要特点是学生在完成动作时的紧张状态和多余动作几乎完全消失，意识对动作的控制作用减小到最低限度，整个动作系统从始至终几乎是一气呵成的，动作的连贯性主要由本体感受器提供的动觉信号来调节。②

三、动作技能形成的标志

动作技能形成的标志是达到熟练操作。所谓熟练操作，是指个体能迅速、准确、流畅地完成整套动作，且在整个过程中不需要或较少需要注意的参与。熟练操作主要有以下特征。

（一）意识对动作的控制作用减弱，整个动作系统转向自动化

在技能形成初期，人的内部言语起着重要的调节作用。人们完成每一个动作，都

① 邵瑞珍：《教育心理学》，164～165页，上海，上海教育出版社，1997。
② 燕良轼：《教育心理学》，129～130页，上海，华东师范大学出版社，2018。

要受到意识的调节与控制。意识的控制作用稍有减弱，动作就会停下来或出现错误。因此，学生在完成动作时，往往处于紧张的状态中。

通过反复练习，意识对动作的控制逐渐减弱。当动作达到熟练程度后，意识控制被自动化取代，人们将以无意识的方式完成动作。此时，动作的执行过程不占用认知资源，人脑有足够的资源应对环境，因而紧张状态也随之消失。

(二)动作反馈由外反馈逐步转向内反馈

在技能形成过程中，反馈对技能动作的学习和完善起着重要的调节作用。在动作技能中，反馈可分为外反馈与内反馈两种。外反馈指由眼睛、耳朵等感觉器官提供关于外部环境的反馈信息。内反馈指由肌肉、关节、前庭器官等内部感受器官提供关于躯体内部的反馈信息。两种反馈信息在技能形成过程中起着不同的作用。在技能形成的初期，内反馈与外反馈都很重要，但来自外界环境的视觉反馈起着更重要的作用。在动作技能的熟练期，外反馈的控制作用逐渐由内反馈代替，学习者主要依据内反馈来操作或调节自己的动作。

(三)动作的稳定性与灵活性增强

动作的稳定性是逐渐增强的。技能形成之初，学习者的动作往往是不稳定的。这种不稳定既表现在个别动作的准确性上，也表现在动作之间的衔接上。技能形成以后，整个动作系统已相对稳定。例如，高水平运动员在不同的时间和空间条件下，都能按同一方式完成某种动作技能。

技能的稳定性并不意味着动作是机械刻板的、一成不变的。恰恰相反，熟练的技能是与情境的种种变化相适应的一种高水平技能。不管情境发生什么变化，熟练者都能灵活地运用、调整动作，使技能的发挥不受动作模式的限制。竞技场上许多武林高手在不利的条件下，能够出奇制胜，往往和他们的应变能力分不开。因此，熟练的动作技能既表现出高度的稳定性，也表现出与环境相适应的灵活性。

(四)建立起协调的运动模式

技能是由一系列动作构成的。在技能形成过程中，动作的协调性逐渐增强，多余动作逐渐减少。一系列单个动作联合成为一个完整的动作系统，即一种协调化的运动模式，这是动作技能形成的一个重要标志。动作技能的协调表现在两个方面。第一，连续性的统一协调，这是动作在执行时间上的协调。例如，一套太极拳分为 24 式，每一式包含不同的动作。要完成一套太极拳，学习者需要按照先后顺序执行固定的动作模式。第二，同时性的统一协调，这是动作在空间上的协调。例如，驾驶汽车时，驾驶员脚踩油门，手扶方向盘，紧密配合，融为一体。许多动作技能既需要连续性的统一协调，又需要同时性的统一协调，从而构成一个协调化的运动模式或运动系统。

四、小学生动作技能的发展特点

(一)小学生的动作发展

儿童早期的动作发展主要分为大动作发展和精细动作发展。大动作主要是指整个身体的动作，如爬行、站立、走动等。精细动作主要是指手臂和手指的动作，如抓握、伸手取物等。

相比于学前儿童，小学生的大动作技能在灵活性、平衡性、敏捷性和力量方面都有很大的进步，他们可以自如地跑、单脚跳、跳绳、挥动球拍、投掷物体等。表 8-1 列出了学龄儿童大动作技能的发展状况。

表 8-1 学龄儿童大动作技能的发展状况一览表①

年龄/岁	动作技能的表现
6	女孩在运动的准确性方面更有优势，男孩在需要力量但不太复杂的活动方面更有优势。可能能够跳跃。投掷时能够有恰当的重心转移和步伐
7	能够闭着眼睛单腿平衡。能够在 5 厘米宽的平衡木上行走。能够单腿跳，并准确地跳到小方格里（“跳房子”）。能够练习双起双落的开合跳
8	能够提起 5 千克重的物体。这一年龄的男生、女生同时参加游戏的数目最多。能够以两下—两下、两下—三下、三下—三下的模式进行不同节奏的单腿跳。女孩能够把小球投出 12 米，男孩能够投出 18 米
9	男孩每秒能跑 5 米，能够把小球投出 21 米；女孩也能每秒跑 5 米，能够把小球投出 12.5 米
10	能够判断远处飞来的小球的方向并接住它。男孩女孩都能每秒跑 5.2 米
11	男孩立定跳远可能达到 1.5 米，女孩约为 1.4 米

精细动作在学龄期也有所发展，学生可以掷沙包、玩溜溜球、缝制东西、弹奏乐器，使用诸如螺丝刀、起子这样的工具。学生的书写和绘画技能也有了很大发展。以绘画为例，学生从复制二维形状的图形过渡到复制如立方体、圆柱体等三维形状的图形，深度知觉线索在绘画中已经出现，如知道远处的物体比近处的小。②

① 雷雳：《发展心理学》，168 页，北京，中国人民大学出版社，2009。

② Braine L G，Schauble L，Kugelmass S，et al.，“Representation of depth by children：Spatial strategies and lateral biases，”Developmental Psychology，1993，29(3)，p. 466.

(二)动作的发展规律

儿童动作的发展遵循一个相对固定的发展序列，主要表现为以下五个特点。

1. 头尾原则

儿童最早发展的动作是头部动作，其次是躯干动作，最后是脚部动作。任何儿童的动作总是沿着抬头—翻身—坐—爬—站—行走的方向发展的。儿童最先学会抬头，然后学会翻身、坐、爬，最后学会站和行走。这种发展趋势被称为头尾原则。

2. 从整体动作到分化动作，再到动作组的协调发展

儿童最初的动作是全身性的、笼统的、弥散性的。比如，满月前婴儿受到疼痛刺激后，一边哭喊一边全身乱动。随着年龄的增长，儿童的动作逐渐分化，向着局部化、准确化和专门化的方向发展。

3. 由大到小原则

大肌肉的大幅度动作先发展，小肌肉的精细动作后发展。从四肢动作看，首先学会臂和腿的动作，即活动幅度较大的所谓粗动作，然后逐渐学会手和脚的动作，特别是手指的精细动作。这种发展趋势被称为由大到小原则。

4. 由近及远原则

儿童首先出现的是头的动作和躯干的动作，然后是双臂和腿部的有规律的动作，最后是手的精细动作。靠近头部和躯体的部分先发展，远离身体中心的部位后发展。这种发展趋势被称为由近及远原则。

5. 从不随意动作到随意动作

随着年龄的增长，儿童的动作越来越受到意识的支配。最初，儿童无法控制自己的动作，尤其是精细动作。随着前额皮层的成熟，儿童可以自如地控制自己的动作，并进行一些高难度的动作。随意动作成为动作构成的主要成分。

第三节
心智技能的形成

心智技能是一种调节和控制心智活动的合乎法则的心智活动方式。它有别于操作活动方式，具有观念性、内潜性和简缩性的特点。它是在不断学习的过程中，在主客体相互作用的基础上，主体通过内化动作经验而形成的。加里培林(Garypalin)于1959年提出了心智活动形成的五阶段理论。冯忠良在吸收加里培林“内化”学说的基础上，经过长期的“结构定向”教学实验研究，提出了心智技能形成的三阶段理论，认为心智

技能的形成包括原型定向、原型操作、原型内化三个阶段。①

一、心智技能形成的过程

（一）原型定向

原型定向指了解心智活动的实践模式或原型活动的结构（如动作构成要素、动作执行次序和动作执行要求）。原型在这里指那些被模拟的某种自然现象或过程，即外化了的实践模式、“物质化”了的心智活动方式或操作活动程序。由于心智活动非常复杂，原型只是对一些较典型的心智活动样例的设想，因此，我们将原型定义为心智活动的“原样”。

原型定向是智力活动的准备阶段。它是让学生通过观察智力活动的“原型”，理解活动的目标、任务、操作程序及步骤，在头脑中建构有关活动及活动结果的表象，明确执行活动的操作程序或操作步骤，以便对活动本身及其结果定向。例如，在小学生应用题教学中，教师讲解例题，将解答应用题的思维过程呈现给学生。学生通过观察、分析、思考明确解答应用题的目标、程序及步骤，在头脑中建构有关解答应用题的过程与结果的表象。

（二）原型操作

原型操作指学习者依据心智技能的实践模式，以外显的操作方式执行头脑中已经建立的活动程序和计划。在这一阶段，活动的执行是在物质与物质化水平上进行的。在物质的活动形式中，动作的客体是实际事物，是对象本身；在物质化的活动形式中，动作的客体不再是对象本身，而是它的代替物。两者都是对原型的操作。在这一阶段，所有的动作要以展开的方式呈现，不能遗漏，学习者要实施和检查动作。只有这样才能保证在头脑中建立完备的动作映象，获得正确的动觉经验，确保活动方式的稳定性。

在这一阶段，教师要求学生必须严格遵循活动的所有动作序列，逐一执行，不能有遗漏或缺失，并要及时检查、考察操作动作的方式是否正确以及动作执行后对象发生的变化；要求学生一边执行动作一边口头报告，使活动易于向言语执行水平转化。另外，教师要向学生提供多种类型的操作活动对象或变更操作活动对象，使智慧活动模式在直觉水平上得以概括，从而形成操作活动或诊断活动的表象。

（三）原型内化

原型内化是指心智活动的实践模式向头脑内部转化，由物质的、外显的、展开的

---

① 冯忠良：《关于智力技能及其形成、培养问题》，载《全国第六届心理学学术会议文摘选集》，1987。

形式变成观念的、内潜的、简缩的形式的过程。动作离开原型中的物质性客体及外显的形式转向头脑内部，最后达到活动方式的定型化、简缩化和自动化。原型内化过程首先要从外部的语言开始，而后转向内部言语。操作活动在言语水平上完全展开，然后再依据活动掌握程度逐渐缩减，省略一些步骤，合并相关的动作，最后达到自动化。

在这一阶段，教师要注意变化动作的对象。例如，教分数的乘除法时，要注意变化练习的形式，分子、分母都可以是整数、分数或者小数，还要变换题型，注重应用。

冯忠良提出的三阶段理论，突出了以“原型”为对象的各阶段心智技能形成的特点以及各阶段教学的注意点，进一步丰富、完善了加里培林提出的心智技能按阶段形成的理论，使其理论更清晰、简明，更易于操作。①

二、心智技能形成的特征

根据国内外心理学家对心智技能的研究，心智技能形成的特征包括以下几个方面。

第一，从智力活动的方式看，智力活动的各个环节逐渐联合为一个有机的整体，内部言语趋于概括化和简约化，观念之间的泛化现象逐渐减少以至消失。例如，在解决问题之初，智慧活动的展开是全面、完整和详尽的；在最后阶段，整个智慧进程已高度压缩、合理省略，思维变成了记忆，学生以检索信息的方式解决问题，智慧活动达到自动化水平。

第二，从智力活动的调节来看，智力活动已经不需要太多意识参与调节和控制就能自动进行，达到“运用自如”“得心应手”的程度。学生已经觉察不到自己头脑中的内部操作过程和程序，只能觉察到内部活动的结果。此时的智力活动具有内潜性、高效性。

第三，从智力活动的对象来看，心智技能“操作”的对象不是外显的物体或者肌肉，而是头脑中的一些观念、概念或者原理。例如，使用解析技能时，头脑中操作的是问题特征、数量关系、算法等概念或规则。

三、小学生心智技能的发展特点

心智技能较为复杂，现有研究较少关注心智技能的发展特点。心智技能的发展与思维尤其是问题解决能力的发展密切相关。

按照皮亚杰的观点，小学生的认知发展处于具体运算阶段。皮亚杰将运算界定为某种用于转换信息的基本认知结构，是一种可逆转的观念上的操作。该阶段的首要智

---

① 李梅：《中学教育心理学》，112～115页，南京，南京大学出版社，2018。

慧成就就是取得可逆性操作的心理运算能力。例如，儿童认识到从一堆珠子中减去几个，可以通过加入同样数量的珠子而逆转。其次，儿童已经摆脱自我中心思维，能够同时将注意力集中于某客体或事件的几个属性上，并认识到这些属性之间的关系。他们认识到客体不只有一个维度，如重量和大小，并且这些维度是可分离的。此外，儿童对事物的判断与推理，从依赖知觉信息转向使用逻辑原则。其中一个重要的逻辑原则是同一原则，即一个客体的基本属性不变。与同一原则密切联系的另一个逻辑原则是等价原则，即如果 A 的某种属性等于 B，B 等于 C，则 A 必然等于 C。

心智技能与问题解决能力高度相关。小学生的问题解决能力表现出随年龄增长不断提高的趋势，不仅表现在解决问题的成绩上，而且表现在解决问题所采用的方法上。随着年龄的增长，小学生越来越倾向于使用更高级的规则解决问题，即运用信息的灵活性不断提高，对信息的加工更为完善，考虑更全面，执行控制也更加有效。

第四节
动作技能与心智技能的培养

一、动作技能的培养

动作技能的形成是一个复杂的过程，需要具备一系列的条件。其中，练习是学生动作技能形成的基本途径。然而，并非所有的练习都是高效率的。为了帮助学生提高练习的效果，迅速、准确地掌握动作技能，教师除了要遵照练习的一般规律正确指导外，还必须注意以下几个问题。

(一)掌握相关知识，理解任务的性质及所处情境，提出合理期望

学生如果在学习技能之前，没有掌握相关的先前知识(图式、技能等)，就会对工作记忆感到巨大的压力，导致认知负荷过大，甚至可能难以继续以后的学习。所以，教师需要帮助学生梳理必要的先前知识。如果学生先前的技能习惯与新技能相矛盾，那么教师需要提供合适的任务，使学生认识到技能之间的区别，避免干扰。

每一种动作技能都有其特定的目的和要求，需要在一定的学习情境中完成。因此，教师要指导学生理解学习任务，并在此基础上形成一定的期望，从而激发学习动机；应向学生明确提出学习应达到的目标，并提出切实可行的期望。一般来说，有明确期望和目标的学习比无明确期望和目标的学习有效。

(二)准确地示范与讲解

示范与讲解在动作技能形成过程中是不可缺少的。教师的示范与讲解在动作技能形成过程中具有导向功能，能引导学生做出规范的动作。准确的示范与讲解有利于学生不断地调整头脑中的动作表象，形成准确的定向映象，进而在实际操作活动中调节动作。因此，教师要进行充分、准确的示范。教师的示范要做到：第一，动作示范与言语解释相结合；第二，整体示范与分解示范相结合；第三，示范动作要重复，动作要放慢；第四，指导学生观察，并纠正学生的错误理解。教师只有做好上述四方面的工作，才能促进学生在头脑中形成正确的动作映象，大大提高动作技能的学习效果。

在整个示范过程中，教师要防止学生的认知负荷超载。每次示范的信息量和速度要切合学生的实际水平。因为初学者在刚刚接触一个新动作时，往往顾得了手顾不了脚，很容易因为新的信息量过多而超载。

(三)练习与反馈

练习是形成各种操作技能不可缺少的关键环节。个体经过不同形式的练习，可以掌握某种技能。一般来说，随着练习次数的增多，动作的精确性、速度、协调性等会逐步提高。练习存在一些共同点：第一，练习成绩随练习的推进而逐步提高。第二，练习进程是不均匀的，开始进步快，中间有一个明显的、暂时的停顿期，即高原期，后期进步较慢。第三，总趋势是进步的，但有时出现暂时的退步。第四，练习中存在个别差异。练习者不同的特点、他们对学习的准备程度和对练习的不同态度，都会影响练习的成绩，造成练习中的个别差异。

需要注意的是，并不是练习量越大越好，练习的效率受很多条件影响。正确利用这些条件有利于技能的形成与发展。

1. 灵活运用整体练习和分解练习

人们通常把练习分成整体练习和分解练习两种。整体练习是把某种技能当作一个完整的整体来掌握，从一开始就着眼于动作间的关系，并从始至终对动作进行整体练习。分解练习又称局部练习，是指在练习时，把某项技能分解为若干部分或某些个别的、局部的动作，通过学习和掌握这些局部的动作，逐渐达到学习完整技能的目的。

由于整体和部分只有相对的意义，因此整体练习与分解练习不能被截然分开。在进行局部练习时，人们并不会把技能分解成一个个孤立的动作，而是把动作分解成某些较大的动作单元，按单元进行练习，并把新学习的单元与已经学会的单元逐渐联系起来。这种整体与分解的练习或渐进性分解的练习对学习复杂的动作技能特别有利。

2. 恰当安排练习时间，适度过度练习

练习时间的安排有两种，即集中练习和分散练习。集中练习是指长时间不间断地进行练习，每次练习中间不安排休息时间；分散练习指相隔一定时间进行练习。一般来说，分散练习比集中练习的效果要好些。

过度练习是指实际练习时间超过达到某一操作标准的练习时间。对许多动作技能的形成而言，过度学习是非常必要的，对于动作技能的保持也尤为关键。学生在进行过度练习时，应注意下面几个问题：一是要了解达到某一任务标准时所需的基本练习次数，在此基础上确立过度练习的次数；二是过度练习的次数并非越多越好，最佳程度为150%；三是对于那些只能在一个特定的时期进行练习，此后又不会马上操作的技能学习来讲，过度练习更为有效。

3. 练习中必须有反馈

只有当练习者从他们的操作或动作的结果中得到反馈时，练习才能对学习起到积极的作用。反馈是动作技能形成的重要条件，可以来自内部，即“感觉”自己的动作是否正确。反馈也可以来自外部。例如，射击运动员观察打过的靶面，那么靶面就是外部反馈信息；篮球运动员通过动觉感受肌肉和关节的变化，那么肌肉和关节提供的信息就是内部反馈信息。准确的结果反馈可以引导学生矫正错误动作，强化正确动作，并鼓励学生努力改进其操作。

知识窗

练习进程中存在高原现象

在学生动作技能的形成过程中，练习的成绩并非直线式上升的，有时会出现暂时停顿，这一现象被称为“高原现象”。在高原期之后，练习曲线又会上升，即练习成绩又会有所进步。高原现象在技能学习中是常见的。例如，在语言技能的学习中，许多英语学习者曾经体会到，当学习达到一定的水平后，再进一步地提高学习成绩变得非常困难，仿佛学习停滞不前了，即使继续努力也收效不大。

高原现象是练习成绩暂时性的停顿现象，与生理的极限和工作效率的绝对顶点是不同的。而且，并不是所有的技能学习中都必然存在高原现象。高原现象产生的原因有很多，如学习兴趣不足、缺乏学习动力、基础薄弱、自我评价不当、缺乏信心、急功近利、身心疲劳等。除此之外，当练习成绩达到一定水平时，实现继续进步需要改变现有的活动结构和完成活动的方式，代之以新的活动结构和完成活动的新的方式。旧的技能结构限制了人们按照新的方式组织动作。在没有完成这种改变之前，练习成绩只会处于停顿甚至暂时下降的状态。如果能针对以上原因做出相应的调整，那么高原现象是可以被克服的。

二、心智技能的培养

心智技能以陈述性知识为基础，是对陈述性知识的运用。因此，对心智技能的培养应同知识教学结合起来。由于小学生的思维发展水平较低，特别依赖于具体形象信息，因此在实际教学中，教师应使用实物、模型或生动形象的描述语言帮助其形成心智技能。

(一)掌握原型的实践结构

在心智技能形成的起始阶段，学生需要掌握心智技能的实践模式(操作活动程序)。在教学中，教师首先要让学生了解原型的实践结构，即了解构成活动的各个动作要素及动作之间的执行顺序，并了解动作的执行方式；其次要让学生了解各个动作要素、动作执行程序和动作执行方式的各种规定的必要性。这样，一方面可以提高学生学习的自觉性，另一方面可以让学生在头脑中形成清晰的映象。此外，为了发挥学生的主动性与独立性，师生应共同总结各动作及其执行顺序。这样才能使学生体会到各动作划分的原因及动作顺序的合乎法则性，从而理解和接受。

(二)将动作以展开的方式呈现

使心智活动的所有动作以展开的方式呈现，即主体要依据心智活动的原型，把构成这一活动的所有动作系列依次按照一定的顺序做出，不能有遗漏或缺失；在每个动作完成之后，要及时检查，考察是否能正确完成动作，对象是否发生了应有的变化。因为只有在展开的活动中，主体才能确切了解活动的结构，才能在头脑中建立起完备的动作映象，才能获得正确的动觉经验并确保活动方式的稳定性。例如，在数量关系的解析过程中，学生按教师演示的方法，用小卡片进行解析活动，边摆、边想、边填写，先在教师的指导下做半独立练习，再做独立练习。

(三)加强对学生的言语表达训练

许多学者研究发现，言语活动有利于降低学生思维的盲目性，帮助学生寻找新的思路，把注意力集中于问题的突出方面或关键因素，使问题解决的成功率更高。言语表达水平可以体现内部思维水平。有效运用言语表达可以提高解决问题的速度和迁移水平，促使智慧活动内化。因此，教师在教学中应有意识地加强对学生言语表达能力的训练。

教师在言语训练中应注意以下几点。第一，言语训练不只包括外部言语训练，还应引导学生由外部言语表达逐步转向内部言语表达；在采用外部言语的场合，还应注意从出声的外部言语转向不出声的外部言语，顺序不能颠倒。第二，在由出声到不出声、由展开到压缩的转化过程中，要注意对活动的掌握程度，不能过早也不宜过迟转化。第三，应该注意为学生创造一个民主、宽松的课堂心理环境，使学生喜欢、愿意、敢于进行言语表达。

(四)恰当地运用变式

变式是指用不同形式的直观材料或事例说明事物的本质属性，即变换同类事物的非本质特征，以便突出本质特征。在教学中，教师要注意变更活动对象，使学生在直觉水平上对心智活动进行概括，从而形成关于活动的表象。心智技能作为合乎法则的活动方式，其适用范围具有广泛性。采用变式加以概括，有利于学生对心智技能的掌握和内化。例如，数量关系的解析模式，不仅对简单应用题适用，而且对复合应用题和方程应用题也适用；不仅可以从加减应用题中进行概括，而且可以从乘除应用题及四则混合应用题中进行概括。

本章小结

技能是个体运用已有知识，通过练习而习得的合乎一定规则或程序的动作方式或智力活动的方式。按照技能的性质和特点，技能可分为动作技能和心智技能两种。其中，动作技能是指在练习的基础上形成的、按某种规则或程序顺利完成身体协调任务的能力。动作技能形成包括认知—定向阶段、联系阶段和自动化阶段。心智技能是在不断学习的过程中，在主客体相互作用的基础上，主体通过内化动作经验而形成的。冯忠良提出了心智技能形成的三阶段论。该理论认为，心智技能的形成包括原型定向、原型操作、原型内化三个阶段。

在实际教学中，动作技能的培养除了基本的练习以外，还需要注意：掌握相关知识，理解任务的性质及所处情境，提出合理期望；准确地示范与讲解；选择合适的练习方式，且练习过程中要有反馈。心智技能的培养策略包括掌握原型的实践结构，将动作以展开的方式呈现，加强对学生的言语表达训练，恰当地运用变式。

章后练习

一、名词解释

技能、动作技能、心智技能、高原现象、原型定向、原型操作、原型内化

二、简答题

1. 简要叙述技能的特点。
2. 简要叙述动作技能形成的阶段。
3. 简要叙述心智技能形成的阶段。
4. 简要叙述练习进程的特点。
5. 说明提高练习效率的条件有哪些。
6. 简要叙述小学生动作技能和心智技能的发展特点。
7. 论述动作技能和心智技能的培养策略。

拓展阅读

1. 陈琦，刘儒德．当代教育心理学[M]. 北京：北京师范大学出版社，2007.

2. 冯维．小学心理学[M]. 重庆：西南师范大学出版社，2013.

3. 李俊．小学生认知与学习[M]. 北京：中国人民大学出版社，2016.

4. 李梅．中学教育心理学[M]. 南京：南京大学出版社，2018.

5. 莫雷．教育心理学[M]. 广州：广东高等教育出版社，2002.

6. 桑标．儿童发展[M]. 上海：华东师范大学出版社，2019.

7. 燕良轼．教育心理学[M]. 上海：华东师范大学出版社，2018.

8. 叶奕乾，何存道，梁宁建．普通心理学[M]. 上海：华东师范大学出版社，2016.

第九章

学习策略

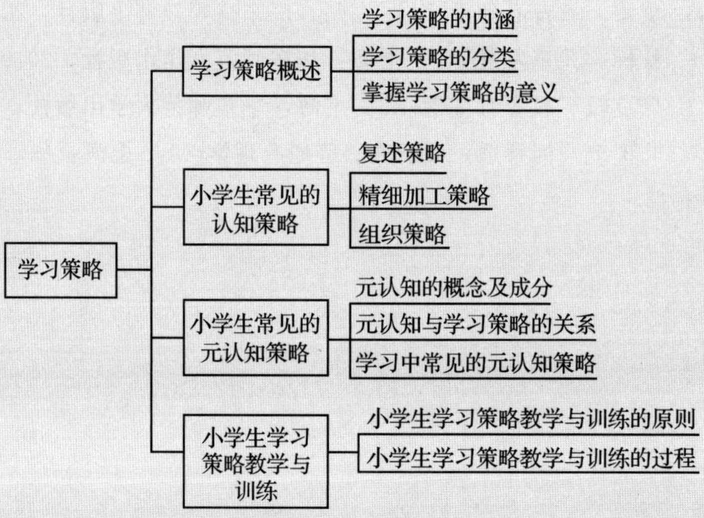
学习策略
学习策略概述
学习策略的内涵
学习策略的分类
掌握学习策略的意义
小学生常见的认知策略
复述策略
精细加工策略
组织策略
小学生常见的元认知策略
元认知的概念及成分
元认知与学习策略的关系
学习中常见的元认知策略
小学生学习策略教学与训练
小学生学习策略教学与训练的原则
小学生学习策略教学与训练的过程

章前导语

使学生学会学习是教育的重要目标，掌握学习策略是学会学习的关键。本章在介绍学习策略的内涵的基础上，阐述小学生常见的认知策略和元认知策略，介绍学习策略教学与训练的原则和过程。

有些学生学习非常刻苦，课上遵守纪律，课后及时完成作业，但学习成绩却不理想，这种情况让人很着急。为什么会出现这种情况呢？这很可能是因为学习策略使用不当，学习不得法。“授人以鱼不如授人以渔”，学习策略的教育非常重要。接下来就让我们走进学习策略的相关内容吧。

第一节 学习策略概述

一、学习策略的内涵

学习策略这一概念是在布鲁纳于 1965 年提出认知策略后出现的。研究者从不同角度对其进行了不同的界定。综合而言，学习策略是学习者为了提高学习效率，有目的、有计划地制订的有关学习过程的复杂方案。学习策略通常具有以下三方面的特点。

(一)操作性和监控性

学习策略实际上是由规则系统构成的程序性知识，学生可以通过对学习过程进行不断调控，使学习策略得以建构和内化。规则系统自动化之后，就能够自动为学生提供相应的方法与技能，从而供学生在学习过程中进行选择与调控。学习策略的操作性体现在认知过程的各个阶段，能够为学生有效认知提供各种方法和技能。学习策略的监控性体现在内隐的认知操作中。由于已习得的学习策略在不同学习情境中的适用性并不相同，因此学生需要在整个学习过程中对它进行有效的监控和及时的调整。

(二)外显性和内隐性

在学生实际的学习过程中，教师可以直接观察到学生在使用哪些外部的学习操作，并对此做出适当监控。可见学习策略具有外显性。学习策略对学习的调控是学生在头脑中借助内部言语进行的内部意向活动。学习策略支配和调节着外部操作，因而又具有内隐性。学生对学习策略的运用有时是能意识到的，有时又是意识不到的。只有当学习活动出现明显的无效或错误时，学生才能够意识到，然后对学习过程进行调控。因此从意识性上看，学习策略也具有外显性和内隐性的特点。

(三)主动性和迁移性

学习策略是学生对学习活动的能动性把握，是对自我学习活动的一种调整和监控，这体现了学习策略的主动性。具体的调控方式有两种：一是利用学习策略直接干预认知方式，达到学习目标；二是对学习过程进行监控和调节，达到提高学习效率的目的。学习策略的迁移性是指作为一套规则系统，学习策略是学生从具体的学习活动和过程中抽象出来的，能够适用于不同的学习情境，即从某种学习情境中获得的策略能够被有效地迁移到类似的或不同的学习情境中。

二、学习策略的分类

学习策略可以分为认知策略、元认知策略和资源管理策略三种，它们之间的层次关系见图 9-1。①

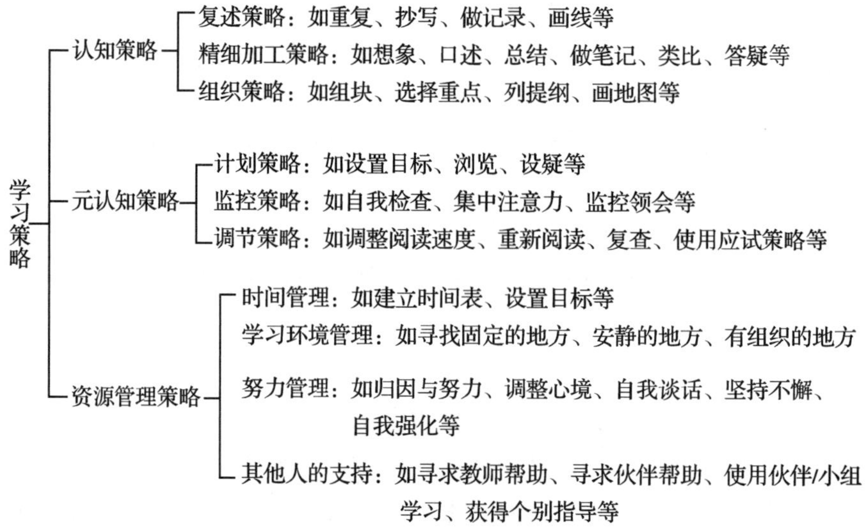

图 9-1 学习策略分类

① 刘儒德：《论学习策略的实质》，载《心理科学》，1997(2)。

三、掌握学习策略的意义

(一)掌握学习策略是学会学习的必然要求

随着社会变革的加剧，个体面临的社会环境日趋复杂。在终身学习理念的指导下，个人必须不断学习。学会学习是现代社会对每个社会成员的必然要求，学会学习的关键是掌握学习策略。任何学科知识的掌握范围都是有限的，掌握获取知识的策略才是至关重要的。“授人以鱼不如授人以渔”，教学应该将策略的教学作为重要目标。

(二)掌握学习策略能够有效提高学习效率和学习质量

学习策略是众多影响学习质量的因素中最重要的因素之一。学习策略的使用情况会影响学生的学习效率。尽管从掌握学习的角度来说，大部分学生都能够对学习材料达到掌握程度，但是掌握的效率却受到学生学习策略的影响。学习策略的有效使用会减少各学科的学习和训练时间，使学生从沉重的课业负担中解放出来。

第二节
小学生常见的认知策略

认知策略是信息加工的方法和技术，能使人们有效地从记忆中提取信息。按照加涅的观点，认知策略是内部组织化的技能，其功能是调节和控制概念与规则的运用。学习策略与认知策略的关系是包含与被包含的关系，学习策略比认知策略包含的范围更广，认知策略在学习策略中居于核心地位。认知策略主要包括复述策略、精细加工策略和组织策略，小学生常用的认知策略主要是复述策略和组织策略。

一、复述策略

复述策略是指为了将所学材料保持在记忆中而主动重复识记材料的策略。在学习中，复述是一种有效的记忆手段，是注意不断指向输入信息的过程，也是学生为了达到识记目的而主动做出的意识活动。对于许多新信息，如人名、地名或单词等，学生只有经过多次复述后才能记住。

(一)复述策略的时间安排技巧

1. 及时复习

德国心理学家艾宾浩斯(Ebbinghaus)发现，遗忘的进程是不均衡的，表现出先快后慢的特点。在学习过后的10小时内复习10分钟，会比在5～10天后复习1小时的效果好得多。所以，复习要及时进行，特别是对那些意义性不强的学习材料。复习的黄金时间是学习后10分钟，这时只用2分钟复习就能取得良好效果。

2. 分散复习

受消退、干扰等的影响，随着时间的推移，学生会出现不同程度的遗忘，只进行一次及时复习还达不到牢固保持的效果。分散复习是在复习过程中把需要复习的资料分散在几段相隔不太长的时间内，每次复习一定的次数，到记熟为止。这样多次重复，循环记忆，可以提高复习效率。

(二)复述的次数安排

一般刚刚能准确背诵某一材料的学习就是适度学习。在此基础上进行适当次数或时间的重复学习，就是过度学习。过度学习的次数越多，保持的成绩越好，而且保持的时间也越长。但是，在有些情况下，过量的过度学习会降低学习效果。一般而言，过度学习程度达150％时，学习效果是最好的。

(三)复述方法的选用

1. 排除相互干扰

日常生活中常有干扰现象。干扰是遗忘的一个重要原因。一般来说，前后所学的信息容易相互干扰，既包括先学习的知识对后学习的知识产生干扰，即前摄抑制，也包括后学习的知识对先学习的知识产生干扰，即倒摄抑制。学生在安排复习时，要尽量考虑减少前摄抑制、倒摄抑制的影响，尽量错开学习两种容易混淆的内容，如英语和拼音，避免相互干扰。

2. 多种感官参与

运用多种感官协同记忆，可在大脑中留下多方面的回忆线索，从而提高记忆效果。例如，边听边看、边说边写、边听边做、边想边动手等。人一般可记住自己阅读过的信息的10％，自己听到的信息的20％，自己看到的信息的30％，自己看到和听到的信息的50％，交谈时自己所说的信息的70％。这说明多种感官参与能有效增强记忆效果。

3. 复述方式多样化

用几种不同的方式识记相同的内容，这样会使复习更加持久而不单调，并且利于多角度理解知识内容。例如，复习英语生词时运用各种方法，如朗读、抄写、默写、看中文忆英文、用单词造句、利用句子记、同学之间互考互问、自问自答等。

从发展的角度看，小学生对复述策略的掌握程度是随年龄增长而逐渐提高的。弗拉维尔等人的研究发现，5 岁儿童中能够表现出复述行为的人数比例仅占 10％，7 岁儿童中能够占到 60％，10 岁儿童中能够占到 85％。[①] 一般来说，儿童 5 岁以前是没有策略的阶段；5～7 岁是过渡期，不能主动应用策略，但经过提示或诱导可以使用策略；10 岁以后能够主动自觉地采用策略。[②] 如果对不能自发进行复述的儿童进行适当的训练，那么可以把他们的记忆成绩提高到接近主动复述的儿童的水平。在此过程中，成人的言语提示起着非常重要的作用。

二、精细加工策略

精细加工策略是把新学的材料与头脑中已有的知识建立联系，以此在头脑中增加新信息的深层加工策略。精细加工策略的要旨在于建立信息间的联系。联系越多，信息的提取线索就越多，回忆出信息的准确率就越高。深加工越细致，回忆就越容易。作为一种理解性的记忆策略，精细加工策略与复述策略结合使用，可明显增强记忆效果。常见且行之有效的精细加工策略主要有形象联想法、谐音联想法、首字连词法、缩减和歌谣法。

(一)形象联想法

形象联想法，即通过人为联想，将无意义的、难记的材料和头脑中鲜明奇特的视觉表象相结合。例如，要记住大风、电视、老鼠、石头、酸奶、鲁迅、穷人、小说、画布、奔跑这十个词语，可以联想成一个故事：一个穷人画家在他的石头房子里看电视，电视里正在播放鲁迅出版小说的新闻。突然，大风吹开了房门，一只老鼠奔跑着进来，穿过画布，来偷吃酸奶。

(二)谐音联想法

谐音联想法，即通过谐音线索，运用视觉表象、假借意义进行人为联想。在记忆历史年代和常数时，这种方法非常适用。例如，可以将圆周率编成顺口溜：“山巅一寺一壶酒(3.14159)，尔乐苦煞吾(26535)，把酒吃酒杀尔(897932)，杀不死乐尔乐(384626)。”

(三)首字连词法

利用每个词的第一个字母形成缩写，这种方法在英文中十分常见。例如，VIP 是

① Flavell J H，Beach D R，Chinsky J M，“Spontaneous verbal rehearsal in a memory task as a function of age,”Child Development，1966，37(2)，pp. 283-299.

② 林崇德：《发展心理学》，229 页，北京，人民教育出版社，2018。

very important person(贵宾)的缩写，CCTV 是 China Center Television(中国中央电视台)的缩写。

(四)缩减和歌谣法

缩减，即将识记材料的每条内容简化成一个关键的字，然后变成自己熟悉的事物，从而将材料与经验联系起来。有时可以将材料缩减成歌谣。歌谣韵律和谐，抑扬顿挫，非常有助于记忆。例如，可以将二十四节气编为“春雨惊春清谷天，夏满芒夏暑相连。秋处露秋寒霜降，冬雪雪冬小大寒”。

在教学过程中，教师可以引导小学生在学习某项任务的过程中使用精细加工策略，然后再扩大到其他学习任务，从而逐步引导小学生使用精细加工策略进行学习。

三、组织策略

组织策略是指根据知识经验之间的内在关系，对学习材料进行系统、有序的分类、整理与概括，使之结构合理化的学习策略。基于信息加工理论的观点，学生是以命题网络的形式将陈述性记忆存储在头脑中的，命题网络最重要的特征之一就是对信息进行了组织。所以学生将这些信息组织成自己能够理解的形式，可以提高学习效果。小学生已开始运用组织策略来记忆信息了。①

(一)列提纲

列提纲是指以简要的词语写出主要的观点，以快速掌握学习材料的一种学习策略。列提纲有助于回忆细节，能达到纲举目张的效果，有助于问题解决能力的提高。

列提纲可以按照如下步骤进行：首先，学习研究材料，理解其基本思想，并确定自己的学习目标；其次，根据学习目标，勾画或摘录教材的要点或重点部分；然后，考虑材料之间的关系，确定纲要；最后，复述提纲，使用纲要解答问题。

(二)归类策略

归类策略是一种对学习材料进行归类组织以便于记忆的方法，主要用于自由回忆类的学习任务。自由回忆类的学习任务是指把所学内容回忆出来而不限制顺序的任务。例如，默写中国所有行政区的名称时，既能以华南、华北、华东等区域为类别标准进行默写，也可以不用任何标准随机默写。

归类法可分为四类：以音韵归类、以句法归类、以类别归类和随机归类。例如，

① 李梅：《中学教育心理学》，155 页，南京，南京大学出版社，2018。

将“笑”(xiao)和“叫”(jiao)归为一类的就属于按音韵归类，2 岁左右的幼儿就可以掌握这种归类方法；将男人与工作归为一类属于按句法归类，常出现在 3 岁儿童中；将男人与男孩归为一类属于按类别归类，常出现在 5 岁以后。

第三节
小学生常见的元认知策略

一、元认知的概念及成分

美国儿童心理学家弗拉维尔(Flavell)在《认知发展》一书中首次提到元认知这一概念。元认知(meta-cognition)也称反省认知，是一种调节认知过程的认知活动，即认知活动的主体对自身能力、活动任务、个人目标、认知策略等方面的认知。学习者可以通过元认知来了解、检验、评估和调整自己的认知活动。一般认为，元认知由元认知知识、元认知体验和元认知监控三个相互独立又相互联系的部分组成。

元认知知识由通过经验习得的关于认知活动的知识构成，可以进一步分为关于个人、任务和策略的三个知识范畴。以一般的记忆活动为例，关于个人的范畴指的是儿童对自己和他人作为记忆主体的认识，如对自己记忆能力和局限的认识；关于任务的范畴指的是儿童对记忆任务难易程度的认识；关于策略的范畴指的是儿童对达到认知目标的策略的认识，包括认知活动中的认知策略、元认知策略等。

元认知体验是个体在认知活动过程中产生的情感体验，可以分为任务进展顺利时的体验和任务进展不顺利时的体验。

元认知监控是对认知过程进行监控，即主体根据元认知的知识、体验对认知活动进行积极的、自觉的监控、调节，最终达到预定目标的过程。它是元认知的核心。根据认知活动的不同阶段，元认知监控可分为以下四步：①制订计划，做好准备；②实际控制，调节过程；③检查结果，反思总结；④采取补救措施。元认知既是主体关于自己的认知活动、认知过程、认知结果以及与之有关的知识，又是主体对自身认知活动的计划、体验、监控和调节。

在小学阶段，学生的元认知水平逐渐提高。计艳楠研究发现，小学低年级学生存在一定的元认知监控水平，且随着年级的升高，元认知监控能力逐渐增强。① 钟声云考

① 计艳楠：《小学低年级学生元认知监控发展研究》，硕士学位论文，河北师范大学，2016。

察了小学生的元认知水平，并对其进行了一定的元认知训练，结果发现小学三四年级是元认知水平的快速发展时期，四五六年级的发展相对稳定。①

二、元认知与学习策略的关系

元认知通常被看作学习策略的一种。关于元认知与学习策略的关系，我国学者陈琦等人认为，元认知过程是指在工作记忆中进行的、运用存储在长时记忆中的元认知知识(包括学习策略知识)来管理和控制认知活动的过程，包含监视和调节过程。元认知过程是使用学习策略的过程，元认知能力是指执行这一控制过程的能力。也就是说，学习策略是有关学习的动态过程的静态知识，元认知过程是使用静态知识的动态过程。②

三、学习中常见的元认知策略

所谓元认知策略，就是学生在学习过程中自觉地计划、监控、调节自己的认知活动的具体方式和方法。元认知策略可以分为以下三种。

(一)计划策略

计划策略指根据认知活动的特定目标，在一项认知活动之前计划各种活动，预计结果，选择策略，想出各种解决问题的方法，并预估其有效性。计划策略包括设置学习目标、浏览阅读材料、产生待回答的问题以及分析如何完成学习任务等。给学习制订计划是积极的学生在完成学习任务之前必须要做的事情，没有计划的学习活动是盲目的。大量事实说明，成功的学生往往是善于制订计划并积极主动地执行计划的人。

在制订学习计划时，学生首先得对与学习任务相关的学习情况进行具体的分析。例如，对学习材料、学习时间、学习环境和学习目标等进行分析和思考，对自己的学习特点进行分析，在此基础上回答有关学什么、何时学、在哪里学、为什么学和怎么学的问题。这些都是制订学习计划的基础。

在完成分析学习情境的任务之后，学生就可制订出学习计划，即确定学习步骤、安排学习时间、列出可供选择的学习策略等。在选择具体的学习策略时，学生应该综合考虑学习情境的相关因素与所选学习策略的关系。

(二)监控策略

监控策略是指在认知活动中，根据认知目标及时评价、反馈自己的认知活动的结

---

① 钟声云：《深圳城中村中高年级小学生元认知特点及元认知训练研究》，硕士学位论文，深圳大学，2018。

② 陈琦、刘儒德：《教育心理学》，353页，北京，高等教育出版社，2011。

果与不足，正确估计自己达到认知目标的程度、水平，根据有效性标准评价各种认知行动、策略的效果。例如，在阅读时对注意加以跟踪，对材料进行自我提问；在考试时监控自己的速度和时间。

这些策略使学生警觉自己在注意和理解方面可能出现的问题，以便找出来加以修改。例如，当学生在为了应考而学习时，他们会向自己提出问题，并且会意识到某些章节自己并不懂，自己阅读和记笔记的方法对这些章节行不通，这时候他们就要尝试其他学习策略。

(三)调节策略

调节策略是根据对认知活动结果的检查，采取相应的补救措施；根据对认知策略效果的检查，及时修正、调整认知策略。调节策略与监控策略经常同时发挥作用。例如，学生意识到他不理解某个部分时，就会退回去重读困难的段落，在阅读较难或者不熟的材料时放慢速度。这种调节策略可以使学生及时调整自己的学习方法，及时纠正自己的学习行为，从而达到更好的学习效果。

元认知策略的三个方面总是相互联系在一起发挥作用的。一般来说，学生首先认识自己当前的任务，其次使用一些标准来评价自己的理解，预计学习时间，选择有效计划或解决当前问题，然后监控任务的进展情况，最后根据监控的结果采取补救措施。成功的学生总能很好地结合元认知策略和认知策略。认知策略帮助学生将新信息与已知信息整合在一起，并将新信息存储于长时记忆中；元认知策略帮助学生决定在哪种情况下使用哪种策略。

第四节
小学生学习策略教学与训练

学生的学习策略是可以通过训练达到灵活运用程度的。张履祥和钱含芬对小学四年级学生开展了为期一年、共 180 学时的学习策略训练，授课内容包括课堂学习策略、巩固记忆策略、解题思维策略、创造学习策略和总结考试策略。结果发现学习训练课程能够明显提高学生的学习能力，并且对学习成绩中等和较差的学生的积极影响更为明显。[①] 优秀的教师不仅应结合教学内容教给学生具体的学习策略，而且应教会学生积极、适时地选用有效的学习策略。

---

① 张履祥、钱含芬：《小学生学习策略训练效应的实验研究》，载《心理科学》，2000(1)。

一、小学生学习策略教学与训练的原则

学习策略教学可以采用多种多样的方法，如发现法、观察法、专门授课法、讨论法、合作学习法和日常教学渗透。在学习策略的训练指导中，教师要遵循以下六项原则。

（一）主体性原则

在学习策略教学中，教师要发挥学生的主体作用，提高学生的主动性和能动性，不仅要向学生阐述运用策略学习的目的和原理，而且要给他们充分运用学习策略的机会，了解其使用、分析和反思策略的过程与效果，帮助其进行有效的监控。

（二）内化性原则

教师应帮助学生将所学的新策略与头脑中已有的相关策略整合在一起，将新策略逐步内化成自己的学习能力，熟练掌握并达到自动化水平，从而在新的情境中加以灵活应用。

（三）特定性原则

学习策略的指导和训练要有针对性。教师要根据学生的年龄、已有的知识水平以及学习动机类型，帮助学生选择或改进学习策略。还要考虑学习策略的层次，不仅要涉及一般策略，而且要涉及具体策略。

（四）生成性原则

生成是指在学习过程中利用学习策略对学习材料重新进行加工，产生某种新的东西。生成性程度较高的策略有：写内容提要、向别人提问、将笔记列成提纲、图解要点之间的关系和向同伴讲授内容等。生成性程度较低的策略有：不加区分地画线、不抓要点地记录等。

（五）有效监控原则

教师应帮助学生把注意力集中在学习结果和学习过程之间的关系上，监控自己使用每种学习策略所导致的学习结果，以便确定所选策略是否有效。

（六）个人效能原则

个人效能感是指学生在执行某一任务时对自己胜任能力的判断和自信程度，是影

响学习策略选择的一个重要的动机因素。教师要为学生创造机会，让他们感受到策略的效力，在完成任务时产生个人效能感。

二、小学生学习策略教学与训练的过程

(一)趣味引入阶段

此阶段主要是通过对话或有趣的事例引入学习策略，也可先让学生自发地完成某个学习任务，待其产生困惑或无力解决时，再呈现新策略。总之，教师要以不同的方式、多样化的手法激发学生学习策略的欲望与动机，使学生产生一种渴求学会的积极情感状态。这样，教师的外在指导才能有效地转化为学生自己的内在需要。

(二)策略剖析阶段

在此阶段，教师应深入浅出地说明策略的实质(根据不同年龄的对象，采用不同方法，一般来说，年龄小的宜采用归纳法，年龄大的宜采用演绎法)，详细揭示策略的运用过程，选择较多的恰当实例说明其应用的多种可能性。选择的实例应利于学生接受，特别是对学科学习策略的阐述离不开具体的知识，因此阐述策略的知识应从学生已有的知识背景中选择，应符合学生的接受能力。此外，教师通过实例说明策略运用的过程，要尽可能详尽地展示内隐的思维过程，步骤要具体，从而使学生充分体会到策略运用的过程与有效性，处于跃跃欲试、欲罢不能的状态。如果能做到这一点，那么教师的策略剖析就成功了。

(三)策略运用阶段

学生只有经过练习，才能深刻体验到自己运用策略的过程，才可能真正学会这些策略。在策略的运用阶段，教师应设计或精选能运用该策略的典型习题，呈现的材料应尽可能丰富化、多样化，使学生切实掌握学习策略并将其运用于日常学习中。

(四)策略反思阶段

策略反思是策略教学必不可少的阶段，包括策略运用过程的回顾、策略运用的有效性评价(激发运用策略的积极情感体验)、策略的迁移(还可运用的类似地方)等。教师在策略辅导过程中，开始时需明确提供具体指导，然后逐渐减少对学生的提示。这样一来学生就开始自己承担学习任务并且调整学习方法。开始时每一个学生都或多或少地需要明确的策略指导。随着策略意识的增强和策略运用次数的增加，当学生达到在没有指导的状态下也能独立运用学习策略时，教师的指导就可以减少甚至停止。这

就要求教师要具备洞察和评价学生独立运用策略及策略迁移的能力。当学生在没有任何提示的情况下能使用所学的策略时，他们就能够独立探索新的策略，运用新的策略和新的自我调节方式。

学习策略的教学与训练，不仅在于让学生掌握策略本身，而且在于使学生通过对学习策略的学习和训练，提高策略意识，并通过自我总结和反思，最终形成属于自己并适合自己的新的学习策略。

本章小结

学习策略是学生为了提高学习效率，有目的、有计划地制订有关学习过程的复杂方案，具有操作性和监控性、外显性和内隐性、主动性和迁移性的特点。认知策略在学习策略中居于核心地位，主要包括复述策略、精细加工策略和组织策略。元认知策略是学生在学习过程中自觉地计划、监控、调节自己认知活动的具体方式和方法，主要包括计划策略、监控策略和调节策略。学生的学习策略是可以通过训练达到灵活运用程度的。在学习策略的训练指导中，教师要遵守的基本原则有：主体性原则、内化性原则、特定性原则、生成性原则、有效监控原则和个人效能原则。具体的实施过程包括趣味引入阶段、策略剖析阶段、策略运用阶段和策略反思阶段。

章后练习

1. 简述学习策略的特点。
2. 常用的认知策略有哪些？
3. 什么是元认知？元认知与学习策略是什么关系？
4. 请结合小学生的实际情况，论述教师该如何帮助小学生掌握学习策略。

拓展阅读

1. 张彦云．中小学生心理发展与教育[M]．北京：北京师范大学出版社，2016.

2. 李梅．中学教育心理学[M]．南京：南京大学出版社，2018.

3. 姜英杰．元认知的理论与实证研究[M]．长春：东北师范大学出版社，2007.

4. 李俊．小学生认知与学习[M]．北京：中国人民大学出版社，2016.

第十章

学习迁移

- 学习迁移
  - 学习迁移概述
    - 学习迁移的概念
    - 学习迁移的种类
    - 学习迁移的重要意义
  - 学习迁移理论
    - 早期的迁移理论
    - 当代的迁移理论
  - 迁移与教学
    - 关注知识经验，完善认知结构
    - 合理选择教学内容，科学设计教学过程
    - 强调迁移的特征，提高迁移的意识性
    - 创设适当的学习情境
    - 重视学习策略和学习方法的教学，增强迁移的普遍性
    - 培养迁移的能力

章前导语

学习迁移是学习过程中的普遍现象，主要以知识和技能的迁移为主。学习迁移是教育心理学领域关注的重要内容，是教师教学和学生学习的有效策略。对于学生来说，迁移能够把学到的知识和掌握的经验灵活运用到各种不同的情境中，有助于解决问题和实际操作。

学习迁移是教育心理学研究的内容。自官能心理学第一次提出迁移的概念以来，心理学家从迁移的各个方面出发，进行了大量的实验研究。到20世纪六七十年代，“为迁移而教”这一口号被提出来，心理学家对学习迁移的研究进入了一个更广泛、更深入的层面。之所以心理学家如此重视学习迁移，是因为迁移是学习的一种普遍现象，是完整学习的重要环节。我国古代大教育家孔子也提及过迁移的重要性。他曾对弟子说：“举一隅不以三隅反，则不复也。”意思是教给学生一个方面，如果他不能将此迁移到其他方面，就不再用同样的方法反复教他了。我国古代先贤和外国教育家、心理学家都把迁移看作学习的重要组成部分。那么，什么是迁移？它可以分为哪些种类？研究者是如何解释迁移现象的，又是怎样把迁移应用到小学生的教学工作中的？本章将回答这些问题。

第一节
学习迁移概述

一、学习迁移的概念

学习迁移（简称迁移）是学习过程中出现的一种普遍现象，是指一种学习对另一种学习的影响，或习得的经验对完成其他活动的影响。① 这种影响包括前、后影响，积极、消极影响。迁移不仅会出现在知识、技能领域的学习中，而且会出现在情感、态度、行为等领域的学习中。我们平时所说的“举一反三”“触类旁通”等都是典型的迁移形式。例如，在语文学习中，对单个字的学习会影响之后对词语的学习；在数学学习中，对平面几何的学习会影响之后对立体几何的学习。迁移有时候会对学习产生促进

① 莫雷：《教育心理学》，198页，北京，教育科学出版社，2007。

作用，有时候会对学习产生阻碍作用。这取决于学习材料的性质、学习材料之间的相似度、学生的经验等因素。

迁移并不是每次都能自发产生的，教师必须对迁移现象进行深入研究，发现其规律，从而有效地引导学生进行学习。

二、学习迁移的种类

根据不同的维度，迁移可分为不同的类型。

(一)正迁移、负迁移和零迁移

根据迁移的性质和结果分类，迁移可分为正迁移、负迁移和零迁移。

正迁移又称“积极迁移”“助长性迁移”，是指一种学习对另一种学习产生积极的作用，即先前的学习有利于之后的学习。例如，英语掌握得好的人可能更容易掌握另一门外语，英文课文背诵快的人往往语文课文记忆效果也很好。这是因为两种学习材料之间存在着某种共同的规律，在之前的学习过程中，学生会不断总结和概括学习规律，然后将这种学习规律运用到后者的学习中，进而加快后者的学习过程。教育工作中倡导的“为迁移而教”，指的就是正迁移在教学中的具体应用。

负迁移又称“消极迁移”“抑制性迁移”，是指一种学习对另一种学习产生阻碍或抑制作用，即先前的学习不利于之后的学习。例如，学习完一首歌之后再学习下一首歌时总会重复上一首歌的曲调，总是搞混数学中的分配律和结合律，总是记错相似的英语词组的意思。这是因为两种学习材料之间存在某种相似性，学生将经验带到了之后的学习中，导致两种学习内容相混淆。出现这种负迁移往往会使学习过程更加艰难，这是教师在教育工作中应该注意消除和克服的。

当然，某些学习过程中可能会出现正迁移和负迁移并存的情况。例如，小学生通常先学习拼音字母，后学习英文字母，家长发现孩子会出现英文字母书写学习得很快，但读音经常与拼音字母混淆的情况。拼音字母的学习促进英文字母书写的学习属于正迁移，影响英文字母读音属于负迁移。

零迁移又称“中性迁移”，是指一种学习对另一种学习不产生作用或影响，即先前的学习不会影响之后的学习。零迁移有两种情况：一种是两种学习材料之间确实没有什么关联；另一种是学生未能意识到两种学习材料之间的关联，进而未将先前的学习主动地带入之后的学习，使学习经验处于惰性状态。零迁移应该引起教师和学生的注意。教师在教学过程中应注重引导学生形成串联知识点的思维。学生在学习时要养成建构知识网络的习惯，将之前的学习适时地运用到之后的学习中。

(二)顺向迁移和逆向迁移

根据迁移的方向分类，迁移可分为顺向迁移和逆向迁移。

顺向迁移是指先前的学习对之后的学习产生影响。学生面对新的学习内容和问题情境时，能够将先前的学习应用到新的学习中，这是顺向迁移的表现。例如，学生会将学习正方形面积的经验带到梯形面积的学习中。

逆向迁移是指之后的学习对先前的学习的影响。学生学习新的内容之后，对之前的认知结构进行改造和重组，这是逆向迁移的表现。例如，长方形的面积公式是“长×宽”，三角形的面积公式是“底×高/2”，学生明白了不是所有的面积公式都是“底×高”，改变了之前对面积公式的认识结构，将三角形的面积公式容纳进来重组成新的认知结构。

需要注意的是，不论是顺向迁移还是逆向迁移，对学习的影响都可能是双面的。在顺向迁移中，对学习产生积极作用的是顺向正迁移，对学习产生消极作用的是顺向负迁移。在逆向迁移中，对学习产生积极作用的是逆向正迁移，对学习产生消极作用的是逆向负迁移。

在日常教学中，如果教师在课前说“同学们，上节课我们学习了某某内容，这节课我们继续学习某某内容”，这就会引导学生产生顺向迁移，因为教师将两节课之间的学习做了一个有效联结。在学习完某内容之后，教师如果能够引导学生将本节课的学习内容联系到之前的学习中，那么将会促进学生对之前学习内容的理解，甚至还会改变某些学生原有的认知结构。

(三)水平迁移和垂直迁移

根据迁移内容的抽象与概括水平分类，迁移分为水平迁移和垂直迁移。

水平迁移又称横向迁移，是指处于同一抽象和概括水平的经验之间的迁移，即学习内容之间的逻辑关系是并列的。例如，在语文学习中，教师引导小学生学习拼音字母“ɑ”时联想到“嘴巴”，学习字母“e”时联想到“鹅”，这就是一种水平迁移；在数学学习中，“锐角”“钝角”“直角”之间的学习也是一种水平迁移。

垂直迁移又称纵向迁移，是指处于不同抽象和概括水平的经验之间的迁移。一般来说，抽象和概括水平较高的经验为上位经验，抽象和概括水平较低的经验为下位经验。因此，垂直迁移又分为两种：一种是自上而下的迁移，即学习过程中抽象和概括水平是降低的，是一种演绎式的过程；另一种是自下而上的迁移，即学习过程中抽象和概括水平是升高的，是一种归纳式的过程。例如，在数学学习中，教师先带领学生学习“角”的概念，再依次学习“锐角”“钝角”“直角”，这便是一种自上而下的迁移；在科学学习中，教师先带领学生认识“蓝藻”“裸藻”“甲藻”“金藻”等，然后告诉他们这些统称为“藻类植物”，进而引导学生概括“藻类植物”的特点，这便是一种自下而上的迁移。

加涅认为，水平迁移和垂直迁移在学生形成知识网络的过程中发挥着重要作用，能够帮助学生形成良好的认知结构。水平迁移能够帮助学生进行横向联系，从而比较各内容之间的异同，拓宽学生的思维范围。垂直迁移能够帮助学生进行纵向联系，从而帮助学生形成演绎和归纳的良好思维品质。

(四)一般迁移和具体迁移

根据迁移范围的大小分类，迁移分为一般迁移和具体迁移。

一般迁移又称普遍性迁移或非特殊性迁移，是指将在学习中获得的一般原理、方法、策略、概念等迁移到具体内容的学习中。其迁移范围较大，适合在表面特征不同但本质结构相同的多种情境中使用。例如，学生学习了“艾宾浩斯遗忘曲线”规律之后，会在多种记忆情境中运用及时复习的记忆策略；学生在科学课中学习了热胀冷缩原理之后，就很容易理解夏天自行车容易爆胎的现象。

具体迁移又称特殊迁移，是指将在学习中习得的具体的、特殊的经验直接迁移到另一种学习中，或重新组合某种要素并将其迁移到新的情境中。其迁移范围较小，适合在表面特征相同并且本质结构也相同的情境中使用。例如，练习扔铅球时习得的一些动作可以被迁移到扔标枪的学习中；阅读能力较强的学生往往在审题时表现出较强的理解能力；学习了“日”“月”后，再学习“明”就会比较容易。虽然具体迁移的应用范围较小，但是这并不意味着它的作用不大。相反，具体迁移对涉及具体操作或动作的学习具有重要意义。

可以说，一般迁移涉及将理论运用到实践的学习，具体迁移涉及具体实践情境之间的学习。布鲁纳非常重视一般迁移。他认为基本的原理、方法和策略等具有广泛的适用性，能够被灵活运用到多种情境中。因此，教师要注重对学生一般迁移能力的训练，使学生将学到的书本知识灵活运用到现实情境中，避免“纸上谈兵”；也要注重激发学生的创新性思维，使其将具体的操作或者经验重新组合，以解决相似的问题。

(五)同化性迁移、顺应性迁移和重组性迁移

根据迁移过程所需的内在心理机制分类，迁移分为同化性迁移、顺应性迁移与重组性迁移。

同化性迁移是指不改变原有的认知结构，直接将认知经验应用到本质特征相同的一类事物中去，即原有的认知结构在迁移过程中不会发生改变，只是得到一些补充。平时我们所说的“闻一知十”“举一反三”等都属于同化性迁移。

顺应性迁移是指在新情境中运用经验时受到了阻碍，需要改变经验或者对新旧经

验进行概括，形成一种能够包容新旧经验的更高一级的认知结构，以适应新的情境。这表明不只前面的学习会对后面的学习产生影响，后面的学习也会对前面的学习产生影响。例如，学生一开始认为“水”这种物质的沸点为100摄氏度，在经过科学课的学习之后，他们了解到随着气压的改变，水的沸点会发生改变，这就是一种顺应性迁移。新概念的学习和建立过程也属于顺应性迁移。

重组性迁移是指原有认知系统中的某些元素或成分得到了重新组合和排列，基本经验成分不变，各成分的关系和顺序发生了改变。例如，学会了基本的舞蹈动作之后，对这些基本动作进行重新组合和排列，就会得到不同的舞蹈；不同的英文字母相互组合形成不同的英文单词。重组性迁移能够拓宽经验的广度，扩大基本经验的使用范围。

(六)近迁移和远迁移

根据迁移内容的距离分类，迁移分为近迁移和远迁移。

近迁移是指将经验或者已有知识运用到相似的学习情境中。例如，学生利用距离、时间和速度三因素解决了汽车行驶问题后，相应地也会解决自行车、飞机、火车等行驶问题；在学会散文阅读理解之后，在阅读小说时会觉得容易一些。

远迁移是指将经验或者已有知识运用到不相似的或新的学习情境中。例如，在音乐课上习得的节奏与音调能够被运用到语文课上古诗词的吟唱中；画画水平较高的学生，在学习数学立体几何时会更容易。与近迁移相比，远迁移对个体的智力水平和思维能力要求更高。

三、学习迁移的重要意义

随着对迁移的不断探索与研究，人们对学习迁移的认识越来越深入，并不断完善了相关的迁移理论，从而为教学与实践提供了良好的理论支撑。迁移是研究者长期关注的重要内容，不仅具有理论价值，而且具有实践与应用价值。

首先，迁移能够提高个体解决问题的能力。学习知识和经验不是为了让它们“静躺”在大脑中，而是要让它们“流动”起来，将其灵活地运用到各种具体的问题情境中。迁移是运用知识和经验的有效途径。在学校学习中，大部分的问题解决是通过各种类型的迁移进行的。学生如果在问题解决过程中能够有效利用迁移策略，那么就会很轻松地解决问题。因此，要培养学生的问题解决能力，就要先培养其迁移能力。

其次，迁移能够培养个体的创造性思维。创造性思维是个体的核心思维，能够推进问题解决的过程。迁移能够将各种类型、各个学科的知识与经验进行串联，形成一张紧密的关系网络。各种知识的联结能够拓宽个体的视野，进而使其产生更多具有创造性的想法。

然后，迁移能够不断完善个体的认知结构，提升个体的能力。通过广泛的迁移，前面已有的知识能够促进后面知识的学习，后面学习的知识能够对前面已有的知识进行补充和完善，这会使个体的认知结构得以不断升级与优化。认知结构的升级与优化有助于个体建立稳定的调节个体活动的心理结构，即能力与品德的心理结构。迁移是知识、技能、行为与品德转化的关键环节。

最后，迁移是教师教学和学生学习能够使用的有效策略。在教学中，教师只有能够理解不同类型的迁移策略并且有效利用迁移策略进行教学，才能够有效促进学生理解。在学习中，学生有意识或者无意识地使用迁移策略，不仅能够促进知识的学习，而且有利于知识的灵活运用。因此，无论是对理论学习还是对实践操作，迁移都发挥着重要作用。

第二节 学习迁移理论

举一反三、闻一知十的迁移能力对于学生学习尤为重要。学习迁移是如何发生的呢？心理学家和教育学家对其进行了大量的思考与研究，形成了不同的学习迁移理论。

一、早期的迁移理论

(一)形式训练说

形式训练说是最早的学习迁移理论之一，其心理学基础是官能心理学。形式训练说认为，心理的固有功能只有在训练的基础上才能得以发展，迁移就是心理官能得到训练后发展的结果。该学说的主要代表人物是德国的沃尔弗(Wolff)。

形式训练说假定人类大脑的许多区域代表着许多不同的官能。人的“心灵”由“意志”“记忆”“思维”“推理”等官能组成，“心灵”的各种官能分别负责不同的活动，各种官能可以通过训练得到增强。例如，记忆方面的相关训练能够提高记忆力；推理能力和想象力也可通过相应的训练得以增强；某种官能在一种学习中得到训练后，可被有效地应用于另一种学习中。学习就是一个不断训练官能以增强其能量的过程。形式训练说认为，“心灵”是一个整体，其包含的各种官能互相影响，一种官能的改进会增强其他所有官能。

形式训练说把训练和改进“心灵”的各种官能作为教学的重要目标，认为在学校教育中，训练官能比传递知识重要。知识的价值在于其能够作为训练学生心智的材料。学生可以在学习知识的过程中使自己的心智能力得到训练。在形式训练说看来，如果想在学习中取得最好的迁移效果，就必须经历一个痛苦的过程，要特别重视所学对象的难度及训练价值。因为学习的过程是痛苦的，所以在学习过程中遇到的问题越困难，学业负担越重，训练的效果就越好，并且长期从事困难的学习可以增强人的注意官能和意志官能。

形式训练说的目的在于能力的提升和学习的迁移，它强调要在较优的记忆策略、良好的学习习惯等方面加以特殊训练，这些都是有积极意义的。虽然形式训练说看起来很有道理，但是缺乏有力的实验依据。19 世纪末至 20 世纪初，越来越多的心理学家从不同的角度对形式训练说进行了研究，但都未发现能支持形式训练说的有效证据。随后人们开始对官能心理学进行批判，这也动摇了形式训练说的理论根基。

(二)共同要素说

19 世纪末 20 世纪初，美国心理学家桑代克以刺激—反应的联结理论为基础，提出了学习迁移的共同要素说。1901 年，桑代克通过“形状知觉”的实验证明，两种学习之间只有具有共同因素时，学习迁移才会发生。根据这一结果，他认为学习之所以能发生迁移，是因为练习课题与新课题之间具有共同要素，而且新课题与练习课题越相似，判断的正确程度就越高。只有当机能训练情境和测验情境存在相同要素或共同成分时，一个机能的变化才会改变另一个机能。所谓共同要素或共同成分，指的是共同的刺激和反应的联结，可以包括内容、程序、事实、行为、态度、技能和原则等方面。

学习迁移发生的必要前提是学习情境与迁移情境具有共同成分。只有当两种学习情境存在共同要素时，一种学习才能对另一种学习产生影响。两种情境中相同要素越多，迁移量就越大；两种情境中相同要素越少，迁移量就越小。迁移是具体的、有限的、有条件的。根据共同要素说，学校如果想快速、有效地提高学生成绩，就要列出校内外所有重要情境中包含的基本共同成分，让学生先掌握最基本的成分，再去丰富自己的学习。共同要素说揭示了学习迁移产生的一个原因，可以部分解释具有相同活动内容或相同知识内容的学习之间的迁移。

共同要素说对学习迁移的研究对实际教学起到了积极的作用。它使学校脱离了那种不考虑实际生活、只注重形式训练的教学状况。但是共同要素说过于关注学习情境中的共同要素，忽略了主体因素在学习迁移中的作用，否认了迁移过程中复杂的认知活动，限制了迁移的范围，因此带有明显的理论局限性。

(三)概括化理论

概括化理论是由美国心理学家贾德(Judd)提出的。该理论认为两个学习活动之间存在的共同成分只是产生迁移的必要前提，学生在学习过程中通过类化、概括等过程所获得的原理和原则才是迁移发生的关键所在，即迁移主要是由于学生经验的概括化，即学生在之前的学习活动中获得了一般性原理，当这一原理同样可以全部或者部分应用到后面的学习活动中时，迁移就在两个学习活动中成功发生了，即先前学习中所获得的东西被迁移到了后期学习中。这种理论不仅被许多心理学家接受，而且在实践中也得到了证实和发展。

贾德在1908年通过“水下击靶”实验证明，折射原理使学生在全部经验(水外的、深水的和浅水的经验)之间建立了联系。他把前后两种学习包含的共同原理及学生对这种原理的概括看作迁移产生的两个条件。他提出，学生对原理掌握得越好，就越有可能在新情境中产生迁移。1941年，亨德里克森(Hendrickson)与施罗德(Schroder)在贾德实验的基础上进行了改进性实验。结果表明，提示原理具有较好的效果，而且提示的内容越详细，学习的迁移效果越好。

概括化理论把概括性的原理作为学生能够完成迁移的核心所在，将学习迁移的原因归结为知识间具有共同原理，从而扩大了迁移的范围。苏联心理学家鲁宾斯坦(Rubinstein)认为，学习迁移的关键在于两个课题之间有本质上相同或类似的条件，这种条件是综合分析而来的，是对解决方法的概括，这种综合的分析及其所产生的概括是学习迁移的真正本质。这些都提示教师在教学中要让学生主动总结经验，努力理解和掌握一般原理，而不是被动地接受知识。

(四)关系转换说

关系转换说是格式塔心理学家提出的迁移理论。1929年，苛勒设计了“小孩和小鸡觅食”实验，以研究学习迁移的问题。他控制了颜色深浅不一的灰色纸板，让3岁小孩和小鸡在两种深浅不一的灰色纸板下寻找食物。A纸板为浅灰色，B纸板为深灰色，把食物只放在深灰色纸板下，随机调换A与B两张纸板的位置。通过一段时间的训练，小孩和小鸡通过条件反射学会了只在深灰色纸板下寻找食物。然后调整实验情境，把浅灰色的纸板换成黑灰色纸板，然后再让小孩和小鸡去寻找食物。结果显示，70％的小鸡会去黑灰色纸板下找食物，小孩100％选择了黑灰色纸板。

根据实验结果，苛勒认为小孩和小鸡不是根据刺激的绝对性质去做选择的，而是比较了刺激物之间的相互关系。因此，学生对两种学习情境的共同关系的发现才是迁移的关键和根本。个体发现事物之间存在联系的能力越强，就越容易进行概括、推广，迁移也越普遍。发现、理解关系的转换是通过顿悟实现的，会受到对原来学习课题的掌握程度等因素的影响。

(五)学习定势说

学习定势(心向)考虑的是学习方法迁移的问题。所谓学习定势，是一种通常不为人们所意识到的活动的准备状态或行为倾向。它有助于保证个体在认知和行动方面以一种特定的方式进行反应，使得个体在对活动方向的选择上有一定的倾向性。

哈洛(Harlaw)的“猴子实验”证明，对学习方法的学习有利于形成学习定势。在实验过程中，猴子要学习判断两个不同的物体中哪一个物体下面有食物。实验分为三轮：第一轮实验包含34个问题，第二轮实验包含200个问题，第三轮实验包含112个问题。每个问题包含两个物体。猴子每次从两个物体中选择一个，如果选择的物体下面有食物，那么食物就归猴子所有。在第一轮实验中，这34个问题各呈现50次，食物每次均放在同样的物体下。经过重复选择，猴子的正确率从50%提升到80%，这说明猴子学会了选择。第二轮实验缩减了每个问题的呈现次数。200个新问题，每个呈现6次。猴子的成功率得到了显著提升。在第三轮实验中，每个新问题各呈现6次，这次的正确率高达90%。显然，猴子对一组问题解决方案的学习，提高了其后来解决类似问题的效率以及成功率，这说明猴子已经成功获得了解决问题的方法并形成了一定的选择倾向。

实质上，学习定势理论就是关系转化理论的一种替代物。哈洛认为，两种情境之间互相迁移的是一个人的学习能力，即一种学习策略的迁移。

二、当代的迁移理论

20世纪六七十年代以来，随着对学习迁移研究的深入，研究者提出了认知结构说、产生式理论、元认知迁移理论和情境性理论。

(一)认知结构说

布鲁纳和奥苏贝尔从认知结构出发，提出了解释迁移的理论。

布鲁纳认为，学习就是类别及其编码系统的形成，将习得的编码系统应用于新事例的过程就是迁移。迁移可分为正迁移和负迁移。正迁移就是将编码系统正确地应用于新事例的过程，负迁移就是将编码系统错误地应用于新事例的过程。

1963年，奥苏贝尔根据其有意义接受学习理论提出了学习迁移的认知结构说。认知结构是学习者头脑中已有的知识结构，是影响学习和迁移的重要因素。从广义上说，它是学生已有观念的全部内容及其组织；从狭义上说，它是学生在某一学科的特殊知识领域内的观念的全部内容及其组织。该理论认为，任何有意义的学习都是在原有认知结构的基础上发生的，学习迁移是在原有认知结构的基础上进行的。所谓认知结构变量，就是在学生利用已建构的知识体系来同化新知识时，其原有认知结构的内容及其组织的系列特征。奥苏贝尔认为影响学习迁移的认知结构变量主要有以下几方面。

1. 认知结构的可利用性

认知结构的可利用性是指学生准备学习新的东西时，能否在原有认知结构中找到可以用来同化新知识的适当观念。如果原有认知结构中有可以用于新的学习的、概括程度较高或包容范围较大的上位知识，那么新的学习将以下位学习的形式出现。相较于上位学习和并列结合，下位学习更容易进行。由于知识是通过累积获得的，是按照一定的层次组织的，因此学生现有知识的概括水平和包容范围是判断他是否具有良好认知结构的一个重要标准。学生现有知识的概括程度越高，包容范围越广，就越有助于同化新的知识，进而越有助于完成迁移。

2. 认知结构的可辨别性

认知结构的可辨别性是指学生准备学习新知识时，其原有知识与要学习的新知识之间的异同是否能被清晰分辨。例如，学生在学习汉语拼音的同时学习英语字母会感到吃力，因为汉语拼音和英语字母相似却不相同。在还没有牢固掌握汉语拼音的阶段，汉语拼音作为学生原有的知识会干扰对英文字母的学习。如果学生的原有知识体系是结构严密、层次分明的，那么他在开始新的学习时，不仅能在原有的认知结构中找到新知识的固定点，而且能迅速地辨别新旧知识之间的异同。

3. 认知结构的稳定性

认知结构的稳定性是指学习新知识时，学生原有认知结构中起固定作用的观念的巩固程度。学生原有认知结构越巩固，越有助于新知识的学习。如果在利用原有知识同化新知识时，原有知识本身不够巩固，那么非但不会产生积极的作用(正迁移)，甚至可能会出现干扰(负迁移)。

认知结构迁移理论认为，任何有意义的学习都要借助迁移，迁移是以认知结构为中介的。在学习新知识时，学生只有具备可利用性强、可辨别性强、稳定性强的认知结构，才能很好地完成学习迁移。“为迁移而教”从本质上来说就是要帮学生建立良好的认知结构。因此，教师在教学过程中，可以通过改革教材内容和教材呈现方式来帮助学生建立较为稳固的认知结构，进而达到迁移的目的。

(二)产生式理论

产生式是波斯特(Post)在 20 世纪 40 年代提出的，主要用于描述计算机程序。20 世纪 70 年代，纽厄尔(Newell)和西蒙(Simon)将产生式引入信息加工过程，并把它定义为人脑在解决问题时的操作程序。在他们看来，人体是和计算机一样的“物理符号系统”，其功能都是操作符号。因为计算机被编入一系列形式为“如果……那么……”的编码规则，所以它可以运行指令序列，进而完成各种运算并解决问题。同样，人经过学习，头脑中也会贮存一系列跟电脑编码相似的有关条件和行动的规则，这种规则被称为产生式，简称 C-A 规则。产生式是认知的基本成分，由一个或多个条件与动作的配对构成。

产生式迁移理论是辛格莱(Sniglar)和安德森针对认知技能的迁移提出的。这一理论的基本思想是，之所以前后两项学习任务能够产生迁移，是因为两项任务之间有重叠的产生式。迁移的量由重叠产生式的多少来决定，重叠越多，迁移量越大。安德森认为，产生式迁移理论其实就是对桑代克共同要素说的现代化。因为在桑代克时代，心理学还没有形成关于人的技能的正确表征形式，当时的心理学家用外部刺激和反应的联结来表征人的技能，这是一种错误的表征方式，不能反映技能学习的本质。信息加工心理学家将重点放在迁移的心理实质上，用产生式和产生式系统表征人的技能。

(三)元认知迁移理论

元认知迁移理论是美国心理学家弗拉维尔(Flavell)于 1976 年提出的。元认知迁移理论研究的是认知策略的获得和发展，以认知策略的训练为基础。认知策略是个体为了提高自身认知任务完成效率而采取的方法，服务于改善个体的认知加工过程。它不是单独指向某一具体情境的，而是针对个体的、普遍的一般认知过程。

元认知迁移理论认为，个体会对自己在给定任务中采取的策略进行认知监控，并对这些策略做出优劣或取舍的判断，所以个体的认知策略会在不断训练中得到提升。个体通过训练可掌握有效的学习方法，并将这些方法广泛地迁移到其他学习情境中。从教学实践来看，元认知训练实际上是教会学生学习。在教学过程中，教师不仅要传授学科知识，而且要教学生如何学习。

(四)情境性理论

情境性理论是格林诺(Greenall)等人提出的。该理论的关注点在于在一种情境中，学习参与某种活动的能力如何影响个体在不同情境中参与另一种活动的能力。情境性理论认为，学习是个体与环境中的事件相互作用的结果，是对环境的适应。在个体与环境的相互作用过程中，个体会积累一些动作图式，这些图式是活动的组织原则，而不是符号性的认知表征。迁移就在于如何利用不变的活动结构或动作图式来适应不同的情境。这种活动结构的建立是由最初的学习情境和后来的迁移情境共同决定的。

通过对学习迁移理论的介绍，我们可以看出，虽然心理学家对迁移现象已经开展了大量的研究，并提出了不同的迁移理论，在一定程度上解释了学习迁移现象，但这些理论都有其适用的条件和范围，都只能解释某一特定范围内的学习迁移现象，都不能对人类复杂多样的学习迁移现象做出完整解释，所以我们还需对学习迁移进行进一步的理论与实践探索，以便对学习迁移做出更为全面的解释。

第三节
迁移与教学

学习的迁移能够提高学生的学习效率，有助于学生将获得的知识顺利迁移到社会生活实践中。因此，在教学过程中，教师应有效利用迁移理论促进学生的学习。

一、关注知识经验，完善认知结构

(一)学生认知经验的充分性

学习和掌握基础知识是学生获得认知经验的重要来源。学生知识经验掌握得越牢固，其认知结构中储存的知识就越牢固，越有利于学习迁移的发生。

学生学习某个特定情境的知识的时间越长，就越容易把掌握的知识迁移到新的情境中；学生练习的次数越多，就越有利于知识的掌握。因此，教师在教学中要关注学生对基础知识的掌握和对概念、原理的熟练运用。

(二)学生认知经验的概括性与条理性

随着学生对知识经验的理解能力的提高，其积累的认知经验逐步增加，概括性与条理性更强。知识丰富并且条理清晰、有逻辑的认知结构，更容易为新知识的学习提供新的固着点，更容易发生迁移。因此，教师在教学过程中既要注重学生对基础知识的理解和掌握，也要教学生如何总结、概括已学的知识。知识经验的概括性越强，学生越不容易受事物表面特征的制约。从结构特性着眼，不仅更利于解决新问题，而且更利于产生广泛的迁移。

(三)学生认知经验的可利用性

通常来说，我们会利用原有知识来同化与之相似的新知识，也就是说将原有知识和新知识建立联结。学生在新旧知识中建立的联结越多，在运用时就越容易提取知识。

因此，教师在教学过程中，除了要关注学生对知识内容的掌握，还要帮助学生建构稳定、清晰的知识结构，让学生明白何时、何处以及如何迁移某种知识经验，使所学知识保持较强的可利用性和可区分性，以便在学习新知识时，学生能够迅速、准确地找到与之对应的旧知识，更好地学习新知识。[①]

二、合理选择教学内容，科学设计教学过程

(一)精选教材

在教学过程中，教师不可能将某一学科的知识全部教授给学生，学生也不是盲目地学习所有内容的。要使学生在有限的时间内获得并掌握大量有用的知识经验，教师就必须精选教材。在选择教材内容时，教师要注意以下几个方面。

第一，要关注教材内容迁移价值的广泛程度。广泛的迁移价值是指学生通过学习获得并掌握某门学科的基础知识之后，在之后的学习或实际运用中，不需要重新学习那些与之前有关的新内容。

第二，在选择教材时，不仅要关注教材中是否包含基础概念和原理，还要关注教材中是否包含一些典型的事例材料。结合具有代表性的事例材料可以更清晰地阐释某些概念和原理，从而促进知识迁移。

第三，选择教材时要把握两个基本原则。①要选择与时俱进的教材。具有时代特征的教材更具有时代感，更贴近学生的生活，不仅可以提高学生的学习兴趣，而且可以使学生接触前沿的知识经验，不断更新知识结构，促进知识的更广泛迁移。②教材要具有迁移价值。教材既要包含学科的基本概念、基本原理、基本方法等，又要包含典型事例和多样的变式练习。教师在教学过程中只有将教材内容合理、有效地展现给学生，才能使学生良好地组织知识，促进迁移发生。

(二)合理编排教学内容

精心选择的教学内容如何才能最大限度地发挥迁移作用？教师只有合理编排教材内容，才能更有效地促进知识迁移，使教学达到事半功倍的效果。教学内容的编排如果杂乱无章，毫无规律可言，那么很难促进知识迁移，即使发生了知识迁移，效果也是微乎其微的。因此，教学内容的编排要从促进迁移的角度出发，通过最佳的知识结构以及最优的呈现顺序来帮助学生以及教师实现知识迁移。教学内容的编排要符合以下三个原则：结构化原则、一体化原则和网络化原则。

结构化是指教材内容的各个组成部分应该构成密切联系的统一结构体，不仅要有科学、严谨的逻辑关系，而且要体现内容之间的内在关系；一体化是指教材内容的各个组成部分要组合为互为关联的有机统一体，这样才能通过同化、顺应以及重组不断

---

① 王春阳、杨彬、张婕：《教育心理学》，171页，成都，电子科技大学出版社，2017。

建构学生的心理结构，促进学生心智和技能的发展；网络化是对一体化的进一步深化和拓展，是指教材内容各个组成部分之间能够形成上下左右、纵横交叉的联系，着重强调各基础知识之间的结合点。

（三）科学设计教学程序

教学过程本质上就是教师与学生、学生与学生之间的交往过程。教学程序的设计直接影响学生的学习效果以及学习迁移的发生。科学设计教学程序对于教学来说格外重要。教学程序的设计要把握以下原则。

1. 从一般到个别，不断分化

根据学生的认知发展规律，教学内容的安排一般按照从整体到部分、由浅入深的原则。根据认知心理学的观点，当人们接触一个完全不熟悉的领域时，相比于从已掌握的细节中概括整体，人们更倾向于从已掌握的整体中分化细节。例如，在小学数学课上，先教一般三角形，再教等腰三角形和等边三角形。

2. 融会贯通，形成知识的横向联系

教师在教学过程中既要从纵向方面讲解内容，即由浅入深、由易到难，也要从横向方面讲解内容，即注意概念之间、原理之间以及章节之间的内在联系；既要引导学生循序渐进地掌握知识，也要引导学生探索、思考知识之间的内在联系，形成网络化的知识结构，达到融会贯通、运用自如的目的。

3. 教材组织系列化，从已知到未知

根据学生的学习特点，教材组织应遵循由浅入深、由简单到复杂、由已知到未知的原则。实现学习迁移的重要条件之一是在学生已有知识和新知识之间形成固着点。因此，教师在教学中应合理安排教学次序，注意引导学生在回忆已掌握知识的基础之上学习与之相应的新知识。

（四）灵活使用教学技巧

在教学技巧的使用上，教师要注意以下几方面。

第一，在教学中应重视对基本概念和原理的教学，通过反复练习加深学生对基础知识的理解。第二，对于相似的概念，应采取不同的变式，找出概念之间的共同成分，深入探索概念的核心；对于表面相似但本质不同的教学内容，应采取比较法辨析二者之间的细微差别，并发掘二者本质上的不同，避免学生混淆概念，从而提高学生认知结构的可辨别性。第三，在教学中，遇到学生认知结构中缺少可利用观念的知识时，可以利用先行组织者策略，促进其学习的迁移。第四，对于学生难以理解、掌握的知识，可以通过支架式教学帮助其学习建构所学的知识技能，使其进行更高程度的认知活动。[①]

三、强调迁移的特征，提高迁移的意识性

(一)合理确立教学目标

教学目标是一切教学工作的出发点和落脚点，所有的教学工作都是为教学目标服务的。确立科学、合理、系统的教学目标是促进学习迁移的必要前提和准备。由于任何学习都是在原有学习基础之上连续、逐步建构的过程，最终形成的心理结构是具有一定层次的网络化结构，因此，某一节课或者某一学期教学目标的确立必须从之前建构的心理结构的整体出发来设计。此外还需要注意的是，教学目标的表述必须具体、清晰，不能含糊、笼统，应尽可能使学生把握其含义。

(二)善用定势作用

人的心理活动状态的倾向性是由定势决定的。例如，把 13 放在英文字母中间，人们会把它读成 B；把 13 放到阿拉伯数字中间，人们会把它读成 13。

定势对学习迁移具有一定的积极影响。学生解决问题时的思路与定势一致，会对问题解决产生积极作用。积极的定势可以确保心理活动的前后一致性。因此，在教学过程中，教师既要培养学生解决类似问题的心向，又要变换问题，引导学生在运用习惯的方式难以解决问题时，积极从其他方面思考，做到具体问题具体分析。只有如此，才可以充分利用定势的积极作用，提高学习迁移的效果。

四、创设适当的学习情境

随着对迁移研究的深入，有相当一部分教学研究和实证研究发现，学生很难将已经习得的知识灵活运用到新问题的解决中。迁移并不是人们想象中那么容易。对迁移的研究要更多地考虑情境对迁移的影响。

(一)创设相似的学习情境

知识迁移离不开一定的情境。情境既包括最初的学习情境，也包括之后迁移涉及的社会情境和物理情境。学生学习的内容与今后运用所学知识的情境越相似，越有利于知识迁移。在教学中，教师应该选取那些与原理、公式的具体运用情境相似的学习

---

① 赵笑梅：《教育心理学》，北京，北京师范大学出版社，2017。

内容对学生进行讲解。当然，只要条件允许，教师应该尽可能让学生在真实的情境中学习和运用原理、概念；也可以适当运用计算机以及多媒体信息技术，帮助学生更直观地理解知识，增强其感性认识。

(二)创设多样化的学习情境

迁移产生的一个重要特征是个体在新情境中对知识的运用能力在一定程度上取决于其学习、掌握知识时的情境的多样性；换句话说，与在单一情境中学到的知识相比，在多样化情境中学到的知识更有利于知识迁移。

教师在教学中促进学生将原理、概念运用到新情境中的方法之一就是提供不同情境中的事例。只学习相同情境中的事例，学生虽然可以识别出该情境中的其他事例，但是很难将概念运用到其他情境中。相反，学习不同情境中的事例，学生虽然在刚接触概念时学习起来有些困难，但是一旦掌握了概念，便可以在之后的学习中灵活自如地将其运用到新情境中。因此，最佳的策略应该是在学习开始时给予学生相同情境中的事例，待学生大致掌握后再给予学生不同情境中的事例。

另外，教师还可以将一种情境中习得的知识技能导入新的情境中，以此来促进迁移的发生。例如，小学英语教师了解到语文课上学生正在学习人物描写的写作技巧，然后会引导学生将这种写作技巧运用到英语作文的写作中。

(三)创设生活化的学习情境

实践证明，学生通过真实体验获得的知识最为深刻，也最容易转化为能力。教师应根据学生的认知特点，寻找学生感兴趣的情境，为他们创设生活化的学习情境。这样不仅有利于增强学生的学习体验和对学习的感性认识，而且可以帮助学生积累生活经验，以更加积极的学习情感投入知识学习，提高学习的主动性，促进知识迁移的发生。例如，在学习小学数学中的“百分数计算”时，教师可以创设贴近学生生活实际的情境来引导学生进行知识迁移，如创设超市购物情境，让学生利用买一赠一、打折等活动来计算商品的实际价格，以此激发学生的探索兴趣和求知欲，再引导学生将课本中的知识运用到生活实际中，使学生切实体会到数学知识与实际生活息息相关，在潜移默化中促进学生将知识迁移。

五、重视学习策略和学习方法的教学，增强迁移的普遍性

“授人以鱼不如授人以渔”，无论哪种知识的学习，学习方法和学习策略都具有较强的普遍适用性，因此可以产生更广泛的迁移。教师应积极发挥主导作用，在教学中教会学生各种学习方法和学习策略，促使其将所学的学习方法和学习策略迁移到各种

知识技能的学习中。

学习策略主要包括认知策略、元认知策略和资源管理策略。在教学中，教师不仅要重视认知策略的教学，如教学生如何组织材料，如何分析、比较、综合所学知识，如何识记知识等；而且要重视元认知策略的教学，如教学生如何计划、控制和调节自己的认知过程；还要重视资源管理策略的教学，如教学生如何管理自己的时间、学习环境和努力程度等。

有效的学习方法千人千面，如同教学重点相同，教学难点却因学生个人差异而不同一样，但无论其表面形式发生怎样的改变，其本质在于获取信息的方法、加工信息的方法、储存信息的方法以及运用信息的方法。只教给学生组织良好的信息是远远不够的，教师还应该使学生清楚在什么条件下迁移所掌握的知识以及迁移的有效性和普遍性如何。教师在教学中应教授并示范各种学习方法与学习策略，使学生熟练掌握并能够将其运用到各种知识的学习中，由此产生知识迁移，促进学习效率的提高。

六、培养迁移的能力

学习迁移能力是指在学习过程中，学生运用已有知识作用于将来学习的能力。学生的经验包括很多方面，如知识方面、态度方面以及能力方面等。经验是客观现实的反映。因此，从理论上来讲，迁移相当于旧知识与新知识的相互影响。现在学校教育越来越重视学习迁移，希望学生达到的学习目标为：通过迁移学会举一反三、灵活变通，形成能够解决学习中遇到的各种问题的能力。

本章小结

学习迁移，简称迁移，是指一种学习对另一种学习的影响，或习得的经验对完成其他活动的影响。迁移不光会出现在知识、技能领域的学习中，还会出现在情感、态度、行为等领域的学习中。根据不同的分类标准，迁移可分为不同类型。心理学家和教育学家对迁移进行了大量的思考与研究，形成了不同的学习迁移理论。早期迁移理论主要包括形式训练说、共同要素说、概括化理论、关系转换说、学习定势说，当代迁移理论主要包括认知结构说、产生式理论、元认知迁移理论、情境性理论。

教师在教学中可以通过以下途径促进小学生的学习迁移：关注知识经验，完善认知结构；合理选择教学内容，科学设计教学过程；强调迁移的特征，提高迁移的意识性；创设适当的学习情境；重视学习策略和学习方法的教学，增强迁移的普遍性；培养迁移的能力。

章后练习

一、单项选择题

1. 学生小 A 由于会弹电子琴，因此很快学会了弹钢琴，这种现象属于(　　)。

A. 顺向正迁移　　B. 逆向正迁移

C. 顺向负迁移　　D. 逆向负迁移

2. 小 B 学习了英语语法后，加深了对以前学过的中文语法的理解，这种现象属于(　　)。

A. 负向迁移　　B. 垂直迁移

C. 顺向迁移　　D. 逆向迁移

3. 小 C 因对锐角三角形知识掌握得不好而影响了对钝角三角形知识的掌握，这种现象属于(　　)。

A. 纵向迁移　　B. 横向迁移

C. 一般迁移　　D. 正迁移

4. 认为可以通过背诵古典语言(拉丁语、希腊语、古汉语)、解答数学和自然科学中的难题来提高大学生学习迁移能力的观点属于(　　)。

A. 关系转换说　　B. 概括化理论

C. 形式训练说　　D. 共同要素说

5. 在早期的迁移理论中，提倡两种情境中有相同要素时才能产生迁移的共同要素说的是(　　)。

A. 贾德　　B. 安德森

C. 桑代克　　D. 奥苏贝尔

6. 心理学上的“水下击靶”实验支持的迁移理论是(　　)。

A. 形式训练说　　B. 共同要素说

C. 概括化理论　　D. 关系转换说

二、名词解释

学习迁移　正迁移　负迁移　横向迁移　纵向迁移　一般迁移　具体迁移

三、简答题

1. 论述形式训练说。

2. 简述认知结构与学习迁移的关系。

3. 简述共同要素说。

4. 简述关系转换说。

四、辨析题

1. 两种学习材料的相似度越高越容易产生正迁移。

2. 学习迁移是学习过程中常见的现象，对新知识、新技能的学习起促进作用。

拓展阅读

1. 皮连生．教育心理学[M]. 上海：上海教育出版社，2010.

2. 莫雷．教育心理学[M]. 广州：广东高等教育出版社，2002.

3. 韩进之．教育心理学纲要[M]. 北京：人民教育出版社，2007.

4. 王春阳，杨彬，张婕．教育心理学[M]. 成都：电子科技大学出版社，2017.

5. 赵笑梅．教育心理学[M]. 北京：北京师范大学出版社，2017.

第十一章

智力与非智力因素

- 智力与非智力因素
  - 智力差异
    - 智力概述
    - 智力差异的表现形式
    - 智力测验
    - 智力差异与因材施教
  - 学习风格
    - 学习风格概述
    - 学习风格的认知要素
  - 非智力因素及其培养
    - 非智力因素概述
    - 非智力因素的内容与结构
    - 非智力因素的培养

章前导语

智力差异、学习风格、非智力因素是影响个体差异的三个重要因素，这三个因素在个体的学习与发展过程中起着重要作用。教师只有关注学生的个体差异，才能真正做到因材施教，从而促进小学生的全面发展。本章先介绍智力差异、学习风格，然后介绍影响个体学习差异的非智力因素及其培养。

智力与非智力因素一直以来都是心理学研究关注的焦点问题，两者孰轻孰重备受争议。智力因素通常是指记忆力、观察力、思维能力、注意力、想象力等各种认知能力的总和。它是人们在对事物的认识中表现出的心理要素，是认知活动的操作系统。非智力因素是指智力因素以外的一切心理因素，包括情感、意志、性格、兴趣等方面，对人的认识过程起直接的制约作用。在教育过程中，非智力因素的培养和智力因素的培养同等重要。教师既要“解惑”又要“授道”，注重对学生综合素质的培养。

第一节 智力差异

一、智力概述

(一)智力的概念

对于智力，心理学家有各种不同的解释，但至今没给出一个统一的定义。早期的心理学家倾向于将智力看作一种单一的能力，如学习能力、适应环境的能力、抽象思维能力等。当代心理学家更倾向于将智力看作多方面的综合能力，即从事某项活动所需的各种认知能力的结合，其中以抽象思维能力为核心。总体来说，智力是处理抽象概念、解决问题和适应环境的能力。

(二)智力理论的发展

1. 早期智力心理测量理论

在心理学创立后的早期阶段，心理学家就开始尝试对个体智力进行测量。这一阶段提出的智力理论主要以心理测量学为基础，以比较流行的因素分析法去分析智力，通过因素分析探索智力的构成因素，从而认识智力的内核，如斯皮尔曼的二因素论、桑代克的三因素论、瑟斯顿(Thurstone)的群因素论等。其中较有影响力的是英国心理学家斯皮尔曼的理论。他认为智力包括两种潜在因素：一种是单一的一般因素，简称G因素，它是所有智力活动都需要的普遍共有的因素，但它具有水平上的差异；另一种是特殊因素，简称S因素，它是某一智力活动所需要的特有因素。

后来，斯皮尔曼的弟子卡特尔(Cattell)以及霍恩(Horn)根据对智力测验的处理分析，将人的智力分成了两类：流体智力与晶体智力。流体智力以神经生理为基础，随神经系统的成熟而提高，相对不受教育的影响。这种智力在青少年之前一直在增长，在30岁左右达到顶峰，随后逐渐衰退，如反应的速度、机械记忆的能力等。晶体智力是通过积累社会文化经验而获得的智力，是在实践(学习、生活和劳动)中形成的。这种智力在人的一生中都在增长，包括习得的技能和知识。人在解决问题时投入流体智力发展晶体智力，但许多任务需要同时投入两种智力，如数学推理。

2. 当代智力系统理论

(1)多元智能理论

多元智能理论是美国心理学家加德纳(Gardner)在1983年提出的。加德纳根据哈佛教育研究所对神经科学、认知科学和人类潜能开发的研究结果，受到吉尔福德(Guilford)智力结构论的影响，提出人类的心理能力至少应该包括八种不同的智力，分别是语言智力、逻辑-数学智力、空间智力、身体运动智力、音乐智力、人际智力、内省智力，以及他后来补充的自然观察智力(见表11-1)。每一种智力都与其他智力有区别，但这些智力间相互依赖、相互补充。

表11-1　加德纳的多元智能理论

智力类型	核心能力	典型人群
语言智力	学习与使用文字语言的能力	记者、编辑、作家、演说家、政治领袖
逻辑-数学智力	数学运算及逻辑思维推理的能力	数学家、律师、工程师、科学家
空间智力	感受、辨别、改变物体的空间关系并借此表达思想和情感的能力	画家、雕刻师、建筑师、航海家
身体运动智力	支配肢体以完成精密作业的能力	体育运动员、舞蹈家、外科医生、赛车手
音乐智力	欣赏和表达音律节奏的能力	作曲家、指挥家、歌唱家、演奏家、乐器制造者
人际智力	与人相处与交往的能力	教师、律师、推销员、公关人员、节目主持人
内省智力	认识洞察和反省自身的能力	哲学家、思想家、小说家
自然观察智力	对生物的分辨观察力及对自然景观敏锐的注意力	考古学家、收藏家、农夫、宝石鉴赏家

加德纳认为传统智力测验只在前三种智力中得到体现，只关心学生在学校的学习成绩如何，忽视了其他五种智力，使得学生在这几种智力中的潜能得不到发掘。有些学生虽然成绩很突出，但是到社会实践中无法顺利地解决实际问题。这给学校教育带来了新的启示：学校不应当只注重对语言智力与逻辑-数学智力的培养，要照顾到学生全方位的发展，因材施教，进行素质教育。

(2)三元智力理论

三元智力理论是美国心理学家斯滕伯格在1985年提出的。他受信息加工理论的影响，对传统智力理论的不足进行了批判，认为智力是复杂的、多层次的。一个完备的智力理论必须说明智力的三个方面，即智力的内在成分、内在成分与经验的关系以及智力成分外部作用。这三个方面构成了智力成分亚理论、智力经验亚理论和智力情境亚理论，可以回答人与人之间的智力差异。

智力成分亚理论认为，智力包括三种成分：元成分(用于计划、控制和决策的高级执行过程，如确定问题的性质、选择解题步骤、调整解题思路、分配心理资源等)；操作成分(执行元成分的决策)；知识获得成分(学会如何解决新问题等)。在智力成分中，元成分起着核心作用。成分智力涉及智力的内部世界。

智力经验亚理论认为，智力包括两种能力：一种是处理新任务和应对新环境时所要求的能力，另一种是使信息加工过程自动化的能力。经验性智力涉及内部成分与外部世界的联系。

智力情境亚理论认为，智力是指获得与情境拟合的心理活动。在日常生活中，智力表现为有目的地适应环境、塑造环境和选择新环境的能力，这些统称为情境智力。同样的行为在不同的智力情境中可产生不同的智力行为，个体所处的社会文化背景决定智力行为的方式。情境性智力涉及智力成分的外部作用。

成分性智力是三元智力理论中形成最早与最完善的，揭示了智力成分的内部机制。三元智力理论关注人在生活世界中的行为是否为智力行为以及这种智力行为如何发生，强调智力的实践性，弥补了传统智力测验只关注知识学习的缺陷，为学校教育提供了启示。

二、智力差异的表现形式

智力差异的表现形式可以分为群体差异和个体差异。

(一)群体差异

智力的群体差异是指不同群体间的智力差异，包括男女之间的智力差异、不同职业与种族之间的智力差异等。

1. 男女之间的智力差异

长期以来，研究者对男女智力差异的研究表明：男女在智力方面没有显著差别。但不少研究表明，男女在某些特殊能力方面各有所长。

在智力结构方面，女性在语言表达、机械记忆、直观能力等方面有突出优势，男性在空间想象、逻辑推理、数字运算、机械操作、视觉反应等方面有更优异的表现。这种差异带有大脑左右半球智力特征分化的影子，即男性具有右脑主导的空间优势，女性具有左脑主导的语言优势。在智力表现时间早晚方面，女性会比男性“早慧”。在智商分布方面，男女总体上都是呈正态分布的，也就是呈“倒 U 形”曲线，即智商中等的人多，超常的人少，低常的人也少。在这个分布上，男性智商分布的离散性比女性要大。也就是说，女性中智力超常和智力障碍的比例比男性小，智力中等的比例比男性大。

2. 不同职业与种族之间的智力差异

智力除了在性别方面存在一些差异外，在不同职业与种族之间也存在着一定的差异。对不同职业团体的智力测验结果发现，从事脑力劳动的人群比从事体力劳动的人群智商更高。加拿大心理学教授鲁什顿(Rushton)基于大量研究提出，白色人种无论是生长在瑞典、澳大利亚、南非、美国还是阿根廷，平均智商都约 100；东亚人，无论出生在美国、加拿大还是在中国，智商都约 103。① 对于不同职业与种族智商差异的争论一直都有，我们觉得更应该考虑的是后天的环境与教育的因素，况且智力测试的公平性问题也是值得考虑的。

(二)个体差异

智力的个体差异是指不同个体间表现出的智力差异。智力的个体差异有多种表现形式，总体上分为智力水平差异与智力结构差异两种。

1. 智力的水平差异

心理学研究表明，人的智力是呈常态分布的，即大部分人的智力属于中等水平，只有少数人的智力属于低等或高等水平。心理学家引入智商这一概念来衡量智力发展水平。智商是智力商数的简称，是衡量智力水平高低的相对指标。根据智力测验的有关资料，我们将人的智力划分为不同等级(见表 11-2)。

表 11-2　智力等级分布

智商	智力等级	百分比/%
>130	超常	2.2
120～129	优秀	6.7

① Rushton J P, Peters M, “Race, evolution, and behavior,” Aggressive Behavior, 1995, 21(6), pp. 463-468.

续表

智商	智力等级	百分比/%
110～119	中上	16.1
90～109	中等	50.0
80～89	中下	16.1
70～79	偏低	6.7
＜70	低常	2.2

从表 11-2 中可以看出，智力低常与超常的都占 2.2%；优秀与偏低的都占 6.7%；中等的占 50.0%，所占比重最高。智力超常儿童与智力低常儿童在学校教育中都属于特殊儿童，对特殊儿童的教育是我们应该重点考虑的。

智力低常儿童是指智力发展落后于同龄儿童一般发展水平的儿童。智力低常又有程度的区别，可用智商来表示。我国通常将智力低下分为三类：①轻度智力低下，智商在 50～85；②中度智力低下，智商在 25～50；③重度智力低下，智商在 25 以下。造成智力低常的原因较为复杂，有出生前的因素，如父母近亲结婚、母亲孕期患病等；也有出生过程中的因素；还有出生后的外界环境因素。

轻度智力低下的儿童在智力低常儿童中占有绝大多数，可以生活自理，成人后可从事简单的体力劳动，就是在学习上有稍许困难。他们的智力有以下几个特点：①记忆速度慢，保持能力差，遗忘快；②感知速度慢，范围窄；③语言发展慢，词汇贫乏，缺乏连贯性；④抽象思维能力差，不善于综合和分析，难以看出事物的本质特点与内在联系，缺乏逻辑性，理解数学概念的能力差，计算有困难。

轻度智力低下儿童是可以教育的。通过接受一定程度的特殊教育，他们可以适度掌握小学的知识与技能。目前，国内许多地区设置了特殊教育学校。现在国际上流行一体化教育，即将这类特殊儿童放在正常儿童群体中，让他们逐渐形成正常的沟通与交往技能，以避免智力低下儿童因受到不公平待遇而产生心理问题。通过了解智力低下儿童的特点，教师可以采取特殊的个别施教方式，如多开设手工制作课、劳动课等来发展他们的感知能力；教授一些简单的文化知识；对他们每一次小小的成功给予鼓励，以增强其自信心；教授他们一门简单的技能，使其在成人后能用一技之长自食其力。

中度智力低下儿童与轻度智力低下儿童相比，智力缺陷更加严重。他们只能掌握简单的语用词，并且吐字不清、词不达意；生活不能完全自理，因为他们的动作只能达到基本正常，甚至存在障碍；难以掌握抽象概念，学习存在明显困难；通过接受一定的训练可以生活自理或者半自理，但成人后还是难以参加社会工作。

相比前面两类儿童，重度智力低下儿童很难接受教育和训练。他们不会说话，不会数数，只能说出个别不成句的词；动作不正常，除了摆头、走动与叫喊，无法进行有目的的活动；情感反应非常原始，受到刺激后只会叫喊；生活完全不能自理，到成人后也需要一直接受他人的照料。

智力超常儿童是指智力发展明显超过同龄儿童一般发展水平或具有某种特殊才能的儿童，也称天才儿童。国外普遍采用标准化的智力测验来鉴别天才儿童，将智力测验中得分在130以上的确定为天才儿童。他们的智力有以下几个特点：①有非常广泛的兴趣和强烈的求知欲；②注意力可以在某一事物上集中较长时间；③记忆力强，且善于在理解的基础上记忆；④观察力敏锐，可以观察到一般儿童观察不到的问题；⑤具有创造性与独立性，不依赖教师，不迷信书本，喜欢用新的方法解决问题；⑥抽象思维能力强，可以把握事物的本质；⑦有强烈的好胜心与顽强的意志，对一件想要完成的事情能够坚持不懈，并且不惜克服一切困难，具有肯吃苦的品质。

多年来，特殊人才的培养一直是国际上重点关注的。一个国家的原生创新能力在很大程度上决定了它的国际地位，所以我国也应该重点关注对智力超常儿童的培养。教师要早发现、早培育超常儿童。因为他们成人后能否继续超常，能否在最适合他们的职位上发光发热，很大程度上取决于他在成人前是否受到了良好的教育与正确的引导。针对智力超常儿童的教育通常有以下几项措施：为普通学校普通班级里的特殊儿童设立特殊课程，布置有难度的作业，允许跳级，引导与促进他们超前学习。

2. 智力的结构差异

个体智力差异不仅表现在智力水平上，而且表现在智力结构上。智力结构差异主要是指由于构成智力的基本因素及其组合方式不同而产生的智力类型和特殊才能方面的差异。

(1)智力类型

分析型、综合型与混合型。这三种类型是根据人们在知觉过程中的特点来划分的。分析型的人在知觉过程中对细节感知清晰，但概括性和整体性不够；综合型的人富于概括性和整体性，但缺乏分析性，对细节不大注意；混合型的人集以上两种类型的优点于一身，既具有较强的分析性，又具有较强的综合性。混合型是一种较理想的知觉类型。

视觉型、听觉型、运动觉型与混合型。这四种类型是根据人们在记忆过程中哪一种感觉系统记忆效果最好而划分的。视觉型的人视觉记忆效果最好，听觉型的人听觉记忆效果最好，运动觉型的人参加运动时记忆效果最好，混合型的人用多种感觉通道记忆时效果最好。

艺术型、思维型与中间型。这三种类型是根据人的高级神经活动系统中的两种信号系统谁占优势来划分的。艺术型的人第一信号系统(除语词以外的各种刺激物)在高级神经活动中占相对优势，思维型的人第二信号系统(语词)占相对优势，中间型的人两种信号系统比较均衡。属于艺术型的人在感知方面具有印象鲜明的特点；在记忆方面易于记忆图形、颜色、声音等直观材料；在思维方面富有形象性，想象力丰富，而且具有较强的情绪易感性。具有上述特点的人有利于发展艺术活动的能力。属于思维型的人在感知方面注重对事物的分析、概括，在记忆方面善于识记词义和概念等，在思维方面倾向于逻辑构思和推理论证。具有上述特点的个体有利于发展数学、哲学、物理、语言学等学科的学习和研究能力。

(2)特殊才能

特殊才能指个体在某一领域具有优秀的表现，如音乐才能、绘画才能、数学才能等。特殊才能不是由单一能力构成的，而是由多种能力构成的。例如，音乐才能是由节奏感、曲调感和听觉表象构成的；数学才能包括迅速、广泛地概括数学材料的能力，运算时迅速压缩或简化推理过程的能力，以及从正运算迅速过渡到逆运算的灵活性，等等。影响特殊才能形成和发展的主要因素包括遗传素质、良好的个性倾向和特征、后天的教育和实践等。教师在教育实践中不仅要关注学生的学业成绩，而且要注重发掘每个学生身上的闪光点，为每个学生创造展示自己的机会，增强他们的自信。

3. 智力的年龄差异

智力的年龄差异表现在智力发展成熟的早晚上。有的人在童年时期就展现出非凡的特殊才能，我们通常称其为“超常儿童”“神童”。有的人大器晚成，在中年或老年时期才展现出才能。例如，唐初诗人王勃，6 岁善文辞，9 岁读汉书，少年时期就写出了《滕王阁序》；我国近代画家齐白石到 40 岁后才显示出他的绘画才能。历史上，国外这样的例子也是层出不穷：欧洲古典主义音乐作曲家莫扎特，音乐界的神童，4 岁时就能用拨弦键琴演奏歌曲，5 岁时能创作简单的音乐，7 岁时就已经开始巡回演出了；生物学家、进化论创始人达尔文到 50 多岁才有研究成果，著有《物种起源》一书。

个体智力发展成熟的早晚虽存在年龄差异，但对于大多数人来说，成才或者成器的最佳年龄是在成年或壮年时期。美国学者莱曼(Lehman)研究了数名科学家、艺术家与文学家的年龄与其成就之间的关系，发现 25～40 岁时是最佳的成才年龄。[①] 这与我国学者的研究成果是一致的。

三、智力测验

(一)智力测验的发展

1905 年，法国心理学家比纳(Binet)和西蒙编制了第一个智力测验量表。量表一经修订就被广泛运用。美国心理学家推孟(Terman)修订的“斯坦福—比纳量表”最为通

---

① Lehman H C. Age and achievement, Princeton, NJ: Princeton University Press, 2017, pp. 19-21.

用。他首次引进智商的计算公式，即智商(IQ)＝智力年龄(MA)/实足年龄(CA)×100，并将其称为比率智商，表示个体智力的相对水平。20年后，出现了新的智商概念：离差智商。离差智商是美国心理学家韦克斯勒(Wechsler)提出的。他采用年龄组的平均分和标准差确定智商，并以此为基础编制了韦氏量表。韦氏量表分为三套：学前与学龄初期智力量表(WPPSI)、儿童智力量表(WISC)与成人智力量表(WAIS)。每一套量表都是由言语与操作测验两部分组成的。

(二)智力测验的作用

智力测验主要用于两方面：解决实际问题与理论研究。在解决实际问题中，智力测验可以用来进行心理咨询、人才选择、教育评价等。在学校教育中，智力测验的结果有助于教师了解每个学生的特点，因材施教。在理论研究中，智力测验可以作为收集资料的工具，有利于研究者从某个角度进行分组，以此提出研究假设。

(三)智力测验与学校教育

多年来，关于学业成绩与智商的关系的研究层出不穷。大多数人认为：智商越高，学业成绩就越好。但许多心理学家在研究中发现，学业成绩与智商之间只存在中度相关。这种相关度会随着量表的不同、学科的不同、年级的不同而变化。相对于采用韦氏智力量表测出的智商分数，使用斯坦福—比纳智力量表测出的智商分数与学习成绩的相关度更高；阅读、作文等学科成绩与智商的相关度最高；随着年级升高，智商与学业成绩的相关度降低。

智力测验对于学校教育，最重要的作用是帮助教师了解学生的特点，对不同智力水平的学生采取相应的措施，因材施教。根据智力测验的结果我们发现，智力水平偏高的学生成绩不一定优秀，智力水平偏低的学生成绩也不一定就很差。教师要帮助学生培养正确、积极的学习态度，让其了解自己的智力水平，树立学习方面的自信。

四、智力差异与因材施教

(一)适应智力差异的教学组织形式

在一所学校中，学生之间普遍存在智力差异。为了适应这种差异，我们提出了多样化的教学组织形式。

1. 同质分组

同质分组是指按学生的智力或者知识程度分班或者分组。同质分组缩小了学生间的差距，有利于教师采取同样的教学方式与统一的教学进度，增强了教师与学生之间的适应度。但同质分组也有其局限性：首先，无法确定同质的标准，分组的结果并不一定就是科学的；其次，同质分组容易给学生贴上标签，导致成绩较差的学生缺乏自信、一蹶不振，成绩较好的学生骄傲自满。

在分组形式上，我们提倡灵活分组，教师可以根据学生实际情况、教学内容、教学目的随时变换分组形式。比如，在班级内按程度将学生分组，根据各组实际情况，采取不同的辅导方式；针对某个主题内容的讨论，需要学生发表自己看法的可以采取异质分组，将不同程度与不同性格的学生分在一组，使学生在讨论中碰撞出思维的火花。

2. 留级与跳级

留级与跳级也是缩小学生之间差距的做法。留级是为了让在本学年阶段学习成绩不好的学生有再一次学习的机会。在现实中，留级这种方式似乎并没有起到多大的作用，只有少数学生通过留级提高了学业成绩，大多数学生在成绩表现上并没有什么显著的变化，甚至有的表现更差。这种方式在一定程度上有损学生的自尊心，使学生在留级期间更容易自暴自弃，甚至表现出逆反心理。跳级可以使学习成绩好的学生更加自信，超前完成学习任务。

(二)适应智力差异的教学方式

为了适应学生的智力差异，教学方式应当有相应的改革。以下三种教学方式是众多适应学生智力差异的教学方式中比较有代表性的。

1. 掌握学习

掌握学习由布卢姆于1976年提出，旨在解决个体差异的问题。掌握学习认为，只要给予足够的时间和适当的教学，几乎所有的学生对所学内容都可以达到掌握的程度(通常要求完成80%～90%的评价项目)。学生在学习能力上的差异并不能决定他能否学会教学内容，只能决定他需要花多少时间才能掌握该项内容，即学习能力强的学生可以在较短的时间内对某项学习任务达到掌握水平，学习能力弱的学生则要花较长时间才能达到同样的掌握水平。基于这一理念，布卢姆等人主张，要将学习任务分成一系列小的学习单元，后一个单元中的学习材料直接建立在前一个单元的基础上。每个学习单元都包含一小组课，通常需要1～10小时的学习时间。学完一个单元之后，教师对学生进行总结性测验，以评价学生的最终水平。达到了规定的掌握水平的学生，可以进行下一个单元的学习；没有达到规定掌握水平的学生，应当重新学习这个单元的部分或全部内容，然后再次接受测验，直到掌握。

2. 个别指示教学法

个别指示教学是一种教学方式，由美国匹茨堡大学学习研究开发中心提出。个别指示教学法是指根据学生的能力、需要和学习情况准备教材及教学课件，经常详细诊断学生的学习情况，根据学习结果设计个别指导的内容和程序，以保证每个学生都取得最优学习成绩。

3. 个别化教学系统

个别化教学系统是美国心理学家凯勒(Keller)于1968年提出的，是一种强调学生自学为主、学生自己定速以适应个别差异的个别化教学理论。个别化教学系统有五大特征。①以掌握为指导：让学生掌握规定的教学内容是教学的主要目标。学生为了达到某一教学目标，需要接受若干次测验。学生如果能通过单元测验，就可进行下一轮测验；如果不能，说明还未掌握本单元内容，就要继续进行此单元的学习。②学生自定学习速度：由于学生与学生之间在学习能力、学习速度、时间安排等方面均有差异，因此，凯勒主张学生的学习速度应由学生自行决定。③教师授课的自由化：教师授课的主要目的是激发学生的动机和兴趣，这种授课方式有助于增加教师与学生交流和沟通的机会。④使用指导性教材：书面文字资料是主要的教学来源，教师只是辅助者的角色。系统编制教材是个别化教学中的重要一环，只有提供完备的教材才能指导学生的学习，使学生在学习上容易取得成功。⑤安排学生助理：学生助理可以在两个方面发挥作用，即按照教师给定的答案，评阅同学的单元测试卷子，使学生得到及时反馈；帮助那些在学习上遇到困难的同学，对其进行学习辅导并回答同学提出的一些问题。个别化教学系统比较适合高年级和独立性强的学生，不适合小学生和依赖性强的学生。

第二节
学习风格

有经验的教师会发现，在学生学习过程中，除了智力影响学生的学习成绩外，还有一些其他因素也会影响学生的学习成绩。比如，有的学生对细节感兴趣，有的学生则对细节感到厌烦。有的学生在考试的时候做题速度比较快，但是错误率比较高；有的学生做题速度比较慢，但是准确率比较高。所有的这些差异都是学习风格上的差异。

一、学习风格概述

(一)学习风格的含义

1954年，西伦(Thelen)首次提出了学习风格的概念。自此之后，关于学习风格的研究如雨后春笋般涌现。20世纪80年代，对学习风格的研究逐步从管理走向教学实践。对于学习风格的概念，不同的研究者有不同的理解。

邓恩(Dunn)等人认为，学习风格是学生集中注意力并试图记住和掌握新的或困难的知识或技能时所表现出的学习方式，这种方式会受到个体的生理特点、社会性需要、心理倾向和周围环境的影响。肯塞拉(Kinsella)认为，学习风格是学生在接收信息和加工信息的过程中采用的偏爱方式，也就是说个体对某种特殊学习方式和学习环境的偏好，这些偏好也许是学习的地点、时间、环境、与谁一起学习等。凯尔(Care)认为，学习风格由学生特有的认知、情感和生理行为构成，是反映学生在感知信息、与学习环境相互作用时的表现的一贯的、稳定的学习方式。

概括来说，学习风格是指学生在完成学习任务时所表现出的一贯的、典型的、独具个人特色的学习策略和学习倾向。其中，学习策略是指学生在学习活动中采取的有效的学习规则、学习方法、学习技巧及调控方式，学习倾向是指学生的学习态度、情绪、动机、坚持性及学生对学习环境、学习内容等方面的偏爱。

(二)学习风格的特点

学习风格具有三个典型的特点。①独特性。学习风格是在学生个体神经组织结构及其机能的基础上，受特定的家庭、教育和社会文化的影响，通过个体自身长期的学习活动而形成的，具有鲜明的个性特征。②稳定性与可塑性。学习风格是个体在长期的学习过程中逐渐形成的，一经形成，即具有持久稳定性，很少随学习内容、学习环境的变化而变化。但是学习风格的稳定性并不表明它是不可以改变的，它仍然具有可塑性。个体在学习过程中，可以通过对学习策略的掌握，逐渐改变自己的学习风格。③兼具活动和个性两种功能。一方面，个体在成长过程中形成的学习风格能够保证学习活动的开展，能够直接影响学习活动；另一方面，学习过程和学习结果又会受到个性的影响。

二、学习风格的认知要素

(一)认知风格的含义

认知风格也称认知方式，是个体习惯采用的信息加工方式。个体的认知风格体现在其对外界的感知、记忆、思维等方面。[①] 在平时的教学过程中，有些学生喜欢在集体中学习，依赖于教师对他们的指导和同学之间对学习的交流，更偏好结构严密的教学方式；有些学生不喜欢在学习时被过多干预，喜欢独立学习，有自己的学习目标和学

① 边玉芳、李白璐：《教育心理学》，224页，杭州，浙江教育出版社，2015。

习方法，更喜欢结构松散的教学模式。具有不同认知风格的个体适合不同的教学策略、教学结构和教学方式。研究学生的认知方式能够为给学生提供个性化教育给予理论与实践支持。

研究者按照不同的维度对个体的认知风格进行了分类，目前已知的认知方式大概有 20 多种，以场独立型与场依存型、沉思型与冲动型、整体型与系列型、感知型学习风格和科尔勃的认知风格分类较为常见。这些认知风格的个体差异成为教师在因材施教时必须考虑的心理变量。

(二)认知风格的类型

1. 场独立型与场依存型

(1)概念

场独立型与场依存型是两种普遍存在的认知方式，由美国心理学家威特金(Witkin)提出。第二次世界大战期间，威特金为了研究飞行员怎样利用来自身体内部的线索和看到的外部仪表的线索调整身体的位置，专门设计了一种可以摇摆的座舱。座舱内置一把座椅。当座舱倾斜时，被试可调整座椅，使身体保持垂直。研究表明，有些被试主要利用来自仪表的视觉线索来调整座椅，有些被试主要利用来自身体内部的线索来调整座椅。尽管座舱倾斜，但他们仍能使身体保持垂直。据此，威特金将前一种人的知觉方式称为场依存型，将后一种人的知觉方式称为场独立型。后来，他进一步研究表明，可以根据个体在一个复杂的背景中找出简单目标图像的能力的差异，将其区分为场独立型和场依存型。场独立型的个体能够比较容易地将目标图形从其背景中分离出来，场依存型的个体对于将目标图形从其背景中分离出来感到困难。简单来说，前者倾向于按照内在的参照来加工信息、解决问题，受外部刺激影响较小；后者倾向于按照外部的参照来加工信息、解决问题，受外部刺激影响较大。

举一个例子，场独立型的人在遇到问题时喜欢独立解决；场依存型的人在遇到问题时更喜欢与他人进行讨论，寻求他人的帮助。场独立型的人倾向于依靠内在的参照去独立地解决问题，对于社会线索并不敏感，社交能力相对较弱；场依存型的人往往较多依靠外在的参照来决定自己的行为表现，较为注意他人提供的线索，一般社交能力较强。

(2)场独立型与场依存型的学习特征

研究表明，场独立型的学生更喜欢自然学科、数学，而且他们的成绩一般比较好，他们的学习动机以内在动机为主。他们能够自己确定自己的学习目标并朝着这个目标去钻研、思考，适合结构松散、限制较少的教学模式。场依存型的学生更喜欢社会学科，他们的学习动机一般来自外在刺激，他们更依赖于明确、清晰的学习指导，更适合结构严密的教学模式。在职业方向的选择上，场独立型的学生偏好于选择人际关系较为简单并且可以自己独立完成的工作和任务，场依存型的学生比较喜欢从事与人有关的活动或者需要与他人合作完成的工作。

(3)对教学的启示

从上述理论可以看出，认知方式影响学生的学习与活动方式。不仅学生的认知偏好会影响教学活动，而且教师的场定向类型也会影响教学活动。所以教师只有了解学生的认知偏好，才能够更好地开展教学。从长远角度来看，学生的认知偏好还会影响他们未来专业和就业的选择，这就需要教师针对学生自身的认知偏好对他们进行有针对性的指导并提供一些合理的建议。例如，针对场独立型的学生，可以给予其充分的学习自主权，让其自主决定复习的进度、复习的形式、学习的方式等。

2. 沉思型与冲动型

(1)概念

在学习过程中遇到问题时，有些学生倾向于认真思考，用较多的时间去考虑问题，比较各种解决问题的方案，然后选择最佳方案去解决问题，他们的反应速度相对较慢；有些学生仅仅依据问题的部分信息或者还没有对问题进行透彻的思考和分析就得出解决问题的方案，他们的反应速度相对较快，但是很容易出现错误。以上这些差异反映出学生在解决问题时不同的速度和准确性。1964 年，美国心理学家卡根(Kangan)将前者称为沉思型的认知风格，将后者称为冲动型的认知风格。两种认知风格各有优缺点，并无好坏之分。

(2)沉思型与冲动型的学习特征

沉思型学生的特点是反应速度相对较慢，错误率较低。他们喜欢在做出自己的回答之前，把问题考虑周全，评估所有可能的方案，并从中选出最佳方案去解决问题。他们较为关注的是解决问题的质量，而不是解决问题的速度。这一点在他们解决较为复杂的陌生问题时表现得更为明显。但是，当他们遇到相对简单的问题时也会用较快的速度做出回答。

相反，冲动型学生在解决问题时总是很急切地想要做出回答，并没有考虑到问题的各种可能性，稍加思考就迫切地做出回答，甚至有时还没有完全理解题目的要求就开始回答。这些学生的反应速度较快，但是解决问题的正确率较低。从信息加工的方式来看，沉思型的学生更偏向于采用细节性加工方式，他们在学习过程中会对学习材料的细节进行分析，学习成绩会较好一些；冲动型学生习惯采用整体加工方式，当遇到那些需要做出整体性解释的学习任务时，学习成绩会更好些。

在具体的学习表现方面，沉思型学生和冲动型学生有着较大的差异。沉思型学生在阅读成绩、考试成绩和推理判断能力方面的表现都较好，尤其在解决创造性问题时表现更为优秀。相反，冲动型学生可能会出现阅读困难，学习成绩不太好。但是，在解决涉及多角度的任务时冲动型学生表现得更好。

是什么原因造成了这两种认知风格的差异？格罗斯(Gros)的研究表明，沉思型学生与冲动型学生之间存在的认知方式的差异，可能是来自对错误的关注。沉思型学生会把正确率视为表现自身能力的重要指标，冲动型学生会把反应速度作为表现自身能力的重要指标。所以，他们在解决问题的方式和策略上出现了明显的差异。

(3)对教学的启示

卡根的沉思型与冲动型理论在实践中有着较多的应用。沉思型学生虽然在课堂上表现不太积极，但是他们善于思考，对待作业非常认真，成绩较好。冲动型学生在课堂上表现较为积极，通常有较强的表达能力、敏捷的思维和富有激情的个性，能够带动课堂气氛，带动其他同学的积极性。在教学实践中，沉思型学生和冲动型学生都有各自的特点和优势。教师应该看到他们身上的闪光点，多表扬他们积极的方面，也要去培养他们缺乏的品质。对于沉思型学生，教师要多鼓励，提高他们表达自我的能力和勇气；对于冲动型学生，教师要有计划地训练他们，使他们善于思考，在学习过程中培养他们分析和思考的能力。

3. 整体型与系列型

(1)概念

英国心理学家帕斯克(Pask)曾经进行了一项实验。他让学生对一些想象出来的火星上的动物图像进行分类，并且要求他们在分类过程中建构自己的分类原则。所有学生完成这项任务之后，报告自己是怎么完成这项任务的。帕斯克发现，学生在运用的假设种类和建立分类系统的方法上，表现出了一些差异。有一些学生习惯采用比较复杂的假设，每个假设包含若干属性。他们采用的这种策略是整体型策略，就是从整体出发考虑该如何解决问题。还有一些学生把思考集中在一步步的策略中。他们采用的假设一般较为简单明了，每个假设只包括一个属性。这些学生采取的策略就是系列型策略。

(2)整体型与系列型的学习特征

偏好运用整体型策略的学生在学习过程中，往往习惯于对整个问题包含的子问题的层次结构和他即将要采取的解决问题的方式进行预测分析。他们的视野一般比较宽广，可以从整体上思考问题，将问题中包含的一系列子问题组合在一起，而不是一遇到问题就一步步地去解决。偏好运用系列型策略的学生在完成学习任务的过程中，一般会把解决问题的重点放在一系列子问题上。他们在把这一系列子问题联系组合在一起时，比较注重其中的逻辑顺序。他们因为一般都是按照顺序一步步地去解决问题的，所以只有当学习任务快完成的时候，才能对学习内容和问题形成一种较为整体的看法。

(3)对教学的启示

帕斯克的整体型与系列型理论在实践中有着较多的应用。学生存在整体型与系列型两种不同的认知方式，这要求教师采取与学生认知方式相匹配的教育策略。学生的整体型或者系列型的认知方式和学习任务本身不匹配或存在矛盾，会影响学生解决问题的速度与效率。教师也可以采取相应的教学策略来弥补这两种认知方式本身存在的缺陷。虽然两种类型的学生均可顺利完成同样难度的问题，但存在一个度的问题。过度采用整体型策略的学生一般会在未获取足够证据的情况下就做出判断，可能会形成片面的观点，进而影响学习进度；过度采取系列型策略的学生可能难以对问题形成整体的理解，不能全面了解问题各要素的关系，也会影响学习效率。

4. 感知型学习风格

(1)概念

一些学生喜欢通过阅读来学习，他们对于见过的事物记忆较为深刻；有些学生对声音较为敏感，他们喜欢通过听录音、听教师讲课来学习；还有些学生喜欢通过自己操作来学习。每个学生都有自己的感官偏好，习惯利用自己的感官偏好来学习，并据此来确定适合自己的学习方法。感知型学习风格是从知觉的角度对学习风格进行划分的。心理学家瑞德(Reed)对感知型学习风格进行了深入研究，总结出了六种学习风格，较为全面地概括了不同学生感知、理解、处理信息的不同方法。

(2)感知型学习风格的分类

在前人研究的基础上，瑞德将学习风格划分成六种：视觉型、听觉型、触觉型、动觉型、独立型与合作型。不同类型的学生在感知、理解、处理信息方面有着自己独特的偏好，这会进一步影响他们的学习效果。

视觉型。视觉型学生的特点是倾向于通过视觉刺激来学习，如阅读课文、看板书等。他们习惯于通过观察别人的示范来学习，通过阅读教材和书籍来学习。偏爱视觉型学习风格的学生擅长观察细节，能够恰当地组织学习材料。另外，偏爱视觉型学习风格的学生喜欢在安静的环境中学习，在安静的环境中他们更能集中自己的注意力。在记忆学习材料的时候，他们更喜欢在心中默背默记，而不是通过朗读、背诵等方法记忆。

听觉型。听觉型学生的特点是倾向于通过声音刺激来学习，如听教师讲解、听他人讨论等。他们对声音信息较为敏感，能够从他人的话语和对话中学到解决问题的方案，对声音的印象也很深刻。与视觉型学生不同，偏爱听觉型学习风格的学生喜欢在有声的环境中学习，如喜欢听着音乐来学习。在记忆学习材料时，他们喜欢通过朗读、背诵这些方法来进行。

触觉型。触觉型学生的特点是倾向于通过实物刺激来学习，如动手操作、做实验、参与实践课程等。这种类型的学生一般可能在学术性及理论性较强的学科上不占优势，但在一些实践性课程上表现较为出色。教师可以在课堂中适当增加一些需要实际动手操作的活动，这样更有助于这些学生去理解和记忆课程内容。

动觉型。动觉型学生的特点是倾向于通过含有身体参与的活动来学习，如课堂游戏、活动等。这种类型的学生一般好奇心较强，喜欢通过一些节奏感强的活动来学习。

他们在集中注意力方面可能有困难，喜欢在课堂上做一些小动作，因此会让教师感到头疼。但是他们肢体灵活，模仿能力较强，富有创造力。教师可以利用这一特点，采取一些适合他们的教学方式，以便取得较好的教学效果。

独立型。独立型学生的特点是偏好独立地学习，更喜欢自己独立思考问题，在独自学习时学习效果更好，记忆也更牢固。和他人一起学习时这种类型的学生容易受到他人的影响，不能集中注意力或者集中注意力的时间过短，从而导致学习效率下降。这种类型的学生更适合自学。

合作型。合作型学生的特点是他们在集体中学习时学习效果更好。他们更喜欢与他人一起学习，通过与他人相互讨论、相互激励、相互督促，可以更轻松、高效地完成学习任务。对于这类学生，教师可以在课堂上多组织合作学习，帮助他们更好地完成学习任务。

(3)对教学的启示

不同的学生在学习风格上有不同的感官偏好。当他们在接受符合他们偏好的感官通道的信息刺激时，他们的学习效果会更好。这就要求教师在教学时要多方面考虑，尽可能照顾到不同学生学习风格的差异，帮助学生更好地理解和记忆学习内容，以取得最佳教学效果。首先，教师要引导学生了解自己的感知风格，选择适合自己感知风格的学习方式；其次，教师要准备不同类型的学习资源和学习材料，以满足不同学习风格的学生的需要；最后，教师要布置不同类型的作业，为学生分配不同的任务，充分发挥不同学生的优势。

5. 科尔勃的认知风格分类

(1)概念

早期的学习风格理论较多强调学生的先天因素对学习风格的影响，如威特金的场独立与场依存理论、瑞德的感知学习风格理论。随着理论研究的不断深入，研究者意识到了后天因素对学生学习风格影响的重要性。20 世纪 80 年代，美国心理学家科尔勃(Kolb)丰富了威特金的学习风格理论，并且强调经验在学习中的重要作用，使得学习风格转化成了兼有先天和后天发展的概念。

科尔勃把学习视为个体通过获取经验和转化经验来创造知识的循环往复的过程，也就是学生从一定的具体经验出发，经过反思和观察，再将其同化到概念中，用来指导新的学习活动。这样一个过程包含了以下四个具体环节：具体经验(concrete experience)、反思观察(reflective observation)、抽象概括(abstract conceptualization)与主动实验(active experimentation)。具体经验和抽象概括环节主要负责获得经验，反思观察与主动实验环节主要负责信息的加工管理。

(2)分类

根据科尔勃的观点，所有学生的学习都会经历上述四个环节，只是不同的学生对这四个环节的偏好程度和花费的时间、精力是不同的。有些学生强调具体经验在学习活动中的重要性，有些学生擅长从具体经验中进行抽象概括，有些学生偏爱反思、观察，有些学生喜欢主动实验。也就是说不同的学生在感知信息和加工信息这两个维度上处于不同的位置。根据科尔勃的理论，学习风格可分成四种：顺应型、同化型、聚合型和发散型。

顺应型。这种类型的学生习惯用具体的思维方式来感知、接收信息，并且倾向于主动加工信息。在遇到问题时，他们更喜欢从他人那里获得解决问题的信息，而不是通过反思、观察去解决问题。

同化型。这种类型的学生习惯采用抽象的思维方式来感知、接收信息。他们在理解信息方面具有优势，并且能够用简洁的、富有逻辑的形式将其概括、总结出来。他们更偏爱逻辑性强的内容和抽象概念，更适合学习数学、物理、化学等逻辑性强的学科。

聚合型。这种类型的学生习惯采用抽象的思维方式来感知、接收信息，并且习惯采用积极主动的方式对知识和信息进行加工处理。这种类型的学生一般具有较强的决策力，能够有效、果断地去解决问题。在学习方面，他们更适合一些技术性强的学科，如计算机等。

发散型。这种类型的学生习惯采用具体的思维方式来感知、接收信息，并且习惯采用反思方式对知识和信息进行加工处理。他们偏爱从多个角度来体察具体的情境，习惯采取观察法去寻找问题的答案。他们具有丰富的想象力，比较适合学习艺术学科。

(3)对教学的启示

科尔勃的理论在教学实践中有广泛的应用。在教学过程中，教师不仅要帮助学生了解自己的学习风格，找到适合自己的学习方法，还要根据不同学生的不同学习风格，采取有针对性的教学方式，从而提升教学效果。

第三节
非智力因素及其培养

学生的学习是一项漫长而复杂的过程。学习成绩的提高，不仅受学生注意力、观察力、记忆力、想象力和思维力等智力因素的影响，而且受兴趣、情感、意志和性格等非智力因素的影响。因此，我们可以说无论是智力因素还是非智力因素，都是学习不可或缺的重要因素。

一、非智力因素概述

(一)非智力因素的概念

孔子曰："三军可夺帅也，匹夫不可夺志也。""知之者不如好之者，好之者不如乐之者。"这些表达涉及动机、意志、兴趣、情感等非智力因素。美国心理学家亚历山大(Alexander)在1935年发表的《具体智力和抽象智力》一文中首次提"非智力因素"。1950年，韦克斯勒(Wexler)在《美国心理学家》杂志上发表了《认知的、欲求的和非智力的智力》一文，专门就非智力因素问题进行了探讨，这是非智力因素概念正式诞生和科学研究开始的标志。其主要内容可以概括为三点：①非智力因素包括在智力活动范围内；②非智力因素能够影响智力活动的效率；③非智力因素是通过个体在智力活动中发挥作用的。

国内最早关注非智力因素的是上海师范大学的燕国材教授。1983年，燕国材发表了《应重视非智力因素的培养》一文，其对非智力因素的研究引起了我国教育学界和心理学界的重视。对于非智力因素的含义，不同的学者有不同的理解。例如，非智力因素是指影响学生学习动机和个性品质的心理因素，非智力因素是指除了智力以外的一切对学习有影响的心理因素，非智力因素就是"人格"因素，非智力因素是指那些除了认知因素以外的影响学生学习成绩的因素，等等。概括来说，这些定义主要聚焦在两方面。其一，将智力因素以外的所有心理因素都归结为非智力因素，如兴趣、情感、意志、需要、动机和性格等。人的心理因素虽然包含范围甚广，但在某种意义上，可以归结为智力因素与非智力因素。其二，在改造客观世界的过程中，人的意向过程中逐步形成的一系列稳定的心理特点与品质，这些也可以被归结为非智力因素，如学生在学习过程中表现出的意志力、道德修养、克服困难的勇气和能力及自信和自立的良好心理素质等。[①] 由此可见，国外学者提出的非智力因素概念与我国学者提出的非智力因素概念的最大区别在于：国外学者将非智力因素包含在智力因素内，我国学者认为智力因素并不包括非智力因素。

(二)非智力因素的作用

非智力因素对学生的学习起着非常重要的作用，甚至能够显著影响个体的发展。一些追踪研究表明，在突出人才与平庸者之间，最显著的差别并不在于智力水平的高

---

① 燕国材：《我在智力和非智力因素领域的探索与追求》，载《中国教育科学》，2019(3)。

低，而在于自信心、进取心、坚持性及自制力等非智力因素的优劣。① 燕国材将非智力因素的作用概括为六点。②

1．动力作用

人们活动的动力都是由相应的动机激发而来的。由非智力因素转化的动机，对人们的行为影响更大，作用更积极，产生的效果更持久。比如，非智力因素本身所固有的动机、兴趣、情感和意义感等都可以成为活动的动力。这些可以构成学习的拉力与推力。对于学生而言，推力实质上是一种学习需要，拉力实质上是一种学习期待。在教学过程中，教师只有增强学生学习的动机，才能调动学生学习的兴趣。

2．定向作用

人们在开展一项学习活动前，总会从一定的动机出发，指向一定的目标，确定努力学习的方向。以往研究认为，对方向的确定是由个体的认知因素引起的。个体只要清楚地认识到要追求的事物，就会付诸行动。其实，了解事物的目的，只为追求事物提供了认识前提，但是个体并不一定去追求事物。只有当个体的非智力因素参与时，个体才能够采取实际行动。

3．引导作用

动机作为一种重要的非智力因素，在学生的学习过程中起着重要的引导作用。动机不同于需要，需要是有机体因缺乏而产生的主观状态，这种主观状态是一种无目标状态。动机是针对一定目标(或诱因)的，是受目标引导的。也就是说需要一旦受到目标引导就成了动机。由于动机种类不同，因此人们行为活动的方向和追求的目标也不同。

4．维持作用

动机和意志等非智力因素对于个体所从事的活动具有维持作用。当动机激发个体的某项活动后，这项活动能否坚持下去，受动机和意志的调整与支配。当活动指向个体追求的目标时，这项活动就会在相应动机的维持下继续下去；相反，当活动背离了个体追求的目标时，个体参与这项活动的积极性就会降低。有时，人们在成功的机会很小时，也会坚持某种行为，这时，人的意志起决定性作用。因此，借助于非智力因素，个体能够将从事的活动长期坚持下去，直到完成任务、达到目标。

5．调控作用

在实际教学情境中，学生的情绪状态会受到来自内部和外部各种因素的影响，原有学习动机水平的高低、学习目标的改变、学习兴趣的转移、外界要求的变化、诱因价值的变化等都会影响学生的行为表现，影响学生学习的专注程度和努力程度。这就

---

① 燕国材：《非智力因素与学习》，8～10页，上海，上海教育出版社，2006。

② 燕国材：《非智力因素与教育改革》，载《课程·教材·教法》，2014(7)。

需要非智力因素及时地加以调控。调控有两个层次：一是可行则行，可止则止，即调节；二是当行则行，当止则止，即控制。但是，对于同一活动的调控，二者往往是交织在一起的。正是由于非智力因素的调控，个体才能够排除万难，以一种积极的心态完成任务。

6. 强化作用

强化作用是指非智力因素的参与可以提高心理活动的积极性。强化作为一种对人们行为结果的反馈评价，在行为发生前具有前馈作用，即提示和引导人们行为的方面；在行为发生后具有正反馈作用，即鼓励人们保持和发展这种行为，促使人们更加进步。在活动过程中，个体可以根据自己的身心状态随时进行强化，尤其是当个体出现身体或心理疲劳时，强化的作用更为凸显。

二、非智力因素的内容与结构

(一)非智力因素的内容

燕国材指出，从非智力因素的外延看，根据不同的限定范围，非智力因素可以分为三个层次。由于每个层次的范围不同，因此每个层次包含的内容不同。其一是广义的非智力因素，包含一切对学习有影响的除了智力之外的因素。其二是狭义的非智力因素，是指对学习产生影响的动机、兴趣、情感、意志和性格五要素。概括又简单地说：动机起动力的作用；兴趣起定向的作用；情感对有关活动加以调控；意志参与其活动，可以使这种活动坚持下去；在活动中，性格可以充分地发挥其独立作用。其三是具体的非智力因素，可以概括为三个“特点”，即成就动机、求知欲和学习热情；三个“心”，即自尊心、自信心和好胜心；三个“感”，即责任感、义务感和荣誉感；三个“性”，即自制性、坚持性和独立性。①

(二)非智力因素的结构

非智力因素的结构是指不同成分的非智力因素的整体构成系统。燕国材根据非智力因素对心理活动的调节范围以及对学习活动直接作用的程度，将非智力因素分成维持引导系统、动力系统、调控系统和定向系统。②

1. 维持引导系统

自我意识、注意、抱负水平构成了非智力因素中最基础的维持引导系统。自我意

① 燕国材：《非智力因素与学习》，5～8页，上海，上海教育出版社，2006。
② 燕国材：《非智力因素与学习》，14～16页，上海，上海教育出版社，2006。

识是指主体对自身的意识，包括对自身机体及其状态的意识，对自己肢体活动状态的意识，对自己的思维、情感、意志等心理活动的意识；包括自我观念、自我知觉、自我评价、自我体验、自我监督和自我调控等重要内容。个体只有具备健全的自我意识，才能正确认识、合理分析自己与周围环境的关系，从而保持良好的社会适应能力和人际关系。自我意识积极的学生会把考试失利归因为自身复习不够认真，会不断鼓励自己，在今后的学习中更加努力；自我意识消极的学生会把考试失利归因为自己能力不济，不断否定自己，更加消极。注意是心理活动对一定对象的指向和集中，具有选择、指向和维持的功能。因此，注意是一切活动的前提。只有个体将注意力放在活动上，活动才能够顺利开展。抱负水平指的是个体对未来的期待方面的心理需求。学生抱负水平的高低直接影响其努力程度，进而显著影响其学业成绩。一般来说，抱负水平决定了学生对待学习的态度和努力程度。抱负水平高的学生对待学习的态度更加认真，学习成绩相对较好；抱负水平低的学生对待学习经常敷衍了事，遇到困难就会放弃，成绩也不会好。因此，非智力因素的维持系统使得个体的活动目标更加清晰明了，并引导个体不断朝着目标前进。

2. 动力系统

人的需要、兴趣和动机构成了非智力因素中的动力系统。需要是有机体在生存和发展的过程中感受到的生理和心理上对客观事物的某种要求。如果学生在学习过程中有强烈的求知需要，那么这种需要就会转化成个体的学习动机。学习动机由学习驱力和学习期望构成。学习驱力来自个体内部的需要和愿望形成的推动力量，相当于推力。例如，学生的兴趣、爱好、求知欲、对学习必要性的认识和对未来的理想都属于推动个体的内部学习力量。学习期望是个体对学习活动所要达到的目标的主观估计，能够影响个体努力的程度。只有当学习期望满足学生内心的需要时，学生才有更强的动力去达到目标。个体为了实现某个目标而产生的动力表现为个体的兴趣、爱好、意图等，这些因素共同构成了非智力因素中的动力系统。

3. 调控系统

情感、意志构成了非智力因素中的调控系统。情感是个体对客观事物能否满足自己的需要而产生的态度体验。个体在活动过程中的情绪状态能够显著影响任务的完成情况。具体来说，高度紧张和焦虑的情绪状态会抑制思维，阻碍任务的完成；愉快、兴奋的情绪状态会激发思维，有利于任务的完成。但是，情绪过度兴奋和激动也会抑制人的思维，使人的思路狭窄，妨碍问题的解决。在个体完成活动的过程中，意志起着推动和抑制的作用。小学生每天按时完成作业，上课认真听讲，都需要不同程度的意志的参与；尤其在难度较大的任务中，强大的意志力有助于学生克服困难，实现目标。意志也能够帮助学生克服打游戏等无关行为对学习任务的干扰。

4. 定向系统

性格与气质构成了非智力因素的定向系统。性格是一个人在对现实的稳定的态度以及与这种态度相应的、习惯化了的行为方式中表现出来的人格特征，是在后天生活中养成的。学生对待学习的态度，表现为在学习过程中追求什么、拒绝什么。良好性格的养成对于学生的学习、生活和以后的工作都起着重要的作用。比如，一个学生如果具备坚韧不拔的拼搏精神、踏实认真的品性以及较强的责任心，那么在学习上就会取得成功。气质是指心理活动的强度、速度、灵活性与指向性等方面的稳定的心理特征。在心理过程的稳定性方面，如个体注意持续的时间长短、情绪和情感的稳定性。在心理过程的强度方面，如意志积极的强度、情绪和情感体验的深刻性。在心理活动的倾向性方面，外倾的学生通常比较积极主动，善于利用语言表达自己的内心感受，对语言类的学科比较敏感；内向的学生情感丰富，擅长阅读和独立思考，偏爱安静的环境。因此，气质能够影响学生学习态度的形成和学习方式的选择，也能够通过影响个体性格的形成来影响学习成绩。

顺利完成学习活动需要四个系统的有机结合。上述四个系统结合得越好，越有利于学生的学习。非智力因素子系统中的任何一个系统存在发展缺陷，都会影响其他系统发挥作用。在教学过程中，有些学生尽管具有强烈的学习动机，但却无法克服自己情绪波动，因而无法静心学习；或者意志力比较薄弱，注意力容易转移，无法长时间坚持下去，从而造成成绩不理想。因此，我们可以说只有非智力因素的四个子系统都得到了充分发展，个体才能顺利地完成学业。

三、非智力因素的培养

在学生成长过程中，智力因素每时每刻都在起作用，非智力因素往往在关键时刻起决定性作用。因此，教师必须重视对学生非智力因素的培养。

(一)培养学生正确的学习动机

小学生对自我的认识还不客观，对自己的评价在很大程度上依赖于父母或教师的评价。因此在小学阶段，教师要引导学生保持正确的学习动机。正确的学习动机应该包含以下几个方面：①学习动机是利他的，鼓励学生将自己的学习动机与国家和社会的利益联系在一起，而非满足于个人眼前的名誉、地位；②学习动机是长远的，如一个学生立志要在数学上取得一些成就，这种抱负不仅在小学、中学、大学的学习中起重要的作用，而且在相当长的时期都起作用，这就属于长远、持久的学习动机；③学习动机应该是内部的，一般来说，内部的学习动机比较持久，使学生有较大的主动性，如学生的求知欲、学习兴趣、信念、理想、好胜心、荣誉感等，这些都可以促进学生进行积极的学习活动。

(二)培养学生良好的学习兴趣

兴趣是最好的老师。要想让学生养成好的学习习惯，就必须先培养学生的学习兴趣。具有广泛的兴趣使人精神生活充实，能应付多变的环境。广泛的兴趣使人眼界开阔，知识丰富。长期稳定的兴趣能促使人勇于探索，展现出创造性智慧。要培养兴趣，家长就要给孩子建立一个宽松、和谐的学习环境，让孩子在潜移默化中热爱学习；教师在引导学生获得知识的同时，应该积极地关注学生的成长，满足学生归属与爱的需求。学生归属与爱的需要得到满足之后，求知与审美的需要才能够得到满足。此外，利用直接兴趣培养间接兴趣，是培养兴趣的有效途径。例如，学生喜欢玩“开汽车”游戏，教师可利用其对汽车的好奇心，诱发他们学习有关汽车方面的知识，培养他们热爱读书和学习的习惯。

(三)培养学生积极的情感

情感的发展对于学生的认知发展具有重要作用，消极情感阻碍认知发展，积极情感推动认知发展。情感特别是理智感能使人不断地探索新知识，保持学习的主动性和积极性。心理学研究表明，积极情感具有瞬时的拓展功能和长期的建构功能。瞬时的拓展功能是指积极情感可以拓展个体的注意、认知和行动范围，让个体的思维模式变得灵活、包容，富有创造性、整合性、开放性、前瞻性，给个体带来即时的益处；长期的建构功能是指被拓展的瞬间思维—行动范围可以帮助个体构建诸如智力资源、生理资源、心理资源以及社会资源等持久的个人资源。培养学生积极的情感要做到以下三点：①提高学生的认识水平，情感总是伴随认识而产生的，只有对某事物的了解和认识比较深刻，产生的情感才会深刻；②在学习知识的基础上培养相应的情感，消除消极情感及其反作用；③通过培养学生良好的习惯来促进积极情感的养成，如通过赏心悦目的艺术作品，陶冶学生的情操，为学生智力发展创造良好的环境。

(四)培养学生顽强的意志

如果把成功比作大厦，那么顽强的意志、坚韧不拔的毅力，就是人成功的基石。小学生意志品质的自觉性、果断性、自制性和坚持性都比较差，培养小学生良好的意志品质应从以下几个方面入手。①培养理智感。为达到一定目的，必须克服不利于达到目的的情感和行为，要用理智战胜情感。②树立长远目标。目标的长短对学生起的作用不一样。目标长远则产生的动力大，目标短小则产生的动力小。像人走路一样，预定走十千米，走到七八千米时就会感到累；预定走一百千米，走了几十千米才会觉得累。③创造困难的环境。顽强的意志是磨炼出来的，越是困难的环境越能够磨炼人的意志。家长应该有意识地给孩子设置障碍，为他们提供克服困难的机会，教孩子掌握自我锻炼意志的方法，并为孩子树立榜样。

（五）培养学生良好的性格品质

性格在学生智力发展过程中起着重要作用。小学阶段是性格养成的关键期，也是沾染或形成不良行为习惯的危险阶段，因此在小学阶段塑造学生良好的性格品质尤为重要。教师要做到以下几点。①培养学生良好的行为习惯。具体来说，让学生养成良好的生活习惯，做到饮食起居有规律；养成良好的文明礼貌习惯，做到尊重自己和他人；养成良好的学习习惯，做到脚踏实地，认真学习。②提高学生的道德认识水平，让学生树立正确的道德观念，清楚地知道哪些属于社会赞许的，哪些属于社会禁止的，并自觉遵守社会行为规范，形成高度的责任感。③激发学生的道德情感。可以通过言语说服、文学作品分析、艺术作品欣赏以及呈现杰出人物和英雄楷模等具体形象，来激发和培养学生的道德情感。综上，学生良好性格品质的形成离不开家庭、学校的共同努力，家长和教师应鼓励学生做力所能及的事情，学会关心和帮助他人，树立集体主义意识；要培养学生对家庭、对社会的责任感，帮助学生形成自信、坚毅、勤奋、谦逊、富有正义感的优良性格品质。

本章小结

对智力与非智力因素的学习有助于教师在教学过程中依据学生的智力程度与优势、认知风格类型与特点进行因材施教，最大限度地促进每个学生在其原有基础上不断进步发展。非智力因素对学习活动起着动力、定向、引导、维持、调控和强化作用。在学生学习与生活当中，家长与教师要注重培养学生正确的学习动机、良好的学习兴趣、积极的情感、顽强的意志和良好的性格品质等非智力因素。

章后练习

简答题

1. 什么是智力因素？智力由哪几方面构成？
2. 简述智力因素的个别差异，并谈谈针对智力因素进行有效教学的建议。
3. 何为认知风格？学生的认知风格有哪些类型？
4. 简述智力因素与非智力因素的关系。
5. 结合实际，试论影响性格形成和发展的因素。

拓展阅读

1. 边玉芳，李白璐．教育心理学[M]. 杭州：浙江教育出版社，2015.

2. 燕国材．非智力因素与教育改革[J]. 课程·教材·教法，2014(7).

3. 燕国材．我在智力和非智力因素领域的探索与追求[J]. 中国教育科学，2019(3).

第十二章

小学生常见学习障碍与矫治

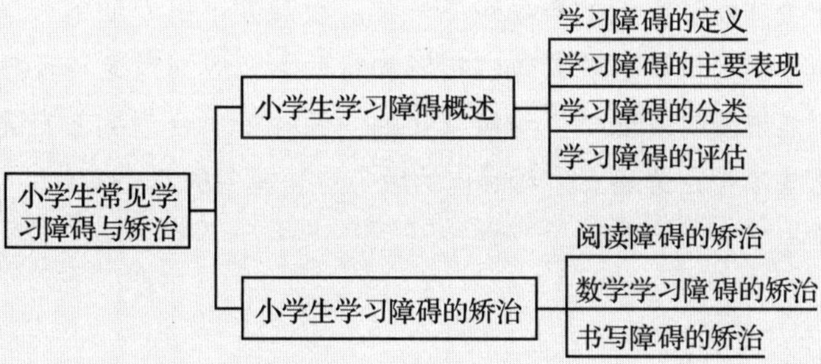

章前导语

当前，学习障碍已经成为困扰学生学习和教师教学的难题之一，也引起了许多领域研究者的重视。来自心理学、生理学、神经科学、医学、语言学等诸多学科的研究以及临床矫治的实践探索让人们对学习障碍有了更加深入的了解。本章首先介绍学习障碍的定义、主要表现、分类及评估，然后介绍几种常见的学习障碍的辅导方法。

无论在哪个学段，总有一部分学生的学习成绩不尽如人意。对于这样的现象，人们最常见的归因不外乎两种：要么是脑子不够用(智力水平不够高)，要么是态度或方法有问题。但是智力有缺陷的实在是少数，所以很多时候我们觉得学习成绩不好大抵是态度有问题造成的。事实上，除了这些原因可能导致学习成绩不好以外，还有一部分学生学习成绩不好有更为复杂的原因，这类学生在临床上被认为存在学习障碍。对学习障碍的研究开始于19世纪。学习障碍学生在学习上虽然存在困难，但是只要矫治和教育得当，同样可以经过努力奋斗取得成功。学习障碍现象具有普遍性，在不同的国家、不同的文化背景、不同的语言体系、不同的年龄、不同的性别中均有存在。由于不同国家对学习障碍的重视程度不同，为之设立的制度、政策和矫治措施的力度也有所区别，因此个体能够得到的帮助也不一样。教师并不是专业的心理治疗师，可能无法为学习障碍学生提供最系统有效的指导和帮助，但应当对这种现象有准确的了解和基本的判断，能够及时发现学生可能存在的问题并提出合理的教育建议，以一种平等的观念看待这些学生，这是身为新时代的教师应当具备的职业素养。

第一节 小学生学习障碍概述

一、学习障碍的定义

学习障碍的定义是美国心理学家柯克(Kirk)在1963年提出的。[①] 他提出："有一类儿童在社会交往技能的发展中存在障碍。这类儿童既不包括那些有感觉障碍的儿童，

① Kirk S A, Gallagher J J, Anastasiow N J et al., *Educating exceptional children*. Boston: Houghton Mifflin, 1963.

也不包括那些智力落后的儿童。”[①]在柯克的倡导下，这一领域的研究迅速普及，也引起美国政府的强烈关注。在联邦教育局的领导下，美国成立了障碍儿童咨询委员会，并在1968年的年度报告中对学习障碍进行了界定：“具有特殊学习障碍的儿童，在口头语言与书面语言的理解和使用的基本心理过程中，显示出一种或多种障碍，这就有可能出现听、说、读、写、拼音或算术等方面的问题，包括所谓的知觉障碍、脑损伤、轻微脑功能障碍、阅读障碍、发展性失语症等。但是，视觉障碍、听觉障碍、运动障碍、弱智、情绪障碍或由于环境缺陷这一主要原因而引起的学习问题不包括在内。”[②]1977年，美国再次对学习障碍进行界定：“学习障碍是指在理解或使用口头语言和书面语言方面有一种或几种基本心理过程的障碍，这种障碍可能表现出听、说、阅读、思维、书写、拼写和数学计算能力的不完善。这样的障碍包括知觉缺陷、脑损伤、轻微脑功能失调、诵读障碍、发育性失语症等。但不包括主要由于视听和运动缺陷、智力落后和能力障碍而引起的发展性学习障碍，也不包括主要由于在经济、文化等环境方面处于劣势而产生的发展性学习障碍。”[③]后来又经过几次争议和修改，1989年，美国全国学习障碍联合委员会公布了一个绝大多数专业人士认同的定义：“学习障碍是一种通病，它包括不同缺陷类别的群体。这种障碍在获取与应用听、说、读、写、推理或数学能力上有明显的困难。一般推测是由个体内在的神经系统功能异常而引起的。在人的一生中，任何时候都有可能发生。学习障碍或许存在行为控制、社会知觉及社会互动的问题，但这些并非构成缺陷的主因。虽然学习障碍有可能与其他的障碍状况(如感官损伤、智力不足、严重情绪困扰)同时存在，或受一些外在因素影响(如文化差异、文化刺激不足或不当教学)，但它并非由前述状况或影响所直接促成。”[④]该定义强调了这样几个方面：①造成学习障碍的主要原因是中枢神经系统的功能障碍；②学习障碍可能发生在人一生中的任何时期；③注重个体的内在差异及发展滞后与严重失衡这一类症状。

其他国家对学习障碍也有各自不同的界定，在此不做详细介绍了。世界卫生组织对学习障碍的定义为：从发育的早期阶段起，儿童获得学习技能的正常方式受损。这种伤害不是单纯缺乏学习机会的结果，也不是后天的脑外伤或疾病的结果。这种障碍来源于认识处理过程的异常，由一组障碍所构成，表现在阅读、拼写、计算和运动功能方面有特殊和明显的损害。[⑤]

---

① Kirk S A, “Specific Learning Disabilities,” Journal of Clinical Child & Adolescent Psychology, 1977, 6(3), pp. 23-26.

② 王恩国：《发展性学习障碍的神经机制研究》，4页，北京：科学出版社，2018。

③ 王恩国：《发展性学习障碍的神经机制研究》，5页，北京：科学出版社，2018。

④ Kavale K A, Forness S R, “What definitions of learning disability say and don't say: A critical analysis,” Journal of Learning Disabilities, 2000, 33(3), pp. 239-256.

⑤ 梁威：《国内外学习障碍研究的探索》，载《教育理论与实践》，2007(11)。

我国教育界对学习障碍的研究开始于20世纪50年代。2003年，周平等人给出的定义较为全面："学习困难者的总体智商(IQ)基本在正常范围内，也有的偏高或偏低；在听、说、读、写、计算、思考等学习能力的某一方面或几方面表现为显著困难；大多数学习困难者伴有社会交往和自我行为调节方面的障碍；其原因是个体内在的大脑中枢神经系统功能不全所致；需要排除由于弱智、视觉障碍、听觉障碍等或由于受经济、文化水平的影响，未能接受正规教育的原因所产生的学习方面的障碍。"①

除上述定义以外，医学界也有临床诊断定义。美国精神医学学会发布《精神障碍诊断与统计手册》第五版指出特异性学习障碍的诊断特质为：在有关阅读、数学或文字表达的标准化个体测验中，成就表现显著低于就其年龄、教育程度及智能水平所预期应有的水平，则可做学习障碍的诊断。② 此学习问题显著妨害其学业成就或日常生活所需阅读、数学或写作能力的活动。而且，不能用智力障碍、未校正的视觉或听觉的敏感性，其他精神或神经症性障碍、心理社会的逆境、对学业指导的语言不精通或不充分的教育指导来更好地解释。

尽管不同的国家、不同的组织或协会对学习障碍的定义并不一致，但是这些定义中存在以下几个共同点：①排除了因智力低下引起的学业不良，也就是说，学习障碍个体的智商基本都在正常范围内；②排除了因精神发育迟滞、情绪障碍、感觉障碍和运动障碍(如小儿麻痹症)引起的学业不良；③排除了因经济、文化等导致教育条件落后引起的学业不良；④学业障碍个体的实际成就与人们对其能力的期望之间存在显著的差异；⑤这种障碍是可逆的，只要矫治和训练恰当，完全可以得到有效的改善；⑥这种障碍引起的困难表现出很大的个体差异，可能涉及很多方面；⑦这种障碍可能发生在任何年龄段；⑧这种障碍个体的中枢神经系统功能是失调的。

二、学习障碍的主要表现

学习障碍是一组异质性障碍，很少有个体在全部的学业领域都表现出障碍。虽然不同的学习障碍个体的表现可能是比较独特的，但分析这些个体的表现可以发现，其既有区别也有相似之处。一般来说，学习障碍的主要表现涉及以下几个方面。

(一)注意困难

学习障碍个体很难做到注意力非常集中地学习。他们很容易分心，注意范围狭窄，

---

① 周平、李君荣：《学习障碍儿的教育指导》，11页，北京，人民军医出版社，2003。

② 美国精神医学学会：《精神障碍诊断与统计手册》第五版，29～30页，张道龙等译，北京，北京大学出版社，2015。

注意维持的时间短。事实上，许多学习障碍个体同时有注意力障碍。①

(二)记忆障碍

学习障碍个体可能在特定的记忆加工领域表现出一定程度的受损。这种记忆上的受损使得一些学习障碍个体需要更多的时间去学习新的知识。他们不仅记得慢，而且可能在多次面对同样的学习任务时犯同样的错误，也就是说保持更困难，因此在新知识的学习上表现为效率低下。

(三)行为障碍

学习障碍个体不仅在学业上遭遇挫折，在日常行为方面也经常遇到困难，如社交能力不足，不善于进行社会交往，容易退缩，缺少朋友；或者行为失当，如在需要自我控制的场合活动过多，在与人交往时表现得冲动、任性；或者运动不协调，如在一些需要精细动作的情境中表现得笨拙。

(四)思维障碍

学习障碍个体在思维方面存在以下特点：概念的获得比较困难，知识的提取与实际运用比较困难，计算方面有缺陷，抽象推理水平较低。

(五)情绪障碍

学习障碍个体由于体验成功的次数较少，体验挫折和失败的次数较多，因此比正常个体有更大的概率产生消极的情绪感受。有研究发现，大约四分之一的学习障碍儿童存在情绪问题，如忧郁、焦虑、自我评价低等，其中女孩的比例高于男孩。另外，研究也表明学习障碍儿童获得的社会支持更少，这对其情绪情感的发展也很不利。②

三、学习障碍的分类

《精神疾病诊断与统计手册》第五版根据学业受损的领域将特定学习障碍分为阅读障碍、书面表达障碍及数学障碍。

(一)阅读障碍

关于阅读障碍，世界卫生组织在《国际疾病分类》第10版给出的定义是“特定性阅

① 张曼华、杨凤池、张宏伟：《学习困难儿童注意力特点研究》，载《中国学校卫生》，2004(2)。
② 石学云：《学习障碍学生社会支持、学习动机与学业成绩的关系研究》，载《中国特殊教育》，2005(9)。

读技能发育显著损害，并且不能完全归因于智力水平、视力问题或教育不当。阅读理解技能、阅读中单词辨认、朗读技能以及完成需有阅读参与的作业的能力均可受累”。

《精神疾病诊断与统计手册》第五版给出的定义是“阅读的准确性、阅读速度或流畅性以及阅读理解力的表现低于个人的实际年龄所预期的水平，是一种学习困难的模式，以难以精确地或流利地认字、不良的解码和不良的拼写能力为特征。”

国际阅读障碍协会给出的定义是“这是一种明显的特定型学习障碍。其特征在于字词识别的正确性和/或流畅度有困难，而且字词拼写与解码能力不佳。此障碍通常源于语音加工能力的缺陷，与其他认知能力或教学无关，也不是一般发展性失能和感觉障碍导致的。这种障碍衍生的问题可能包括阅读理解与减少阅读经验，以致妨碍词汇量增长与背景知识的增加”。

综上可知，阅读障碍与智力落后、生理性感官缺陷、教育失当等没有太大关系，表现为阅读能力明显落后于同年龄群体。阅读是一种需要多种认知过程参与的复杂活动，任何一个认知过程出现障碍都会导致阅读能力受损。常见的阅读障碍主要有以下几方面的特点。

1. 阅读习惯方面

阅读时有明显的紧张动作，如皱眉、咬唇、捶头等；容易迷失位置，找不到读到哪里了；有明显的抗拒行为，如哭闹不止。

2. 朗读方面

容易出现漏字或加字现象，随意替换文本中的字词或颠倒字词顺序，很难流畅朗读。近年来，国内外大量研究发现视觉加工可能是导致阅读障碍的一个重要原因，如视觉拥挤效应，这种效应在不同的语种人群中皆存在。阅读障碍个体在对文本同等熟悉的情况下，对于间距稍大的文本呈现方式有更好的阅读成绩。[①]

3. 回忆方面

对阅读材料中的基本信息提取困难，对于材料涉及的主题是什么、时间和地点等基本事实是什么以及事件发生的先后顺序等信息都难以正确回忆。

4. 理解方面

难以通过阅读材料中的特定信息进行理解；无法根据阅读材料的字面内容进行深度理解，如得出一定的结论；难以准确分析和把握作者的观念与态度。

5. 阅读策略方面

难以将阅读材料根据意义划分成若干部分，难以找出材料的重点或中心。

(二)数学学习障碍

数学学习障碍指由于数学能力缺损，学生在数学学习上明显落后于同年龄或同年

① 孟红霞、白学军、谭珂等：《发展性阅读障碍的视觉拥挤效应》，载《心理发展与教育》，2020(6)。

级学生的水平。数学学习障碍的发病率在6%～11%。这种障碍的最明显表现就是个体在标准化数学测验上的成绩显著低于应有水平。数学障碍可分为6个类型：言语障碍、语义障碍、图形障碍、运算障碍、实物操作障碍和理解障碍。研究表明，数学问题解决能力较差是突出的特点，表现为在解决数学问题时唤起的知识量少，而且不能有效利用已有的知识，也没有表现出从以程序为基础的问题解决向以记忆为基础的问题解决转换。

1. 基本数的概念掌握困难

对数位、序数等知识难以理解和灵活运用，甚至连数数都难以保证正确。

2. 计算困难

运算规则掌握不好；运算过程中容易跳步，且容易计算错误；容易使用错误的计算方法。

3. 问题解决困难

对于数学应用题的表达难以理解；对于数学应用题中的已知条件缺乏分析能力，无法将条件和问题之间联系起来进行推理。研究发现，数学学习障碍学生问题解决的表征缺乏有效性，且表征类型单一。[①] 这些都说明数学学习障碍学生在理解数学问题的环节中存在很大的困难。

4. 空间组织困难

在读数时经常把数位读错，如把139读成193；因为读数出错而经常导致计算错误；在书写数字时容易混淆相似的数字。

(三)书写障碍

《精神疾病诊断与统计手册》第五版指出纯粹的书写障碍是极少的，大多与其他学习障碍有关。书写障碍通常包括写字障碍、拼写障碍(能读不能写)和写作障碍(语句过短、词不达意、语法有误等)。汉语书写障碍与注意缺陷多动障碍以及阅读障碍往往伴随发生。常见的书写障碍有如下表现。

1. 写作障碍

词不达意，语法错误，标点错误，句式单调，无法有效组织一篇通顺的文章。

2. 书写障碍

字的结构不合理，或者比例失当，或者各部分之间间距失当；笔顺不正确，难以纠正；笔迹潦草凌乱，甚至让人无法辨认出写的是什么字；错别字多，混淆类似的字，或者能读不能写。

---

① 胥兴春、刘电芝：《数学学习障碍儿童问题解决的表征研究》，载《心理科学》，2005(1)。

3. 书写动作障碍

握笔姿势不正确；身体与桌面的距离、手臂与身体的距离、手指与笔尖的距离等控制得不恰当；书写时的力度控制不当，肌肉过于紧张。

(四)非言语学习障碍

这种障碍指在社会人际交往方面有明显的困难，包括对新情境的适应、对非语言符号和线索的辨识以及对人际沟通过程中的各种信息线索的理解方面都存在困难。

(五)注意缺陷多动障碍

人们很早就发现部分学生存在行为控制方面的障碍，这些表现被解释为任性、没有礼貌或缺乏教养，人们对此的归因是家庭教育不当。后来，这种障碍被定义为轻微脑功能失调。随着研究的深入，这种症状正式被命名为注意缺陷多动障碍，该类障碍的核心表现是注意缺陷、多动和冲动。

四、学习障碍的评估

由于学习障碍不是由智力落后引起的，因此临床上对学习障碍个体进行鉴别和评估时，通常要进行智力测试。如果智力测试的结果正常，那么还需要考虑以下多方面的评估，才能得到比较准确的结论。

(一)标准化的学业成就测试

这一测试旨在了解受测个体实际的学业水平。在美国，完成这一测试的常见工具有斯坦福成就测验、加利福尼亚学业成就测验等。我国到目前为止没有全国统一的测试工具，在实践中人们通常将受测学生在过去一年或两年的期中、期末考试成绩作为数据来源，以受测学生所在学校的同级群体平均成绩为参考标准。如果受测学生的成绩低于全年级平均成绩 1 个标准差，即可被判定为学业成绩不良。

(二)认知能力测试

学习障碍个体往往在认知方面表现出一定的缺陷，通过对认知能力和神经心理过程进行评估来鉴别学习障碍个体的做法在美国比较流行。目前比较有代表性的是伍德沃克-詹森认知能力测验(简称 WJ-Ⅲ COG)和发展性神经心理测验(简称 NEPSY)。前者涉及的内容包括语言能力、思维能力、长时提取、视觉—空间思维、听觉加工、推理流畅性、认知效率、加工速度以及短时记忆。后者涉及五大领域：注意/执行能力、语言能力、感觉动作能力、记忆能力以及视觉空间认知能力。

(三)阅读能力测试

这种测试旨在评估学生的阅读能力水平。阅读能力测试有标准化与非标准化之分。标准化的阅读能力测试对主试有一定的培训要求，对测试的适用范围和条件也有严格的要求。非标准化的阅读能力测试要灵活一些，通常由主试按照难度从低到高呈现一系列阅读材料，观察学生在阅读过程中出现的错误，还需不断提出问题，考查学生的理解能力。

(四)弹性评估

弹性评估是由教师而非专业测试人员负责评估的。主管学生的教师可以直接评估学生在课堂学习中的表现，针对学生存在的困难进行分析。基于工作的便利，教师可以定期对学生进行测试和比较，了解学生在学习过程中的发展与变化。目前我国多采用这种方法来评估学生在学校的学业成就水平。

总体来说，鉴别和评估学习障碍个体的方法主要集中在考察个体的实际学习能力、实际学业水平方面。鉴别和评估需要综合考虑多方面的情况，做出谨慎的判断，而且要尽量做到根据收集的信息来分析学习障碍形成的真正原因，找出帮助学习障碍个体的有效办法，为矫治和正确引导学习障碍个体提供依据。

第二节
小学生学习障碍的矫治

在早期特殊教育理念的引导下，许多国家把筛选出的智力落后、生理残疾以及有学习障碍的学生单独列入特殊教育系统，将他们与正常学生分隔开来进行教育。后来，人们开始关注这些学生对正常社会环境的融入问题，于是许多国家和地区开始从法律与教育等方面入手，尝试对这些学生进行更为妥善的安置。目前，一些国家多采用以下几种模式。

第一，接受正常教育。这种模式就是让被鉴别为有学习障碍的学生仍然在正常学校里跟班就读，并且在学习过程中避免被特殊标签化。这样做有利于这些学生在日常生活中与同年龄普通学生进行接触。当然，由于学校的教学是根据普通学生的接受能力来安排进度和内容的，因此这些学生学起来比较吃力。

第二，在普通学校的特殊班学习。这种模式就是让被鉴别为有学习障碍的学生保留在普通学校里，但是不和普通学生混编班级，而是将这些学生单独编班，组成特殊班级。这样做的优点是可以为他们提供特定的服务，有助于提高学习效率。当然，由于是特殊班级，因此这种与普通学生分离的模式会影响他们日常的人际交往，而且容易引起他们的自卑感。

第三，资源教室。这种模式就是让被鉴别为有学习障碍的学生保留在普通学校里跟班就读，每天用 45～60 分钟在备有特殊教育资料和专职教师的资源教室上课。这样做的好处是既能避免特殊标签化，又能提供系统有效的服务。当然，这种做法不适用于特别严重的学习障碍学生。

第四，特殊学校。这种模式就是让被鉴别为有学习障碍的学生不在普通学校学习，而是进入专门的特殊教育学校学习。根据具体的条件，特殊学校又可再分为走读和寄宿的特殊学校。这样做的优点是能满足这些学生的特定需要，因为特殊学校的软件和硬件都是具有针对性的，可以有效提供服务。当然，这样做最大的缺点就是脱离了日常生活，不利于这些学生回归正常人际环境。另外，特殊学校由于费用偏高，开设并不普遍，因此存在地区限制和家庭条件限制。

第五，教育咨询。这种模式就是让被鉴别为有学习障碍的学生接受专门的教育咨询，以解决他们的实际困难。这样做的优点是有针对性，能采用一定的专业办法帮助有学习障碍的学生进行学习。不足之处是咨询师给出的措施不能得到大多数教师的配合，与实际课堂教学的结合不够。

目前国内因为条件的限制，对有学习障碍的学生的安置方式还比较单一。但是，无论是哪种学习障碍，都应该早发现、早鉴别、早治疗。接受矫治的时间越晚，矫治所需的时间就越长。矫治得太晚，可能就无法达到理想的矫治效果了。对于几种常见的学业障碍，可以采用以下方法进行矫治。

一、阅读障碍的矫治

基于对阅读障碍的评估和分类，阅读障碍的矫治也有相应的辅导方法。[①] 而且，新的方法不断出现，如近年来出现的音乐干预方法旨在通过音乐使个体的情绪、认知和行为发生积极的变化，从而为学习障碍个体的发展提供良好的心理背景。[②] 由于篇幅所限，这里只介绍更有代表性的辅导方法。

(一)单词识别障碍的矫治

1. 基本认知能力训练

这种方法的主旨是通过对学生的工作记忆、视觉加工、听觉加工、知觉辨认等基

---

① 王正科、孙乐勇、简洁等：《英语发展性阅读障碍的训练程序》，载《心理科学进展》，2007(5)。

② 于淳、陶冶：《发展性阅读障碍儿童音乐干预的研究综述》，载《中国特殊教育》，2020(9)。

本认知能力进行训练，以帮助学生提高对单词或其他符号的识别能力。例如，语音工作记忆训练，可以给学生呈现一些听觉材料，让学生对听到的数字、字词进行简单加工并做出反应，如复述或倒序复述。知觉辨认训练，可以给学生呈现好几个词的读音，让学生辨认是否存在某个特定的音素或找出一个与众不同的读音。

2. 直接教学法

直接教学法就是针对某个特定的词，采用一定的步骤反复强化学生对该词的理解和记忆。该方法通常包括六个基本步骤：①选定目标词，朗读这个词并解释词义及用法，整个过程要确保学生一直能跟上并理解；②把目标词放在完整的句子中，但是要通过改变颜色或字号等方式强调该词，以加强学生对这个目标词的视觉印象；③把目标词单独呈现在黑板或卡片上，要求学生朗读该词并说出词义和用法等；④再次把目标词放置在另一个完整句子中，要求学生朗读出来，根据学生的表现给出及时的反馈；⑤将目标词放置在一篇短文中，要求学生识别该词并回答一些有关该词用法的问题；⑥改变情境，以游戏或活动等方式设计一个应用情境，也可以将单词和图片结合，以图片为线索帮助学生回忆或让其使用该词造句并给予反馈。这种反复强化并不断提高要求的教学方法对阅读障碍学生具有明显的效果。

3. 多感官教学法

这种方法的主旨是从不同的感觉通道提供刺激，以加强学生对某一特定词汇的感知印象，从而加强其对该词汇的理解和记忆。词汇都有形、音和义，对形的感知是通过视觉通道完成的，书写字形是通过视觉、动觉和触觉通道的配合完成的，对音的感知是通过听觉通道完成的。如果词义是比较具象的内容，那么还可以灵活增加其他感觉通道的刺激，如嗅觉的刺激、味觉的刺激等。通过这样的多通道联合方式进行学习，学生对目标词汇的理解和记忆效果会比较好。在此基础上再将词汇放置在句子和语篇情境中反复强化，就可以帮助学生提高识别该词汇的能力。

(二)语篇理解障碍的矫治

语篇理解是学生特别重要的基础能力，可以说任何一门学科的学习都离不开这种能力。常用的提高语篇理解能力的方法有两种：具体技能指导和策略指导。

具体技能指导是把语篇阅读中的常用技巧作为教授的内容进行具体训练。例如，训练学生如何根据上下文推断陌生词语的含义，如何概括语篇的中心思想，如何寻找论点或论据，如何根据上下文进行推理，等等。

策略指导是把一些提高阅读能力的策略传授给学生。例如，视觉心像策略是指教学生将阅读到的文本通过想象的方式在头脑中转化为场景、形象等画面，按照事件发生的顺序或一定的空间方位在头脑中依次呈现，这样可以帮助学生更有效地理解文本内容。又如，自问自答策略是指列出一些常见问题的清单(如文章中涉及的主人公是什么人，事情发生的地点、时间，事情的开始、过程和结局），指导学生通读全文后先复述主要内容，然后回答问题清单，这样的策略有助于学生理解叙事类的语篇。

（三）阅读流畅性障碍的矫治

一些阅读障碍个体在阅读时会经常出现漏字、加字、颠倒语序、中断等问题。对这种问题的常用矫治方法之一是反复阅读法。例如，选定一段长度较短但是意义丰富的段落，要求学生反复诵读，直到达到满意的流畅性程度。这种方法适用于那些能够准确识别文本中的所有单词，但是阅读速度过慢且阅读起来感觉吃力的学生。采用这种方法最好坚持每天进行练习，每次诵读后都要给予详细反馈。还有一种常用方法是录音法或示范法，即让学生听录音或教师现场示范，然后让学生进行跟读式的模仿。这种方法要求学生事先对阅读内容一无所知，时间以不让学生感到疲劳为宜。

二、数学学习障碍的矫治

数学学习障碍有不同的具体表现，在进行矫治之前需要充分了解学生当前的知识基础和存在障碍的具体领域，然后有针对性地设计矫治任务。这里以数学问题解决障碍为例介绍一下常用的矫治方法。

（一）FAST DRAW 策略

FAST DRAW 策略由默瑟（Mercer）和米勒（Miller）提出，旨在帮助小学生学习解决数学问题的方法，包含以下步骤。①

Find：发现问题，即在阅读题目后找出题目的要求是什么，通常在带有问号的分句中，找到后用笔画出来以引起注意。

Ask：阅读题目后问自己“已知的条件是什么，要求的是什么”。

Set：根据条件和要求决定算式，确定应当使用加法还是减法或别的算法。

Take：根据列出的算式去计算。如果仍然有困难，则继续使用 DRAW 去解决问题。

Discover：发现符号。

Read：阅读题目，列出算式。

Answer：以绘画的方式表示算式并做检查。

Write：写下过程和答案。

---

① Mercer C D, Miller S P, “Teaching students with learning problems in math to acquire, understand, and apply basic math facts,”Remedial and Special Education, 1992(3), pp. 19-35.

(二)梅耶的解题历程模式

梅耶(Mayer)将数学问题的解题过程分为问题表征和问题解决两个阶段，每个阶段又分别包含两个步骤。①

在问题表征阶段，第一步是将问题的字面意思转换成深层意思，即从纯阅读的角度理解问题的含义，理解问题提供了哪些已知的条件，又要求求解什么。第二步是根据问题的含义，将其与需要用到的数学知识联系在一起，并对问题重新进行表征。例如，一道数学题："一个房间长7.5米，宽6米。假如用边长为45厘米的正方形地砖来装修这个房间的地面，一共需要多少块?"这个问题本质上是考查学生对长方形以及正方形面积公式的掌握情况，还涉及单位换算的知识。在第二步，学生就要尝试把题目的已知条件重新表征一下。例如，房间是个长方形，长和宽都已知。地砖是正方形，边长已知。房间的长度单位是米，地砖的长度单位是厘米。

在问题解决阶段，第一步是拟订解题计划。这要求学生想出合适的解题策略。以上题为例，学生需要想到分别求出房间的面积、地砖的面积，然后用房间的面积除以地砖的面积，当然这里要注意单位换算的问题。另外，还要注意到这是实际应用问题，所以如果有余数的话，需要增加地砖的数量。第二步是执行解题计划。这要求学生根据计划写出具体的算式，并进行仔细计算，写出计算过程和答案。

教师在教授这种模式时，选择的题目一定要有代表性，且难度适合学生现有水平，在每个步骤都要重视学生的反应并及时给出有针对性的反馈。在学生犯了错误之后，教师要帮助学生分析错误产生的原因并进行必要的辅导和训练。

三、书写障碍的矫治

(一)拼写障碍的矫治

教师应当仔细观察学生拼写过程的特点，分析困难产生的原因，再设计有效的矫治方案。

1. 从拼写初始阶段入手

在拼写初始阶段，教师应当特别重视音素与字形之间的联结。研究显示，被允许创造词语字形的学生要比不被允许的学生在拼写上有更优秀的表现，主要是因为创造

① Mayer R E, "Cognition and instruction: Their historic meeting within educational psychology," Journal of Educational Psychology, 1992, 84(4), pp. 405-412.

能让学生有更强烈的动机和兴趣去拼写，而且也能强化音素与字形之间的联结。[1] 所以，在练习拼写的初始阶段，教师要精心选择发音与拼写有规律对应的常用高频词汇作为练习的内容，鼓励学生大胆根据读音拼写词汇，这对拼写障碍的早期矫治有很大的帮助。以英语拼写为例，单词中含有/æ/的音素通常由单独一个字母 a 表示，教师可以读/bæd/、/bæg/、/dæd/等符合规则的高频词汇，让学生尝试拼写。这样的训练比较简单，学生的正确反应会比较多。

2. 多感觉通道结合训练

这种方法与前面介绍的阅读障碍的训练基本一致，不过重点在于训练学生的拼写能力。教师可以通过游戏来强化学生在发音与字形之间建立的联结，在观察和描摹字形的同时反复提供语音刺激，或者要求学生边写边读，以此把视觉、听觉、动觉和触觉同时激活，帮助学生把所有刺激信息统合起来，形成更牢固的联结。

(二)写作障碍的矫治

1. 写作策略教学

写作策略是关于如何写作的方法或规则，小到如何遣词造句，大到如何谋篇布局，对作品的质量有很大的影响。教师可以直接、明确地把这些策略知识传授给有写作障碍的学生。但是策略的教学不能停留在讲授层面，最终要让学生能够灵活地、主动地使用策略来完成写作的全过程。

2. 读者意识培养

写作与口头表达都是言语输出的形式，区别在于写作是以书面形式表现的。言语输出是为了表达与沟通，写作也是如此。许多有写作障碍的学生往往将写作看作一种学习任务或要求，是不得不为之的。教师应当培养学生的读者意识，即让学生时刻想象读者看到自己所写的内容时是否能理解，是否会有疑问，是否会有异议。学生如果能够在写作之前对这些问题有充分考虑，就可以在写作过程中尽可能地减少表达不清、表达混乱等问题。虽然这样的想象对于有写作障碍的学生是有一定难度的，但是通过互动、讨论等方式得到有效引导的学生在写作上确实有很大的进步。

3. 积极态度培养

许多有写作障碍的学生因为表现不佳，往往对写作有畏难情绪。教师应当想办法激发这些学生写作的动机和热情。首先，言为心声。写作是一种表达方式，当内心有丰富的、强烈的体验时，人就想表达。所以，教师要在学生的实际生活经验中挖掘、选择合适的主题，帮助学生回忆自己的感受并将这种感受表达出来。这样，学生才有表达的动机。其次，在写作过程中应当保持容错原则，对于拼写错误、书写不规范、

---

① 张微:《学习障碍的评估与矫正》，136 页，武汉，华中师范大学出版社，2013。

部分表达不准确等问题要予以包容，把焦点汇聚于学生整体的思想和情感表达上，避免打击学生的写作积极性。最后，对于学生在写作中的点滴闪光之处，要细心发现并及时予以正强化，力争让学生在写作过程中积累越来越多的积极体验和成功感受，提高学生关于写作的自我效能感。

例如，曾经有一个小学生被要求写最喜欢的一家商店。他脑子里最先想到的居然是一家超市，这让他感觉不符合教师的要求，不敢动笔。教师和他沟通之后允许他就写最喜欢的一家超市，于是他高兴地写了几句话，写得当然不太理想。教师也没批评他，反而以聊天的形式问他："你为什么喜欢这家超市啊?"学生回答："那里什么都有，我和妈妈想买的都有。"教师又问："你们家附近没有别的超市了吗？如果有，你们去过吗?"学生回答："有，也去过。"这样经过教师不断引导，学生渐渐知道自己为什么喜欢去这家超市了。他最终写了一篇非常简短的作文。虽然其中有一些语法错误，但是教师并不在意，反而帮他把这篇作文打印出来并附上教师的说明寄给了这家超市。一周以后，这家超市的管理者以及所有员工非常正式地给学生回了一封信，信中对学生的喜欢表示衷心感谢，信末有全体员工的个人签名。学生没有想到会有这样意外的惊喜，特别地开心，以后的写作课上也更加积极主动地去参与了。

本章小结

本章介绍了学习障碍的定义，虽然不同的国家、组织和协会提供的定义有所区别，但是都强调了学习障碍绝对不是由智力落后、生理残疾、后天环境不良、教育失当、精神缺陷、动机缺失等原因引起的。学习障碍主要表现在注意困难、记忆障碍、行为障碍、思维障碍、情绪障碍方面。学习障碍的评估也需要从多方面使用恰当的工具和方法进行鉴别。对于有学习障碍的学生，研究者开发出了一系列有针对性的矫治方法。本章介绍了如何对有阅读障碍、数学学习障碍以及书写障碍的学生进行辅导。无论是哪种学习障碍，无论采用哪种方法，教师一定要本着以人为本、育人为本的思想对待这些学生，要相信这些学生只要得到有效的帮助同样可以不断发展，甚至在某些领域取得成就。

章后练习

一、名词解释

学习障碍

二、简答题

1. 简述学习障碍的主要表现。

2. 简述学习障碍的主要类别。

三、论述题

试分析如何帮助有写作障碍的学生。

拓展阅读

1. 李俊，余江敏，温艳玲．小学生认知与学习[M]．北京：中国人民大学出版社，2016.

2. 张微．学习障碍的评估与矫正[M]．武汉：华中师范大学出版社，2013.

3. 赵微．学习困难儿童的发展与教育[M]．北京：北京大学出版社，2011.

4. 周巧，张大均．中文阅读障碍学龄儿童的认知效率研究[M]．北京：科学出版社，2013.

主要参考文献

1. 边玉芳，李白璐．教育心理学[M]．杭州：浙江教育出版社，2015.

2. 陈琦，刘儒德．当代教育心理学[M]．北京：北京师范大学出版社，2007.

3. 冯忠良，伍新春，姚梅林，等．教育心理学[M]．北京：人民教育出版社，2015.

4. 韩进之．教育心理学纲要[M]．北京：人民教育出版社，2003.

5. 胡谊．教育心理学：理论与实践的整合观[M]．上海：华东师范大学出版社，2009.

6. 贾林祥．心理学基础[M]．南京：南京大学出版社，2018.

7.[美]加涅．学习的条件和教学论[M]．皮连生，王映学，郑葳，等译．上海：华东师范大学出版社，1999.

8. 姜英杰．元认知的理论与实证研究[M]．长春：东北师范大学出版社，2007.

9. 李丹．儿童发展心理学[M]．上海：华东师范大学出版社，1987.

10. 李俊．小学生认知与学习[M]．北京：中国人民大学出版社，2016.

11. 李梅，陈明立．中学教育心理学[M]．南京：南京大学出版社，2014.

12. 林崇德．发展心理学[M]．北京：人民教育出版社，2018.

13. 刘金花．儿童发展心理学[M]．上海：华东师范大学出版社，2013.

14. 路海东．中学生认知与学习[M]．北京：高等教育出版社，2016.

15.[美]罗伯特 S. 费尔德曼．儿童发展心理学：费尔德曼带你开启孩子的成长之旅[M]．苏彦捷，等译．北京：机械工业出版社，2015.

16. 莫雷．教育心理学[M]．广州：广东高等教育出版社，2002.

17. 皮连生．教育心理学[M]．上海：上海教育出版社，2011.

18. 桑标．儿童发展[M]．上海：华东师范大学出版社，2014.

19.[美]约翰·桑切克．教育心理学[M]．周冠英，王学成，译．北京：世界图书出版公司北京公司，2007.

20. 王春阳，杨彬，张婕．教育心理学[M]．成都：电子科技大学出版社，2017.

21. 王振宇．儿童心理发展理论[M]．上海：华东师范大学出版社，2000.

22.[美]伍尔福克．教育心理学[M]．何先友，等译．北京：中国轻工业出版社，2008.

23. 燕国材．非智力因素与教育改革[J]．课程·教材·教法，2014(7)：3-9.

24. 燕国材．我在智力和非智力因素领域的探索与追求[J]．中国教育科学，2019(3)：3-8.

25. 燕良轼．教育心理学[M]．上海：华东师范大学出版社，2018.

26. 叶奕乾，何存道，梁宁建．普通心理学[M]. 上海：华东师范大学出版社，2016.

27. 俞国良．社会心理学[M]. 北京：北京师范大学出版社，2006.

28. 乐国安．社会心理学[M]. 北京：中国人民大学出版社，2017.

29. [美]约翰 W. 桑特洛克．发展心理学：桑特洛克带你游历人的一生[M]. 田媛，吴娜，等译．北京：机械工业出版社，2014.

30. 张大均．教育心理学[M]. 北京：人民教育出版社，2015.

31. 张彦云．中小学生心理发展与教育[M]. 北京：北京师范大学出版社，2016.

32. 张微．学习障碍的评估与矫正[M]. 武汉：华中师范大学出版社，2013.

33. 赵微．学习困难儿童的发展与教育[M]. 北京：北京大学出版社，2011.

34. 赵笑梅．教育心理学[M]. 北京：北京师范大学出版社，2017.

35. 周巧，张大均．中文阅读障碍学龄儿童的认知效率研究[M]. 北京：科学出版社，2013.

36. 朱智贤．儿童心理学[M]. 北京：人民教育出版社，1979.